Dados Internacionais de Catalogação na Publicação (CIP)
(Câmara Brasileira do Livro, SP, Brasil)

Bertomeu, João Vicente Cegato
Criação em filmes publicitários / João Vicente Cegato Bertomeu.
-- São Paulo: Cengage Learning, 2010.

   Bibliografia
   ISBN 978-85-221-0715-5

   1. Criação (Literária, artística etc) 2. Filmes publicitários
3. Propaganda 4. Publicidade I. Título. II. Série.

10-01276   CDD-659.1

Índice para catálogo sistemático:

1. Criação: Filmes publicitários   659.1

CRIAÇÃO
em filmes publicitários

João Vicente Cegato Bertomeu

Austrália • Brasil • Japão • Coreia • México • Cingapura • Espanha • Reino Unido • Estados Unidos

Criação em filmes publicitários
João Vicente Cegato Bertomeu

Gerente Editorial: Patricia La Rosa

Editor de Desenvolvimento: Noelma Brocanelli

Supervisora de Produção Editorial: Fabiana Alencar Albuquerque

Copidesque: Carlos Villarruel

Revisão: Viviane Akemi Uemura e Daniele Fátima

Diagramação: Alfredo Carracedo Castillo

Capa: Adaptação Souto Crescimento de Marca

Pesquisa Iconográfica: Graciela Naliati Araújo

Foto da Capa: SXC/Michael Wojciechowski

"Algumas imagens, cuja visualização está prejudicada por estarem em baixa resolução, foram publicadas a pedido do autor (N.E.)"

© 2011 Cengage Learning Edições Ltda.

Todos os direitos reservados. Nenhuma parte deste livro poderá ser reproduzida, sejam quais forem os meios empregados, sem a permissão, por escrito, da Editora.
Aos infratores aplicam-se as sanções previstas nos artigos 102, 104, 106, 107 da Lei nº 9.610, de 19 de fevereiro de 1998.

Esta editora empenhou-se em contatar os responsáveis pelos direitos autorais de todas as imagens e de outros materiais utilizados neste livro. Se porventura for constatatada a omissão involuntária na identificação de algum deles, dispomo-nos a efetuar, futuramente, os possíveis acertos.

Para informações sobre nossos produtos, entre em contato pelo telefone 0800 11 19 39

Para permissão de uso de material desta obra, envie seu pedido para direitosautorais@cengage.com

© 2011 Cengage Learning. Todos os direitos reservados.

ISBN-13: 978-85-221-0715-5
ISBN-10: 85-221-0715-7

Cengage Learning
Condomínio E-Business Park
Rua Werner Siemens, 111 – Prédio 20 – Espaço 04
Lapa de Baixo – CEP 05069-900 – São Paulo – SP
Tel.: (11) 3665-9900 Fax: 3665-9901
SAC: 0800 11 1939

Para suas soluções de curso e aprendizado, visite www.cengage.com.br

Impresso no Brasil
Printed in Brazil
1 2 3 4 5 6 7   15 14 13 12 11

Dedicatória

A Deus pelas bençãos e inspiração de vida, trabalho e criatividade:

"Eu sou a videira verdadeira, e meu Pai é o agricultor.
Todo ramo em mim que não dá fruto, ele o corta; e todo ramo que dá fruto, ele o limpa, para que dê mais fruto.
Vós já estais limpos pela palavra que vos tenho falado.
Permanecei em mim, e eu permanecerei em vós; como o ramo de si mesma não pode dar fruto, se não permanecer na videira, assim também vós, se não permanecerdes em mim.
Eu sou a videira; vós sois os ramos. Quem permanece em mim e eu nele, esse dá muito fruto; porque sem mim nada podeis fazer.
Quem não permanece em mim é lançado fora, como o ramo, e seca; tais ramos são recolhidos, lançadas no fogo e queimados.
Se vós permanecerdes em mim, e as minhas palavras permanecerem em vós, pedi o que quiserdes, e vos será feito.
Nisto é glorificado meu Pai, que deis muito fruto; e assim sereis meus discípulos.
Como o Pai me amou, assim também eu vos amei; permanecei no meu amor."

João 15: 1 a 9.

À minha esposa Vírginia e à minha filha Luísa pelo amor e carinho.

Agradecimentos

À Professora Dra. Cecília Almeida Salles, pela dedicação, companheirismo e sabedoria.

Agradeço também a todas as agências, clientes e profissionais que generosamente colaboraram com seus estudos de processo e àqueles que dispuseram das documentações para a construção deste trabalho, entre eles:

Rodrigo Toledo, Marcelo Serpa, Michel Tikhomiroff, Ligia Camargo e Mariana Lacoleta.

Aos alunos que, apoiando essas publicações, nos auxiliam nessas pesquisas e também na construção de um ensino muito mais relevante às realidades profissionais.

Sumário

Introdução XI

1 **Capítulo UM**
Propaganda e cultura

17 **Capítulo DOIS**
O processo de criação da propaganda de TV com base nos objetivos mercadológicos

33 **Capítulo TRÊS**
As agências de propaganda, os filmes selecionados e os documentos de processo

97 **Capítulo QUATRO**
O processo de criação do filme publicitário

197 **Capítulo CINCO**
A publicidade no mercado globalizado

Considerações finais 236

244 **Referências bibliográficas**

O processo de criação de filmes publicitários, a crítica genética e as redes da criação

Diante da necessidade de pesquisar o processo criativo na propaganda, desenvolveu-se no mestrado uma pesquisa que buscava estudar o processo criativo na propaganda impressa. Por meio da crítica genética, foram observadas diversas campanhas de agências de propaganda de grande porte da cidade de São Paulo, como a Talent, a AlmapBBDO e a Guimarães, reunindo um total de cinco campanhas voltadas para a mídia impressa: Semp Toshiba, perfumes Natura, automóveis Audi, Associação Nacional dos Editores de Revista e sorvetes Kibon (Bertomeu, 2001).

A publicação deste trabalho buscou atender à necessidade de informação e à lacuna que existe nos assuntos destinados aos estudos de processo de criação e produção na área de propaganda, em seus cursos de graduação e pós-graduação no Brasil.

A partir deste primeiro estudo, o objetivo com este livro (resultado de minha tese de doutorado) é alargar essas pesquisas para uma outra área ainda bastante carente de informação no ensino: a criação e a produção de filmes publicitários. O intuito é desenvolver uma nova pesquisa, utilizando a crítica genética, estudar a criação e produção de algumas campanhas de propaganda que envolvam a existência de filmes publicitários, apresentar depoimentos dos criadores que fazem parte desse processo e verificar o modo de ação dos profissionais envolvidos e seus processos na criação desses filmes.

Como a área de criação e produção de filmes publicitários é extremamente carente de informações acadêmicas e de publicações que possam atender plenamente à compreensão de seu processo criativo, é preciso conhecer as buscas específicas das agências de propaganda e seus clientes quando se utilizam do comercial de TV.

O propósito deste livro é abordar a busca constante das empresas que fazem uso da propaganda de TV para persuadir cada vez mais um mercado global e analisar a criação sob o ponto de vista das questões culturais.

Abordaremos o papel da televisão como mídia de massa e suas principais características dentro do processo do sistema tecnológico de comunicação indireta e apontaremos como a propaganda influencia todo esse sistema. Verificaremos também o que os profissionais e as empresas anunciantes buscam e consideram fundamental para a propaganda criativa e eficiente, que é o principal objetivo dos profissionais e das empresas que se utilizam dessa ferramenta estratégica de comunicação.

Pelos documentos de processo levantados, estudaremos o processo criativo dos filmes publicitários, a complexidade desse percurso, a diversidade de profissionais envolvidos e as principais discussões que abrangem o cliente e os profissionais de criação e de produção na busca da propaganda criativa, em níveis locais e globais.

Falaremos também dos modos de ação dos profissionais implicados na criação e de como a cultura e as buscas criativas globais se desenvolvem na construção deste produto de comunicação de massa: a propaganda de TV.

Serão identificados e analisados os documentos do processo de criação em filmes para propaganda, a fim de identificar e estudar, por meio destes, seu processo de criação, sua execução e seu desenvolvimento.

Buscar-se-ão características do processo, com o objetivo de identificar as especificidades no que tange à criatividade e à persuasão presentes na criação de filmes publicitários que exigem resultados muito satisfatórios, visto que, na propaganda, a busca por campanhas de "alto teor criativo" é uma constante entre os profissionais.

No ensino da graduação em Comunicação, especificamente no curso de Publicidade e Propaganda, há ainda poucos estudos relacionados à criação para filmes publicitários; sendo assim, este trabalho possibilitará conhecer e acompanhar o processo criativo.

Será discutida a complexidade processual na criação desses filmes de propaganda desenvolvidos nacionalmente e os processos entre o cliente e os profissionais envolvidos, nos departamentos de criação das agências e nas produtoras. Ressaltaremos, assim, as principais e específicas buscas do produto final: aspectos relevantes e direcionadores dos processos criativos.

Abordaremos também as questões processuais quanto à criação de filmes publicitários que buscam alcançar mercados globais.

A incrementação da expansão comercial das empresas no mundo é reforçada pelos acordos comerciais entre países, pelo transporte e, principalmente, pelo avanço científico e tecnológico na comunicação, contribuindo para as operações multinacionais e globais. Algumas indústrias lideradas por corporações, que operam mundialmente, encontram na propaganda global a possibilidade de uma abordagem "universal" e eficiente para a comunicação de massa de bens de consumo mundialmente, pela televisão. Segundo Moraes (1998, p. 177): "Os produtos e as marcas de ponta passam a ser aqueles assimilados universalmente, relativizando-se a antiga noção de territórios comerciais".

Neste trabalho, apontaremos as definições de características da propaganda global e sua utilização, e discutiremos a complexidade de seu processo de criação e os profissionais envolvidos.

Inicialmente, selecionamos todos os documentos do processo de criação dos filmes. Acompanhamos e conhecemos mais a fundo seu planejamento, execução e desenvolvimento. Este estudo do processo de criação teve início no levantamento dos documentos de processo dentre variadas campanhas de agências consideradas de grande porte na cidade de São Paulo e que se destacam pelos seus comerciais criativos no setor. Entre as empresas escolhidas, foram selecionadas as que tinham conservado o maior número de documentos de processo, como *briefings* de criação, esboços de roteiros, roteiros, *storyboards*, entre outros.

As agências e as respectivas campanhas que participam deste estudo são:

- AlmapBBDO: automóvel Polo e novo Golf (VW), refrigerante Pepsi, revista *Gloss* (Editora Abril);
- JWThompson: picape Ranger (Ford);
- DM9DDB: Philips, provedor Terra e bloqueador Sundown;
- Matos Grey: Bradesco Celebridades, Bradesco Conta Universitária, Amesp, Medial, Leader Institucional, Leader Dia das Mães e Leader Dia dos Namorados;
- Neogama: antitabagismo ACT;
- McCann Erickson: Coca-Cola Vibezone;
- Young&Rubicam: celular Vivo.

Nos capítulos, identificaremos de que ordem são as características apresentadas nos documentos do processo e iremos discutir teoricamente as questões envolvidas nos objetivos aqui apresentados.

Abordaremos a criação como rede em processo e suas complexas interações. De acordo com Salles (2006, p. 37), na criação em rede "O pensamento de complexidade deve estar apto a reunir, contextualizar, globalizar; no entanto, deve estar apto também para reconhecer o singular, o individual, o concreto, aspectos relevantes para o crítico de processo".

Os registros da criação e a criação de filmes publicitários

Com o objetivo, inicialmente, de identificar os documentos que envolvem o processo de criação de filmes publicitários, chegamos ao seguinte levantamento de tipos de registros: o *briefing* de criação, as equipes de criação, a apresentação de roteiros, a aprovação pelo cliente, a seleção da produtora do filme, as etapas da produção, os profissionais envolvidos e o resultado final.

Este livro também apresenta a criação e a produção e suas relações, visto que o controle cuidadoso sobre o resultado do filme torna-o muito suscetível a alterações por causa das pesquisas antecipadas realizadas com os receptores.

O avanço tecnológico – o computador incorporado como ferramenta de produção publicitária e também a tecnologia digital na produção de TV, cinema e rádio – passa a acrescentar novas etapas ao processo de produção, principalmente no que se refere a filmes publicitários. Isso quer dizer que, como não possuíamos informações anteriores a essas novas tecnologias, esse espaço carente de estudos torna-se ainda maior.

Ante essa situação, cremos que, no processo de criação para filmes publicitários, ainda há muito o que se pesquisar, e muitas questões ainda continuam em aberto, e algumas delas são respondidas neste trabalho. Dentro desse universo, levantamos algumas questões:

- Quais são as especificidades e as complexidades no processo de criação para o filme que é dirigido para a propaganda?
- Quais são os profissionais envolvidos nesse processo (cliente, agência e produtora)?
- Quais são suas buscas profissionais específicas?

Quanto à criação para filmes globais, procuramos apresentar as buscas das empresas globais com os comerciais de TV e como funciona o processo criativo nesses níveis de ainda maior complexidade de processo de criação.

Foram coletados os documentos e entrevistados também os criadores envolvidos nos projetos em estudo; periódicos com entrevistas, depoimentos e declarações de profissionais de criação e de produtoras cinematográficas que apresentem informações relevantes.

Na medida em que utilizamos os registros que o artista faz ao longo do percurso de construção de sua obra, estamos assim constatando que o ato criador é resultado de um processo. Ao depararmos com os manuscritos utilizados para estes estudos – rascunhos, esboços e anotações –, estamos diante de um objeto em construção, em movimento. A obra então vai se formando, se tornando e surge como resultado de um processo que envolve uma rede complexa de acontecimentos. No trabalho do criador, no caso da publicidade, na qual a criação está quase sempre associada aos manuscritos por ele deixados, são os movimentos do criador que resultam na obra, que é o resultado de um trabalho investigativo do autor, de criadores, encontrada nos rascunhos desenvolvidos. Os criadores fazem seleções e opções que, por sua vez, concretizam-se em novas formas.

O ato criador é um processo de construção de uma representação. Essa representação em construção é permanentemente vivenciada e julgada pelo criador, assim como será vivenciada e julgada, no futuro, por seus receptores.

Os públicos receptores dessas mensagens fazem parte de um grupo. Cada sociedade isolada tem sua cultura distintiva. O efeito lógico desse fato é que os comportamentos característicos dos membros de uma sociedade são, sob muitos aspectos, expressivamente diferentes dos membros de todas as outras sociedades.

A cultura se modifica pelo acréscimo de invenções e com a alteração ou substituição de métodos antigos. A cultura individual se modifica pela aceitação de invenções criadas pelos membros de sua própria sociedade ou pela aceitação de novos métodos inventados em outra parte e levados à atenção de seus membros por meio da difusão e do empréstimo de ideias e comportamentos. A maneira segundo a qual os membros de uma sociedade veem e compreendem o mundo em que vivem é formada pelo sistema de símbolos que constitui a sua cultura.

Hoje, a propaganda atravessa limites territoriais e invade impiedosamente enclaves culturais, seguindo de perto a expansão incessante e inclemente da sociedade de massa, da economia de mercado e de sua indústria cultural.

Reconstituindo-se algumas histórias das culturas, descobre-se frequentemente que, além das diferenças culturais, muitos traços semelhantes existiram em duas ou mais culturas. É um princípio fundamental de análise antropológica que tais semelhanças são o resultado provável de difusão.

Assim, na acepção mais ampla do termo, "cultura" significa o conjunto global de produtos humanos e de hábitos humanos de vida e convivência que definem certo agrupamento de indivíduos articulados o suficiente para compor uma estrutura social com características próprias.

Assim Edgar Morin (2002, p. 19) define cultura:

> *A cultura que caracteriza as sociedades humanas é organizada/organizadora via o veículo cognitivo da linguagem, a partir do capital cognitivo coletivo dos conhecimentos adquiridos, das competências aprendidas, das experiências vividas, da memória histórica, das crenças míticas de uma sociedade. Assim se manifestam "representações coletivas", "consciência coletiva", "imaginário coletivo". E, dispondo de seu capital cognitivo, a cultura institui as regras/normas que organizam a sociedade e governam os comportamentos individuais. As regras/normas culturais geram processos sociais e regeneram globalmente a complexidade social adquirida por essa mesma cultura. Assim, a cultura não é nem "superestrutura" nem "infraestrutura" termos impróprios em uma organização recursiva onde o que é produzido e gerado torna-se produtor e gerador daquilo que o produz ou gera. Cultura e sociedade estão em relação geradora mútua; nessa relação, não podemos esquecer as interações entre indivíduos, eles próprios portadores/transmissores de cultura, que regeneram a sociedade, a qual regenera a cultura. A cultura não comporta somente uma dimensão cognitiva: é uma máquina cognitiva cuja práxis é cognitiva.*

Diante desses conceitos, vamos discutir o processo de criação dos filmes publicitários, ampliando também a discussão para a internacionalização das estratégias mercadológicas e das mensagens criativas globais.

Abordaremos ainda os conceitos de criação como redes abordadas pela crítica genética e apontar onde se situam essas reflexões no âmbito do que vem sendo chamado pensamento da complexidade. De modo mais específico, Morin (2000, 2002) o desenvolve dizendo que as pesquisas (todas as pesquisas) devem evitar o isolamento dos objetos e ativar as relações que os mantêm como sistemas.

Nosso objetivo aqui é apresentar o complexo sistema de pensamentos e profissionais envolvidos e compreender essas relações na criação de filmes publicitários.

É importante entendermos o surgimento da linguagem publicitária e suas principais discussões, que a fazem estar num processo de total inserção na cultura e, assim, compreender os sistemas complexos de pensamento em construção quando analisarmos as especificidades que envolvem esse pensamento criativo em um processo marcado pela diversidade de profissionais envolvidos.

PROPAGANDA
E CULTURA

CAPÍTULO UM

A PROPAGANDA E A TELEVISÃO

A PROPAGANDA CRIATIVA E ALGUMAS CONSIDERAÇÕES PROFISSIONAIS

DEFINIÇÕES DE PROPAGANDA E A BUSCA DO PROFISSIONAL

Introdução

A publicidade tem sido um dos discursos narrativos que contribuíram para a formação da subjetividade do homem moderno. É o discurso narrativo que permite as jogadas da linguagem que constroem o laço social pós-moderno (Lyotard, 1984).

A crise do capitalismo de 1848 transformou as formas de operar, reajustou a política de créditos e o surgimento de mercados monetários, e produziu as características da produção e distribuição que permitiram a circulação maciça de toda uma variedade de produtos de consumo, refletindo diretamente na crise dos sistemas de representação por causa da transformação operada na noção tradicional de tempo e espaço. Nem a literatura e nem a arte podiam se evadir do questionamento da internacionalização, sincronização, insegurança temporal e tensão interna do sistema financeiro (Cóllon, 1996).

A publicidade como atividade profissional respondeu a essa crise sendo propulsora do desenvolvimento de uma cultura de mercado que lograria a estabilização do sistema financeiro. A partir de 1850, as empresas passaram a perceber a necessidade de se utilizarem da propaganda para ampliar suas vendas e seu crescimento. Emerge, então, a publicidade como forma discursiva que permitiu a incorporação das diversas classes sociais numa cultura de mercado. Registra-se desde o século XIX a atuação de agências de publicidade inglesas, norte-americanas e francesas, ampliando-se para outros mercados, além de seus países de origem. Como exemplo, temos a JWThompson e a McCann Erikson. A Thompson instala-se, de 1927 a 1931, para atender a General Motors em Anvers, Madri, Paris, Berlim, Montreal, Bombaim, São Paulo, Buenos Aires, Estocolmo, Copenhague, Austrália, África do Sul, Rio de Janeiro e Toronto (Mattelart, 1989, p. 25-52). Foram os dispositivos da nova forma econômica que levaram a publicidade a se desenvolver e ampliar-se para formar parte dos dispositivos da identidade social do homem moderno.

Essa cultura de mercado empregou uma tecnocracia da sensualidade cuja publicidade ofereceu mais importância ao valor de uso da mercadoria do que ao valor da troca. A sensualidade, nesse contexto, havia de converter-se num veículo de uma função econômica no sujeito e no objeto de uma fascinação economicamente funcional (Haug, 1996, p. 17).

Essa cultura constituiu um discurso hegemônico que incorporou certas vozes de outros discursos e se transformou na representante de um projeto cultural baseado na propriedade privada e na cultura de mercado.

Bakthin (1999), na literatura, aborda o efeito de realidade proporcionado pela linguagem dialógica na qual se cruzam palavras, discursos – característica esta presente na publicidade. Desse princípio dialógico, surge o conceito de polifonia proposto como uma multiplicidade de vozes e consciências independentes e distintas que representam o diálogo que se estabelece entre visões de mundos diferentes, observado por Bakthin (1997) em *Problemas da poética de Dostoiévski*. A partir daí, ele aborda o princípio da dialogicidade da linguagem, no qual a enunciação é concebida como num fazer coletivo.

Mattelart (1989) aponta o caráter híbrido, misturado com outros discursos, que é característico da publicidade. Além de informar ou persuadir, ela cria representações da realidade, utilizando-se de todos os gêneros do mundo midiático, das artes plásticas e do cotidiano. Ianni (2000, p. 219) coloca a linguagem publicitária como um fenômeno social, considerando-a como linguagem de mercado:

> *Assim, a linguagem de mercado espalha-se pelo mundo acompanhando o mercado. Torna-se presente em muitos lugares, invade quase todos os círculos de relações sociais. O mesmo processo de mercantilização mundial que universaliza determinado modo de falar, taquigrafar, codificar, pensar. Cria-se uma espécie de língua franca universal, econômica, racional, moderna, ou prática, pragmática ou telemática. O mesmo processo de globalização do capitalismo mundializa signos e símbolos, logotipos e* slogans, *qualitativos e estigmas.*

A publicidade se institui como uma forma cultural, ora arte e ciência, ora forma empresarial e forma de representação, texto e tecnologia, sujeito e objeto, cuja natureza dialógica e fragmentada a coloca como discurso hegemônico da modernização capitalista, possibilitando construir e imprimir uma recepção e estéticas próprias, fixando um gênero discursivo específico e capaz de propor suas próprias formas de ver e conceitualizar a realidade num tempo e espaço próprios do projeto capitalista (Cóllon, 1996).

Segundo Harvey (1989), a publicidade e as imagens da mídia estão mais integradas às práticas culturais, e seus propósitos não são mais informar ou promover no sentido tradicional, e sim orientar a manipulação dos desejos e gostos por meio de imagens que podem estar atadas nos produtos que quer vender. A publicidade é uma tecnologia do imaginário que cria novos dados para os imaginários existentes, possibilitando novas configurações. É o mundo dos simulacros, criado por imagens e palavras como ofício. O excesso de produção de imagens e mensagens ameaça nosso sentido de realidade, em que a proliferação dessas representações cria o mundo simulacional, abolindo a distinção entre o real e o imaginário.

A propaganda expressa, pelo jogo engenhoso de palavras e imagens, que não existem necessidades ou desejos que não possam ser plenamente atendidos pela utilização de um produto. Só que nunca esses desejos são plenamente satisfeitos. Esvazia-se o sentimento de historicidade, tradição. É o presente perpétuo, como se valesse o que está acontecendo agora. Nada é feito para ser reaproveitado, lembrado, satisfatório, mas sim para ser substituído, descartado, esquecido. As necessidades criadas nunca são satisfeitas completamente para que surjam outras novas que possam ser compreendidas e "satisfeitas", e, assim, indefinidamente. Desejamos este mundo maravilhoso elaborado pela indústria cultural de forma sedutora e persuasiva, parecendo-nos real.

Os meios de comunicação valorizam o espetáculo, a presença ostensiva de imagens, o entretenimento para cada vez mais atrair mais pessoas (Dèbord, 1991).

> *A busca da felicidade pessoal foi reconhecida como um direito universal. No entanto, nas condições sociais reinantes, o indivíduo sente-se impotente. Vive numa contradição do que é e do que gostaria de ser. Então, ou ele adquire perfeita consciência dessa contradição e de suas causas, ou vive constantemente com o sentido de impotência se dissolvendo em sucessivos devaneios.*
>
> *Isso permite compreender por que a publicidade continua a merecer crédito. A lacuna entre o que a publicidade realmente oferece e o futuro que promete corresponde à lacuna; e entre o que o espectador-comprador sente que é e o que ele gostaria de ser. As duas lacunas se resumem a uma, que, em vez de ser preenchida pela ação ou pela experiência vivida, é preenchida por devaneios fascinantes. O consumidor não se surpreende pelo fato de o produto não cumprir a promessa do anúncio, pois a vida se acostumou a isso: a busca da felicidade e do sucesso é normalmente uma busca vã. Mas é preciso alimentar a fantasia: no seu mundo onírico, ele se deleita com um "futuro continuamente adiado".* (Berger, 1972, p. 146)

Essa infinidade de imagens criadas provoca nossa total indiferença, nossa não assimilação de mensagens. Quanto mais estímulos, menos efeitos.

> *Como a publicidade é um fenômeno suplementar ao sistema dos objetos, não se poderia isolá-la, tampouco restringi-la à sua "justa" medida (uma publicidade de informação estrita). Ela se tornou uma dimensão irreversível desse sistema em sua própria desproporção. É na sua desproporção que ela constitui seu coroamento "funcional". A publicidade constitui um mundo inútil, inessencial. Pura conotação.* (Harvey, 1989, p. 173)

O processo de homogeneização descentrada das culturas, a tribalização massificada, pode ser compreendida por meio de seus fragmentos, nos quais o global se reflete em uma conjuntura múltipla e globalizada, o intercâmbio em tempo real, a usabilidade dos parâmetros do ciberespaço passa a desempenhar um papel essencial na mediação das culturas.

A propaganda contemporânea desenvolve um discurso universal nas sociedades mundializadas, nas quais se manifesta por meio de signos e valores mundiais como universais e onde coexistem os valores nacionais, regionais e locais.

Segundo Ortiz (1996), a mundialização da cultura desencadeada pela globalização, como aborda Ianni (2000), apresenta atualmente uma forma de direcionar a percepção do mundo com seus valores e manifestações estéticas, que compreendem o desenvolvimento do sistema capitalista pós-industrial, que, no campo da cultura, denomina-se pós-modernidade.

Somando-se às características, nas quais encontramos os mercados e as mercadorias em todos os cantos do mundo, a qualidade de vida e a inserção social mundial embasadas no poder do consumo do indivíduo e aliadas ao progresso no campo das tecnologias de produção e tecnologias de informação, fazem que o Estado-nação perca sua força para que o fluxo de informação e do comércio não sofra empecilhos, impondo novas formas de percepção nas relações sociais entre os indivíduos.

Hall (1999) descreve como aspecto da globalização as seguintes consequências: a desintegração das identidades nacionais como resultado crescente da homogeneização cultural, o reforço pela resistência à globalização das identidades locais e a hibridização de novas identidades nacionais. E continua afirmando que os fluxos culturais entre as nações e o consumismo global criam possibilidades de "identidades partilhadas". Quanto mais a vida social se torna mediada pelo mercado global, mais as identidades se tornam desvinculadas de tempos, lugares, histórias e tradições.

> A pós-modernidade consiste então na percepção de cada uma das culturas que compõem o mundo, contribuindo para a cultura mundial e individuação e fragmentação do sujeito no exercício de seus papéis sociais (Heller, 1995).

É nesse complexo contexto que o discurso publicitário atua para tornar-se um discurso universal, e observa-se uma coexistência de valores mundiais, nacionais, regionais e locais. Segundo Canclini (1995), esse mundial tende muitas vezes a se "glocalizar", ou melhor, realizar adaptações do global ao nacional/local, e a hibridizar culturas, ou seja, adaptar-se às diversas visões do mundo das sociedades que se inserem no sistema global, a partir de seus contextos específicos.

Os espaços mundializados da globalização estão reunidos em redes (Santos, 1996). Por serem globais, essas redes transportam o universo ao local – e é por isso que se fala em homogeneização ameaçadora para as identidades nacionais –, e nessa mundialização observa-se um contraponto apontado por Hall (1999). Esse autor observa que, junto ao impacto global, há, efetivamente, um fascínio pela diversidade e o interesse pelo regional, quando afirma que a globalização explora essa diferenciação para desenvolver nichos de mercado. Hall (1999) sugere não a substituição do local pelo global, mas, sim, uma nova articulação, pois o regional atua no interior da lógica da globalização, que está relacionada à lógica do consumo.

Essa rearticulação pode ser definida por hibridação (Canclini, 2003) em que estão em trânsito a mundialização e as culturas locais, que se misturam e dialogam. Segundo Canclini (2003), a hibridação pode ser explicada por três processos fundamentais: "quebra e a mescla das coleções organizadas pelos sistemas culturais (descoleção), a desterritorialização dos processos simbólicos e a expansão dos gêneros impuros". O autor entende descoleção como a agonia das coleções no sentido clássico, que davam acesso ao repertório das "grandes obras" ou ao repertório estritamente popular, e a possibilidade de renovar a composição e a hierarquia dos agrupamentos. Por desterritorialização, o Canclini (2003, p. 309) entende "a perda da relação natural da cultura com os territórios geográficos e sociais e, ao mesmo tempo, certas relocalizações territoriais relativas, parciais, das velhas e novas produções simbólicas". E liga-se a este último o terceiro processo, que é a decorrência e expansão dos gêneros impuros, como os grafites, os quadrinhos, as mídias externas e a mídia maciça. Como exemplo, a comunicação de massa exposta num determinado tempo e espaço dialoga com pessoas, comunidades, outras mídias, notícias. Podemos considerar esse diálogo como exemplo de hibridação de que nos fala Canclini.

> *Vários antropólogos têm retomado a crítica do discurso consagrado da relação entre os fluxos culturais internacionais e as culturas locais. Para eles, a intensificação da circulação dos fluxos culturais, a existência inegável à globalização da cultura não resultam na homogeneização do planeta, mas num mundo cada vez mais mestiço. Os conceitos de hibridização e mestiçagem explicam estas combinações e reciclagens dos fluxos culturais internacionais pelas culturas locais.* (Mattelart, 2002, p. 161)

Como exemplo, podemos citar as telenovelas produzidas na América Latina, que são bem-aceitas e fazem sucesso mundialmente. Segundo Martín-Barbero (2004, p. 171):

> *Quando comparamos as telenovelas mais bem aceitas mundialmente nos anos 70 e nos anos 90, percebemos algumas características importantes. Voltaram a insistir nas culturas regionais, já não de maneira costumista, mas entrelaçando a vida dos protagonistas com os mundos complexos de um produto nacional que logrou, ao longo dos anos, conformar toda uma cultura própria, de viés local, matizes nacionais e nexos internacionais. Esta mescla entre o geral e o universalizante e o particular ou próprio toma, portanto, sua energia ficcional, que tem ressonância nos mercados interno e externo, desta característica, que teve que mesclar uma matriz universal com peculiaridades nacionais, sem deixar de incorporar as inovações técnicas e as tendências mais atualizadas, tanto no plano da linguagem televisiva como no das temáticas. Todas as suas variantes são, na verdade, uma hábil combinação de gêneros, tendo o melodrama como base, porém integrando-o com possibilidades ficcionais.*

Essa hibridização é vista também como uma estratégia de construção já observada e adotada por profissionais de propaganda mundiais. Para exemplificar essa busca, apontamos as declarações de Shelly Lazarus (1997, p. 26), profissional do grupo Ogilvy, que comanda 312 escritórios de comunicação em 90 países:

Existem algumas verdades universais a respeito de marcas globais. Não podemos mais criar propaganda em um país e despachá-la para outros para que seja traduzida. Acho que a forma mais eficaz de fazer propaganda global é encontrar uma ideia central e enviá-la a cada país onde a marca esteja presente. E deixar que o próprio país trabalhe este conceito e o torne relevante. O que às vezes resulta em campanhas que não se parecem em nada com o que está sendo veiculado em outro país que gerou a ideia central. Mas no seu coração carrega a mesma ideia, o mesmo ponto de vista, os mesmos valores de marca. São apenas expressos de maneiras diferentes. O Japão, por exemplo, faz coisas incríveis, porque tem uma realidade muito diferente e outro tipo de sensibilidade. Lembro-me quando desenvolvemos a campanha "Membership has its privileges" (ser associado tem seus privilégios) para a American Express: o fizemos de um jeito nos Estados Unidos e em outros países foi muito diferente. No Brasil, foi utilizada a música "Unforgettable", com Louis Armstrong, mostrando todas as coisas maravilhosas associadas a ser cliente American Express. E a ideia foi aproveitada no Japão de uma forma que nunca consegui entender, mas que teve muito sucesso. Tudo funcionou partindo de uma mesma ideia, de um mesmo conceito.

E detalha mais o processo da criação local:

Tudo depende do cliente e como ele está organizado. Percebo que talento é um commodity *escasso e é mais fácil ter menos centros com grandes talentos, do que ter talentos em todos os países onde fazemos negócios. Acredito que isto tem nos levado a centralizar com* approaches *mais regionais. Mas isso não pode fazer sentido para todos os clientes. Há clientes que precisam de pessoas que possam desenvolver a propaganda do esboço em cada país. E devemos ter condições de fazer isto. Em diversas situações, temos buscado estratégias regionalizadas, ou o chamado* cluster approach. *Desenvolvemos uma estratégia para um grupo de países e um dos escritórios desenvolve todo o conhecimento da marca, enquanto outros países têm um papel mais voltado à adaptação do que à criação inicial.*

No *case* da campanha global da Coca-Cola, criada pela McCann-Erickson, centrado no tema "Life tastes good" (Gostoso é viver), Bortoloti (2001, p. 20) comenta que, para seguir a linha de comunicação, o anunciante decidiu dar carta branca para que cada país ou região encontrasse seu próprio caminho criativo, respeitando-se, obviamente, a amarração global da campanha. Segundo Júlio Castellano (2001, p. 20), gerente geral do escritório carioca: "A Coca-Cola chegou à conclusão de que as soluções estratégicas têm de ser frutos das situações locais e, portanto, as execuções também".

Como consequência, os comerciais produzidos nos Estados Unidos e veiculados no resto do mundo passaram a ser feitos em diversos países. E, em alguns casos, um mesmo roteiro foi produzido simultaneamente em três países, resultando em produções completamente distintas.

A publicidade já percebe que precisa ser capaz de criar num único local e repassar ao resto do mundo, respeitando sempre as diferenças e as especificidades locais de cultura, pois não basta apenas se basear nos conceitos arquetípicos para produzir uma comunicação mais efetiva. O grupo Omnicom parece estar implantando esse modelo com sucesso, por meio das redes DDB e BBDO. De acordo com Jacques Séguela (2004, p. 20), vice-presidente (vp) de criação do grupo Havas da França: "[...] o futuro da publicidade será justamente a rejeição da globalização. As marcas terão que manter seu sentido universal, mas com a execução local da comunicação"; como no caso da publicidade de pizza: "a massa poderá ser a mesma, mas a cobertura será de tomate e *mozzarela* na Itália, de *chili* no México e de soja e camarão na China".

Diante de todas essas reflexões até aqui apresentadas, cabe-nos discutir alguns pontos considerados importantes para o estudo da propaganda nesse contexto cultural.

A **propaganda** e a televisão

O grande eixo que forma a televisão é: o Estado, a grande empresa e a tecnologia informacional. A televisão não pode ser pensada como um mero esquema técnico de transmissão de imagens, mas como a ponta de um sistema complexo, articulado com todas as instâncias sociais de uma economia de mercado. Ela não é um simples meio de informação, trata-se, na verdade, de uma forma de saturação informacional do meio ambiente na sociedade pós-moderna, gerida pela tecnologia eletrônica e pela organização tecnoburocrática, afirma Muniz Sodré (1987).

O sistema da informação de massa é hoje um lugar privilegiado de produção do real da moderna sociedade do Ocidente. É um modo de organizar — com um poder de natureza gerencial e uma linguagem motivacional ou persuasiva — o espaço social contemporâneo. Baseada em tecnologia avançada, a televisão domina e dá a tônica (em termos de mercado e de influência expressiva) ao conjunto das mídias, entre elas, revista, jornal, rádio etc., e, como já abordamos, a publicidade faz parte dessas influências expressivas.

Como a propaganda, o sistema da televisão assegura a produção de relações sociais a partir dos códigos operacionais da economia de mercado. A televisão resulta, assim, em uma forma de relacionamento social. Uma forma de trocar, falar, de ver e de governar a sociedade contemporânea — definida pela produção monopolista, marcada pela extrema concentração financeira, demográfica, sígnica. Assim, na sociedade regida pela economia de mercado em sua fase monopolista, o capital se concentra em poucos pontos controladores, a população, em cidades, e a representação, no signo. A forma televisiva é o índice da consolidação da cultura que separa socialmente cada vez mais e de forma radical os termos polares nos circuitos da troca: produtor/consumidor, homem/mulher, falante/ouvinte etc. Esse sistema de distanciamento entre produção e consumo, também chamado de sistema tecnológico de comunicação indireta, é vigente nos centros urbanos e sustentado pela economia de mercado.

A essência de seu poder implica o controle do processo de significação cultural por um espírito empresarial ou tecnoburocrático. Nesse sistema, quem ouve não responde realmente a quem fala: ou se é emissor ou, então, receptor. Esquemas figurativos e imagens eletrônicas afinam-se na produção de um mesmo real imaginário e fascinante, e em ambos os casos está em jogo um novo poder de visão – de si mesmo e do outro –, com o qual a ordem contemporânea acena para o indivíduo.

Essas produções de imagens operam mutações na estrutura psíquica e nos modos de percepção do indivíduo contemporâneo, daí a importância da televisão. Ela não é um simples "meio de informação" que veiculara conteúdos específicos. O aperfeiçoamento profundo de reprodução da imagem no século XX intensifica os efeitos de organização monopolística das relações sociais. Com essas técnicas industriais, o simulacro – entendido como a produção artificial de uma imagem – também é solidário com esse aperfeiçoamento. Sem a necessidade de uma realidade externa para validar a si mesmo como imagem, o simulacro é, ao mesmo tempo, imaginário e real, ou melhor, é o apagamento da diferença entre real e imaginário, entre o verdadeiro e o falso. De fato, um certo imaginário, tecnologicamente produzido, impõe o seu próprio real (o da sociedade industrial) que implica um projeto de escamoteação de outras formas de experiência do real.

Nesses simulacros industriais, o olho é solicitado mais do que nunca pela civilização da escrita. O cinema aprofunda o simulacro moderno ao movimentar a imagem e encenar um tempo e espaço imaginários. Os sonhos, os produtos da imaginação, são realizados pela ficção cinematográfica.

O cinema ainda permite a criação de protocolos ritualísticos para a visão, ele se oferece como uma ruptura no cotidiano de espectador. As pessoas deslocam-se para uma sala especial e entregam-se à contemplação do sonho materializado, o filme.

Com a televisão é bem diferente, ela invade o campo existencial do espectador, oferecendo-lhe um espaço e tempo simulados. Ampliam-se, assim, os simulacros modernos. De forma mágica, a técnica televisiva multiplica infinitamente o poder de ubiquidade do espectador, agora confrontado com uma (tele)realidade simultânea, instantânea e global.

Esse simulacro que se produz no vídeo gera o espaço social por meio de efeitos de fascinação que a televisão simula; uma sociedade fundada não mais em uma ética do trabalho material, mas na produção psíquica. O que se produz no vídeo é o desejo. O desejo que jamais poderá ser satisfeito estaria fora do real, porque, segundo Lacan, "o desejo é desejo de desejo, desejo do outro, ou seja, submetido à lei". Esse objeto de desejo não teria qualquer realidade, assim não produziria uma satisfação, afirma Sodré (1987, p. 61).

Como a finalidade imediata da produção é o consumo, nenhum consumo pode satisfazer realmente nenhum desejo, a fim de que não pare jamais a escalada geométrica da ordem produtiva. Desejo, imagem televisiva, imagem publicitária reencontram-se em um processo de afinidade capaz de sempre remeter-se a um objeto que não poderá jamais satisfazer o sujeito, ou seja, um real que não se aprovará nunca. A imagem, sob a forma de simulacro, é apenas um signo feérico e, como tal, deve gerar a sua própria ordem, baseada numa economia de frustração. No caso da publicidade, o objeto anunciado não pode ser definitivamente satisfatório, pois deve deixar uma margem ao desejo ininterrupto do consumo.

Quando abordamos esse sistema tecnológico de comunicação indireta que controla o processo de significação cultural pelo espírito empresarial, podemos falar diretamente do processo de criação da propaganda. Podemos sair do *marketing* e chegar à propaganda como ferramenta de busca persuasiva. E podemos comprovar essa busca persuasiva da comunicação mercadológica. Ela procura identificar dentro do processo todas as características que devem ser observadas para se ampliar o consumo, desde as análises de mercado até a principal mensagem que a propaganda deve comunicar de forma persuasiva, de forma a levar rapidamente o consumidor à ação.

Detectar o tipo de consumo e criar uma propaganda que desperte a mente do consumidor é o grande papel das empresas que se utilizam da comunicação e do *marketing* como ferramentas do espírito empresarial, e este é o interesse de nosso estudo: apresentar diversos processos de criação, partindo de toda uma busca mercadológica até chegar a uma propaganda de TV, e analisar como são estabelecidas as relações entre mercado, comunicação e linguagem.

Para iniciar, vamos abordar as principais buscas de profissionais que utilizam a propaganda. Apresentamos agora, com base nos objetivos mercadológicos, o processo de criação dos filmes publicitários. Mostramos também onde repousam os principais objetivos desses profissionais e como geram e direcionam o processo criativo da propaganda, no caso do filme publicitário.

Definições de **propaganda** e a busca **do** profissional

Os mais antigos registros históricos nos dão notícia de mensagens de natureza próxima da propaganda. Arqueólogos que trabalhavam em países ao redor do Mar Mediterrâneo descobriram escritos anunciando vários eventos e ofertas. Os romanos pintavam as paredes para anunciar lutas de gladiadores, e os fenícios pintavam figuras para promover seus artigos em grandes rochas ao longo de rotas movimentadas. Uma pintura em uma parede de Pompeia louvava um político e pedia votos ao povo. Outra antiga forma de propaganda era a marca que os comerciantes colocavam em seus produtos, como potes. À medida que sua reputação se espalhava de boca a boca, os compradores começavam a procurar por uma marca em particular, como ocorre hoje com marcas registradas e nomes de produtos (Kotler & Armstrong, 1993, p. 304).

Na história da propaganda mundial, o momento de transição ocorre em meados do século XV, quando Johan Gutemberg inventou a imprensa. Os anunciantes não precisavam mais produzir cópias extras de um anúncio feito à mão. A primeira propaganda impressa em língua inglesa apareceu em 1478: pequenos folhetos eram distribuídos ao público. Esse formato durou quase 150 anos.

Em 1622, a propaganda recebeu um grande incentivo com o lançamento do primeiro jornal inglês, *The Weekly News*. Mais tarde, Joseph Addison e Richard Steele publicaram o *Tatler* e passaram a apoiar a propaganda que teve seu maior crescimento nos Estados Unidos. Benjamin Franklin tem sido conhecido como o pai da propaganda americana, porque sua *Gazette*, publicada pela primeira vez em 1729, teve a maior circulação e o maior volume de propaganda jamais vistos em qualquer jornal da América colonial. Vários fatores fizeram da América do Norte o berço da propaganda. A indústria norte-americana era líder de produção em massa, o que criava excesso de produção e a consequente necessidade de convencer os consumidores a comprar mais. O desenvolvimento de uma extensa rede de transporte fluvial, estradas e caminhos permitiu o transporte de bens e dos meios de propaganda para o interior do país. O estabelecimento, em 1813, do ensino público obrigatório aumentou o número de pessoas alfabetizadas e a proliferação de jornais e revistas. A invenção do rádio e, mais tarde, da televisão criou mais dois meios notáveis para difusão da propaganda.

Nos Estados Unidos, as agências de propaganda foram criadas, na segunda metade do século XIX, por fabricantes e corretores que trabalhavam para a mídia e recebiam comissão pela venda de espaço de propaganda para várias empresas. Pouco a pouco, formaram agências e se aproximaram mais dos anunciantes. As agências passaram a oferecer mais propaganda e serviços de *marketing* para seus clientes.

> *A propaganda só conheceu uma verdadeira expansão, contudo, no final do século XIX. A tecnologia e as técnicas de produção em massa já tinham atingido um nível de desenvolvimento em que um maior número de empresas produzia mercadorias de qualidade mais ou menos igual a preços mais ou menos iguais. Com isso, veio a superprodução e a subdemanda, tornando-se necessário estimular o mercado, de modo que a técnica publicitária mudou de proclamação para persuasão. O contexto social e institucional em que se situa a propaganda nos dias de hoje definiu-se, portanto, no início do século atual: mercadorias produzidas em massa, mercado de massa atingido através de produção de massa.* (Vestergaard & Schroder, 1996, p. 4)

"Em 30 de abril de 1939, a RCA mostrou o protótipo da televisão nos Estados Unidos e, em 18 de setembro de 1950, surge pela primeira vez na América Latina uma emissora de TV, a PRF3, TV Tupi Difusora de São Paulo, inaugurada em 20 de abril de 1951" (Ramos, 1995, p. 22).

Nesse período, a produção dos anúncios para a TV começou com cartões pintados, seguida por *slides*, até chegar ao filme, que foi a primeira contribuição do cinema nas produções de 35 mm, que eram reduzidas para 16 mm, para melhoria da qualidade. Um registro especial precisa ser feito para destacar que foi o varejo o grande arquiteto das ações comerciais e até artísticas da TV. Tratou-se de uma contribuição inestimável e corajosa dos investimentos feitos por lojas que se apaixonaram pelo novo veículo e nele puseram grandes "cartas". Essa façanha estimulou outros anunciantes que começaram seu "namoro" com a TV e também ajudou a conquistar muitas agências, notadamente as detentoras de contas estrangeiras, que também cuidaram de preparar pessoal, de mandar gente para os Estados Unidos e, mais importante, "abrir" a cabeça dos redatores e artistas da criação da época. Podemos citar alguns programas, nos quais houve grande participação do pessoal das agências: *Divertimentos Ducal, Ginkana Kibon, O céu é o limite, Repórter Esso, Circo Bombril* etc. Os comerciais passam a ser realizados por empresas especializadas, denominadas produtoras. Surgem a Jota Filmes, em 1955, e, em 1957, a Lince Filmes, que se transformaria na Lynxfilm, uma das maiores produtoras de comerciais até o final dos anos 1980. É a partir dessas duas produtoras que se cria o mercado de produção de comerciais e se organiza a atividade: os procedimentos de produção, a relação com as agências e a normatização dos contratos. É nos anos 1960 que se formam os primeiros quadros técnicos que serão a base do mercado publicitário (Furtado, 1990, p. 237).

A década de 1960 é considerada um dos períodos mais brilhantes e produtivos da TV brasileira, pois surgem o videoteipe e novas emissoras, como a TV Globo do Rio de Janeiro. A TV em cores, fruto de um imenso arsenal de novas realizações da mais alta tecnologia, foi o resultado do investimento feito pelos países de maior desenvolvimento tecnológico, cujo propósito era tornar a TV um veículo capaz de ser tão versátil quanto o rádio. Nesse período, deixa de existir o intervalo comercial e surge *break*, limitando de forma relativa a duração do comercial.

> *É no final dos anos 60 que a produção de comerciais tem uma identidade própria, com características publicitárias. Nos anos 70 surge a cor na televisão e a reestruturação do mercado. Observa-se, nesse período, comerciais de TV com acentuada evolução criativa, sem que tenha havido uma correspondente elevação do nível técnico.* (Ramos, 1995, p. 77)

Os anos 1980 são caracterizados pelo surgimento de significativos trabalhos de criação. O Brasil conquista vários prêmios internacionais e é considerado como tendo a melhor propaganda do mundo, que passa a apresentar a maturidade como um todo e a ser tomada como uma personalidade própria.

Os anos 1990 se iniciam com o mercado vivendo suas contradições e buscando alternativas para sua sobrevivência. As mudanças na economia alcançam o mercado de forma contundente, gerando uma grande distorção entre a realização em película e a realização em videoteipe (VT). É implantado o processo do cine-VT, com a importação dos telecines Hank Cintel, que torna as finalizadoras empresas muito fortes no mercado. A implantação da tecnologia digital reconfigura o mercado, provoca o fechamento de algumas empresas tradicionais de finalização, exclui profissionais de acabamento e supervaloriza a pós-produção. O VT surge como uma nova possibilidade para complementar a qualidade conseguida pelas câmeras mecânicas nos efeitos de trucagem, por exemplo. Ou, então, temos os requintes de uma finalização do filme no exterior. A montagem de uma estrutura cinematográfica exclusiva para o filme publicitário não ocorreu, portanto, de forma tranquila e sofreu as consequências da fragilidade do cinema no Brasil, de um lado, e as pressões das agências internacionalizadas, de outro. A chegada do VT à publicidade, fenômeno recente, colocava novas possibilidades de solução técnica, mas também enfrentava a tradição cinematográfica do setor, suas reações e suas readaptações (Furtado, 1990, p. 239).

Até aqui enfatizamos mais a dimensão da produção do filme publicitário, tentando captar a materialidade que sustenta a construção do seu padrão. Obviamente, uma dimensão fundamental da qualidade do comercial tem origem na criação do texto/roteiro a cargo das agências. A grande massa de comerciais sai das grandes estruturas das agências: em 1986, a MPM era a primeira agência e contava com um quadro de 953 funcionários; a DPZ ficava em 5º lugar com 346, sendo 434,3 a média de funcionários das dez primeiras colocadas. A DPZ, por exemplo, criava uma média de 150 filmes por ano no período de 1987/1988, contando com 373 funcionários, acionando as suas primeiras práticas racionalizadas e administrativas (Ramos, 1995).

> **A propaganda é uma informação com objetivo específico: criar um elo entre o produtor e o consumidor; sem ela, estes se ignorariam mutuamente.**

É, com efeito, a comunicação de uma mensagem. É preciso insistir nesse aspecto, pois o erro mais frequente é acreditar que a propaganda é venda. Esse conceito não é correto, uma vez que ela só representa uma parte da venda, unicamente aquela que concorre para desenvolvê-la.

Esse primeiro aspecto da natureza da propaganda deve ser logo corrigido pela observação de que a informação é comunicada com uma intenção bem determinada e clara: vender. Pôr em relevo essa intenção não é indiferente porque traz consigo duas consequências.

A primeira tem por fim manter uma proposição comercial. A informação só existirá se ela for necessária para esse fim: o aspecto informativo será desenvolvido se for o caso de um produto técnico ou novidade; será, ao contrário, mínimo ou até mesmo inexistente se o produto for conhecido e se não houver algo de novo a se referir sobre ele.

A segunda acontece com frequência: a informação cede lugar à persuasão, isto é, a todos os meios pelos quais se procurará tentar seduzir, fazer desejar e convencer.

Torna-se importante ressaltar que a função essencial da propaganda é fazer conhecer um produto ou serviço para que ele seja procurado. Novas camadas de consumidores aparecem a cada ano. Outras desaparecem. O próprio produto transforma-se e aperfeiçoa-se. Também a propaganda deve ser um processo permanente: nessa área, as situações nunca são definitivamente conquistadas. Constantemente, é preciso conservar a reputação de um produto, e a tensão e o desejo devem ser mantidos para suscitar o consumidor.

Essa tensão e esse desejo devem ser provocados pela criatividade publicitária. Trata-se aqui do próprio cerne da propaganda, é a pedra angular sobre a qual repousa sua eficácia.

Essas observações partem do princípio de que, para representar seu papel, a propaganda deve pôr em jogo as disciplinas mais diversas. É uma força complexa que faz apelo a profundos conhecimentos econômicos: de mecanismos cambiais, estudos de mercado, observação e previsões econômicas. Define-se como propaganda o conjunto dos meios destinados a informar o público e convencê-lo a comprar um produto ou serviço (Leduc, 1980).

Para Colley (1979), muitos objetivos de comunicação e de vendas podem ser atribuídos à propaganda. Colley, em seu livro *Defining advertising goals for measured advertising results*, lista 52 possíveis objetivos de propaganda e delineia um método chamado DAGMAR (as iniciais do título do livro) para transformar os objetivos de propaganda em metas específicas mensuráveis.

Um objetivo da propaganda é a tarefa específica da comunicação a ser realizada com um público-alvo específico, durante um determinado período de tempo, cujos objetivos podem ser classificados pelo propósito a que destina: *informar, persuadir* ou *lembrar*.

A propaganda *informativa* é utilizada maciçamente na introdução de uma nova categoria de produto quando o objetivo é criar uma demanda primária. A *persuasiva* torna-se mais importante à medida que a concorrência aumenta, e o objetivo da empresa é criar uma demanda seletiva, que é a busca mais atual dentre as empresas, em razão da enorme quantidade de produtos e empresas concorrentes. Uma parte da propaganda persuasiva é conhecida por ser comparativa, pois procura estabelecer a superioridade de uma marca por intermédio da comparação específica com uma ou mais marcas de uma classe de produto. A propaganda comparativa tem sido utilizada para produtos como refrigerantes, computadores, desodorantes, cremes dentais, automóveis, vinhos e analgésicos.

A propaganda de *lembrança* é importante para um estágio de maturidade do produto, pois faz que os consumidores mantenham o produto em mente.

A **propaganda** criativa e algumas considerações profissionais

É possível definir que a busca mais importante para o publicitário dentro do processo de criação são os aspectos criativos unificados à eficiência, alcançados por meio de um domínio da linguagem usada na comunicação publicitária. Em razão disso, essa busca é constante no caminho da criatividade, linguagem e eficiência, pois gera mais que apenas informação ou convencimento, mas a persuasão, que procura aprofundar-se mais intensamente na percepção de um consumidor que está exposto incessantemente e de forma desenfreada a um diversificado e intenso número de mensagens, ainda mais quando nos referimos à mídia televisiva.

Após abordarmos a propaganda, a televisão e as buscas dos publicitários, podemos concluir que, além de um contexto extremamente complexo – o sistema tecnológico que controla o processo de significação cultural pelo espírito empresarial – temos, quando se criam filmes publicitários, uma construção que envolve profissionais de empresas diversas num objetivo comum: construir um produto comunicacional, criado e produzido por profissionais os mais diversos numa construção comum. Pode-se perceber que nosso objeto de pesquisa apresenta-se de forma bastante complexa em sua construção, são objetivos mercadológicos que direcionam o processo envolvendo uma rede de construções e profissionais diversificados que abrangem comunicação, linguagem e mercado.

> Nosso interesse é procurar descortinar esse poderoso produto persuasivo da linguagem publicitária, que, simultaneamente, é propulsora do desenvolvimento econômico, invade todos os círculos de relações sociais e se integra às práticas culturais.

Interessa-nos conhecer "por dentro" os mecanismos que envolvem a criação, a execução e a produção destes produtos complexos da comunicação publicitária, os filmes.

O PROCESSO DE CRIAÇÃO DA PROPAGANDA DE TV COM BASE NOS OBJETIVOS MERCADOLÓGICOS

CAPÍTULO

DOIS

O PROCESSO DE CRIAÇÃO:
DO *BRIEFING* DE CRIAÇÃO
À EDIÇÃO FINAL

CRÍTICA GENÉTICA, REDES E CRIAÇÃO

Introdução

Em linhas gerais, vamos apresentar como é identificada a busca mercadológica que gera a necessidade de criar um comercial de TV e quais os profissionais envolvidos no processo.

Apresentamos inicialmente as etapas mais claramente identificadas, depois uma tabela com as identificações dos profissionais envolvidos e, por último, o detalhamento das funções destes.

Análise mercadológica

Uma das funções do departamento de *marketing* de uma empresa é identificar que necessidade ou desejo ganhará destaque na comunicação, o que pode ser justificado por informações como: concorrência, tamanho do consumo, tamanho de mercado, preço, potencial de compra do público, público-alvo, localização geográfica, sazonalidade etc. Dessa forma, o papel da estratégia de *marketing* é utilizar as atividades de comunicação com o propósito de solucionar seus objetivos de mercado e consumo. Essa etapa, conhecida como planejamento de *marketing*, define, em percentuais de crescimento de mercado e na percepção dos consumidores, os objetivos pretendidos pela empresa.

Planejamento de comunicação

Nessa etapa, os profissionais de comunicação da agência de propaganda definem para a empresa "contratante" qual a melhor forma de comunicação que pode ir ao encontro desse público consumidor, já identificado pelas análises de mercado. Podem ser definidas diferentes ações de comunicação, entre elas: a propaganda, a promoção de vendas, a venda direta, a assessoria de imprensa, as relações públicas ou a estratégia de comunicação mais adequada para se alcançar o principal objetivo de mercado.

Como exemplo para este trabalho, vamos detalhar a propaganda como a ação de comunicação que faz parte do processo criativo de nosso estudo. Partindo do detalhamento dessa ação de comunicação, temos alguns aspectos que são determinados nesse planejamento: os principais fatos que nortearão o pensamento estratégico da comunicação e a proposta a ser implementada, em termos de objetivos e estratégias, a criação da campanha, a programação da mídia, os custos, o cronograma e os métodos para avaliação de resultados (Corrêa, 2002). Dentre esses principais aspectos, para a criação da campanha, temos o *briefing* de criação, que é o documento que procura focar exatamente como será comunicada, de forma persuasiva, a principal mensagem que o *marketing* e o planejamento definiram. Aqui, define-se primordialmente o conceito criativo da campanha a ser criada, já buscando todas as características persuasivas da mensagem principal. Esse conceito normalmente é discutido e definido pela equipe de publicitários: planejadores, atendimento, criadores, mídias e pesquisadores.

Departamento de criação

Ainda na agência, o departamento de planejamento e os demais profissionais citados anteriormente definem o principal conteúdo da mensagem, que se pressupõe irá atender ao anseio do público para consumir determinado produto. Cabe a esses profissionais da criação comunicar tudo isso de forma criativa, ou melhor, encontrar uma forma ousada e impactante para que o público responda positivamente ao apelo da comunicação. Nesse departamento, os trabalhos são, em geral, realizados em equipes, divididas em duplas de criação (um diretor de arte e um redator) que respondem a um diretor de criação – responsável pela coordenação e qualidade dos trabalhos criativos no departamento. No processo de criação de um filme publicitário, desenvolvem-se inicialmente os esboços dos roteiros, as ideias iniciais, que são apresentados e discutidos (internamente) e, depois, selecionados para apresentação ao cliente, a quem caberá a aprovação.

Aprovação do cliente/empresa

A criação apresenta para o anunciante roteiros ou *storyboards* para que toda a mecânica engendrada pela comunicação por meio do comercial de TV possa ser analisada e aprovada. Nesse estágio, o objetivo é prever – com todos os profissionais envolvidos – se o processo persuasivo da propaganda de TV atende às necessidades de *marketing* previstas inicialmente.

Produção do filme publicitário

Após a apresentação e a aprovação da ideia do filme – roteiro e *storyboard* – pelo cliente, a agência define qual será a empresa/produtora cinematográfica que produzirá o filme. A ideia é apresentada a vários fornecedores, e, após análises de aspectos específicos (apresentados e discutidos mais à frente), estabelece-se qual produtora executará o filme.

Em parceria, o departamento de criação e a produtora determinam os principais aspectos do filme para que a ideia nele contida seja interpretada de forma mais próxima da aprovada no roteiro pelo cliente. A grande preocupação é que as características da linguagem cinematográfica e videográfica transmitam o conceito pretendido pela criação e aprovado pelo cliente. O cuidado aqui é fazer que o planejamento visual e a ideia do filme sejam mantidos de forma satisfatória e persuasiva em todos os aspectos da produção – imagem, som, ritmo, clareza, objetividade, entre outros.

Temos aqui a pré-produção, produção (filmagem) e pós-produção.

Aprovação final – cliente/agência

Nessa última etapa, em linhas gerais, todos os profissionais analisam o resultado do filme produzido para iniciar seu processo de veiculação na mídia.

O processo de criação:
do *briefing* de criação à edição final

Uma vez definida pelo planejamento de comunicação a necessidade de se desenvolver um comercial de TV para um cliente, desenvolvem-se as seguintes etapas do processo de criação de filmes publicitários:

1) Elaboração do *briefing* de criação e do foco deste pela equipe de publicitários;
2) Criação de roteiros;
3) Aprovação dos melhores roteiros pelo cliente;
4) Definição da produtora e a escolha do diretor do filme (critérios para seleção);

5) *Briefing* da agência para as produtoras;

6 e 7) Contato com as produtoras e recebimento dos orçamentos;

8) Reunião de pré-produção;

9) Reunião de produção;

10) Ensaio de luz e produção;

11) Gravação/filmagem;

12) Efeitos especiais, animação e computação gráfica (profissionais: *designers* de computação, *designers* gráficos, diretor e editor);

13) Produção da trilha sonora – produtora de som;

14 e 15) Colocação da trilha sonora (editor/diretor/produtor de som);

16) Montagem final/*off-line* (editor/diretor);

17) Apresentação *off-line* para a agência (diretor/produtor executivo/atendimento/criação e rádio, televisão, vídeo e cinema – RTVC);

18) Apresentação do *off-line* ao cliente e à agência;

19) Acabamento (*on-line*) (editor);

20) Envio do *on-line* para o departamento de mídia (RTVC);

21) Envio aos veículos (mídia) de comunicação (TV).

Para facilitar a compreensão das empresas, das etapas e dos profissionais envolvidos, desenvolvemos uma tabela com todas as informações importantes para uma visualização da complexidade de profissionais envolvidos e da diversidade de etapas do processo em construção.

Tabela 1 – Empresas envolvidas e etapas do processo

EMPRESA	AGÊNCIA DE PROPAGANDA						PRODUTORA																
CLIENTE	ATENDIMENTO	PLANEJAMENTO	MÍDIA	PESQUISA	CRIAÇÃO	RTVC	ATENDIMENTO DA PRODUTORA	PROD. EXECUTIVO	DIRETOR	DIR. PRODUÇÃO	DIR. FOTOGRAFIA	DIR. ARTE	PRODUTORES	EDITOR	ATORES	FIGURINISTA	CABELEIREIRO	MAQUIADOR	MAQUINISTAS	ELETRICISTA	TÉCNICOS DE SOM	COMPUTAÇÃO GRÁFICA	PRODUTORA DE SOM
←	← *BRIEFING* DE CRIAÇÃO/FOCO — 1																						
	← CRIAÇÃO DE TEXTOS — 2																						
←	ROTEIROS PARA APRESENTAÇÃO — 3																						
	DEFINIÇÃO DA PRODUTORA E DIRETOR — 4																						
						BRIEFING PARA ORÇAMENTO — 5																	
←	CONTATO COM AS PRODUTORAS / APRESENTAÇÃO DOS ORÇAMENTOS — 6, 7																						
DEPENDENDO DO INVESTIMENTO, O CLIENTE PARTICIPA	REUNIÃO DE PRÉ-PRODUÇÃO — 8																						
	REUNIÃO DE PRODUÇÃO — 9																						
	ENSAIO DE LUZ E PRODUÇÃO — 10																						
	FILMAGEM — 11																						

As empresas e os profissionais envolvidos

Nas etapas de processo de criação de filmes publicitários, temos, em linhas gerais, uma diversidade de profissionais envolvidos: da agência de propaganda, do cliente e da produtora. Todos eles têm objetivos específicos, de acordo com seus papéis profissionais. A seguir, apresentamos todos eles e suas respectivas funções.

- *Agência de propaganda*: profissionais de planejamento, atendimento, diretor de criação, redator e diretor de arte, ilustrador (em alguns casos), RTVC e assistente de RTVC.

Tabela 1 – Continuação

EMPRESA	AGÊNCIA DE PROPAGANDA						PRODUTORA														
CLIENTE	ATENDIMENTO	PLANEJAMENTO	MÍDIA	PESQUISA	CRIAÇÃO	RTVC	ATENDIMENTO DA PRODUTORA	PROD. EXECUTIVO	DIRETOR	DIR. PRODUÇÃO	DIR. FOTOGRAFIA	DIR. ARTE	PRODUTORES	EDITOR	ATORES	FIGURINISTA	CABELEIREIRO	MAQUIADOR	MAQUINISTAS	ELETRICISTA	TÉCNICOS DE SOM	COMPUTAÇÃO GRÁFICA	PRODUTORA DE SOM
																						EFEITOS ESPECIAIS 12	
																							PRODUÇÃO DA TRILHA SONORA 13
										TRILHA				TRILHA 15									COLOCAÇÃO DA TRILHA SONORA 14
										MONTAGEM FINAL				OFF-LINE 16									
					APRESENTAÇÃO À AGÊNCIA (OFF-LINE) 17																		
					APRESENTAÇÃO AO CLIENTE (OFF-LINE) 18									ACABAMENTO ON-LINE 19									
						ENVIO DO ON-LINE PARA O DEPT. MÍDIA 20																	
		ENVIO DO ON-LINE PARA O VEÍCULO 21																					

- *Produtora*: diretor do filme, produtor executivo, diretor de fotografia, diretor ou coordenador de produção, produtor, assistente de produção, operador de câmera e assistente de câmera.
- *Contratados da produtora*: produtor de elenco, produtor de locações, diretor de arte ou cenógrafo, produtor de objetos, produtor de figurino, produtora de som (empresa), técnico de efeitos especiais, eletricista, maquinista, maquiador, técnico de som direto, cabeleireiro e cenógrafo. Dependendo do porte da empresa, muitas vezes esses profissionais são contratados como *freelancers*, de acordo com o tipo de filme a ser produzido.

As empresas envolvidas são: cliente, agência de propaganda e produtora.

Os profissionais da agência têm as seguintes funções:

- *Planejamento*: esse setor é responsável pelo desenvolvimento do plano de comunicação: quais ferramentas de comunicação poderão ser adotadas e desenvolvidas para o cliente (propaganda, publicidade, *merchandising*, eventos, promoção de vendas, entre outros). O profissional dessa área responde pelas adequações da comunicação e apresenta soluções às necessidades mercadológicas da empresa do cliente.
- *Atendimento*: a principal atividade dessa área é gerenciar a "conta" do cliente na agência e atender às necessidades de comunicação da empresa contratante. Realiza todos os trâmites de encaminhamento e aprovação das prestações de serviços entre agência e cliente.
- *Diretor de criação*: responde pela busca da alta qualidade criativa das atividades da agência, gerencia as equipes e profissionais do departamento de criação, e é responsável pela área criativa.
- *Diretor de arte*: é responsável pelos aspectos estéticos e visuais das peças de propaganda criadas. Domina as buscas conceituais criativas, transformando-as, pela linguagem visual, nos aspectos imagéticos e visuais das peças.
- *Redator*: elabora os textos das peças de propaganda. Textos, títulos, legendas e vários outros elementos visuais são desenvolvidos pelas interpretações das buscas conceituais criativas realizadas por esse profissional, que normalmente desenvolve sua atividade em dupla com os diretores de arte.
- *Produtor de RTVC*: esse profissional cuida dos contatos e das relações profissionais com produtoras de filmes e sons. É responsável por verificar se todas as imagens, músicas e outros materiais utilizados no comercial não estão protegidos por *copyright* ou marca registrada. Deve-se evitar esse risco. Esse setor responde pelo contato com a produtora e faz a intermediação entre profissionais da agência e produtora contratada.

Na produtora, atuam os seguintes profissionais:

- *Atendimento/produtor executivo*: cuida do contato com a agência e o cliente, do encaminhamento da proposta do orçamento e do contrato entre as partes envolvidas. Esse contrato normalmente define as obrigações das partes, os padrões técnicos, os prazos de pagamento, eventuais exceções, garantias e cláusulas indenizatórias e o tipo de relação trabalhista. Por exemplo, o fotógrafo, o *designer* e o músico são titulares dos direitos autorais de suas obras e as transferem para a agência por meio de contrato de cessão de direitos autorais.

- *Equipe de filmagem*:
a) Diretor: coordena a equipe de filmagem e é responsável pela execução do filme. Deve extrair o melhor de cada profissional envolvido e fazer a integração de todos. Esse profissional precisa conhecer todos os detalhes relacionados ao seu trabalho e saber delegar cada uma das tarefas ao especialista no assunto. O seu trabalho é definir como será o filme antes de começar a filmá-lo. Com o roteiro que foi apresentado ao cliente em mãos, o diretor faz as necessárias adaptações para um roteiro de filmagem, mudando a forma, mas mantendo o conteúdo, ou melhor, o conceito original.
b) Assistente de diretor: é o braço direito do diretor. Cuida da organização de todo o preparo das documentações da pré-produção, produção e pós-produção (pautas e dossiês de pré-produção, planos de filmagem, entre outros). Desenvolve a coordenação dessas áreas e prepara os documentos que envolvem todos os departamentos e profissionais da produtora e da relação produtora-agência-cliente.
c) Diretor de fotografia: é o profissional responsável pela fotografia do filme. Cabe a ele determinar a disposição dos refletores, quais filtros devem ser utilizados e medir a luz. Seu trabalho é feito em conjunto com os objetivos do diretor. Por exemplo, se a cena for feita em estúdio, o diretor de fotografia deverá simular a luz do dia. O diretor de fotografia dispõe de uma série de equipamentos que auxiliam no seu trabalho, como: fontes de luz, bandeiras – chapas metálicas, refletores e kelvinômetro –, equipamento para medir a temperatura da luz e fotômetro – para medir a intensidade da luz. No Brasil, é comum o diretor de fotografia acumular a função de operador de câmera.
d) Operador de câmera: aciona e movimenta a câmera na direção correta para filmar, em vários planos, de acordo com as necessidades da cena.
e) Assistente de câmera: é o responsável direto pelo pleno funcionamento da câmera. Cuida da limpeza da câmera e das lentes, opera o *zoom* e obtém o foco mais adequado para determinada tomada ou cena.
f) Maquinista: atua em quase todas as tarefas: carrega e monta tripés em todos os lugares necessários, monta e desmonta plataformas e trilhos para o *travelling*, opera *dollies* e gruas, auxilia o eletricista na montagem de refletores em tripés, puxa cabos e monta plataformas de luz, transporta objetos, limpa cenários etc.
g) Eletricista: orientado pelo diretor de fotografia, responde pela parte elétrica da filmagem. Dispõe os rebatedores e refletores de forma correta nos locais indicados, troca lâmpadas, providencia pontos de eletricidade para uso geral e soluciona problemas técnicos, como a iluminação interna de uma geladeira.
h) Diretor de produção: é o chefe de equipe; coordena as atividades da filmagem, estabelece cronogramas, datas e horários, supervisiona objetos de cena etc.

i) Produtor (de elenco, locações e objetos): trabalha sob o comando do diretor de produção. Sua principal função é cuidar da imagem. Providencia todos os objetos que serão necessários na cena, inclusive as roupas dos atores, locações, autorizações necessárias, refeições para toda a equipe e reserva de passagens e hotéis. Além disso, faz o contato com os modelos.

j) Assistente de produção: auxilia o produtor a realizar todas as suas obrigações durante o processo de filmagem.

k) Técnico de som direto: no Brasil, esse profissional executa três funções específicas, operador do gravador, microfonista e operador de áudio.

l) Técnico de efeitos especiais: cria e maneja as técnicas que fazem, por exemplo, um objeto voar ou desaparecer. Esse profissional trabalha em sintonia com o diretor de fotografia, diretor do filme e produtor.

m) Maquiador: prepara a pele dos atores e das atrizes para que a cor, após a maquiagem, possa responder bem às características do material sensível e parecer o mais natural possível no momento da projeção. Além disso, pode utilizar vários artifícios e modificar os traços do rosto, envelhecendo ou rejuvenescendo o ator ou a atriz.

n) Cabeleireiro: executa penteados dos atores e das atrizes, procurando definir a aparência de acordo com o objetivo do roteiro.

o) Cenógrafo/diretor de arte: é responsável pelo projeto e pela construção do cenário. Esse profissional precisa conhecer arquitetura e estética para que possa definir, com bom gosto, cores para os ambientes e móveis e objetos que irão compor a cena, sempre baseado no roteiro estabelecido.

p) Figurinista: cuida do vestuário dos atores e das atrizes, desenhando ou escolhendo roupas, calçados, acessórios etc. condizentes com a cena ou com o filme. É um profissional que deve conhecer bem o mundo da moda e a sua história, caso seja necessário um vestuário de época, por exemplo.

Nosso interesse é compreender o processo de criação do filme publicitário que se dá na inter-relação desse grande número de profissionais envolvidos. Para tal, recorremos à crítica genética para acompanhar, mais de perto, essas construções.

Crítica genética,
redes e criação

A crítica genética é uma investigação que vê a obra a partir de sua construção, acompanhando seu planejamento, sua execução e seu crescimento. Segundo Salles (1998), o crítico genético preocupa-se com a melhor compreensão do processo de criação e procura revelar, narrando a gênese da obra, alguns dos sistemas responsáveis pela geração da obra. Utiliza-se do percurso da criação para desmontá-lo e, em seguida, colocá-lo em ação novamente. O crítico genético estuda os rastros deixados pelos criadores em seu caminhar, em direção à obra entregue. Essa arqueologia da criação trabalha com os arquivos e materiais encontrados nos documentos do processo, que documentos desempenham dois grandes papéis ao longo do processo de criação: armazenar e experimentar.

O autor armazena informações por diversos meios que atuam como auxiliares no percurso de concretização da obra. Os documentos encontrados e as formas de armazenamento normalmente são variados entre percursos de obras até de um mesmo autor.

A experimentação desses documentos deixa transparecer a natureza indutiva da criação, são hipóteses que vão sendo testadas, são experimentações em rascunhos, esboços, roteiros, maquetes, copiões, croquis, projetos, ensaios, contatos, *storyboards*, entre outros. Há ainda outros documentos como diários, anotações e certas correspondências que oferecem outras formas de armazenamento, além de depoimentos dos criadores.

O crítico genético procura, além da observação dos documentos, captar fragmentos do funcionamento do pensamento criativo.

A diversidade de linguagens existentes nos mais variados tipos de documentos de processo (desenhos, textos, sons, fotografias, rascunhos, anotações visuais e verbais etc.) precisava de instrumentos que dessem conta do movimento que os manuscritos apresentavam e da rede de linguagens que revelavam. Salles (1998) encontra na semiótica de Charles S. Peirce instrumentos teóricos abrangentes que utilizam o conceito de signo numa perspectiva geral, ou seja, tudo é signo. Defrontamo-nos com signos de natureza diversa, mas que possuem, segundo Peirce, o mesmo modo de ação.

O gesto criador é apresentado como um movimento com tendência, que age como um rumo vago que direciona o processo da construção da criação. O criativo impelido pelo desafio a ser vencido sai em busca da satisfação de sua necessidade. O criador é seduzido pela concretização desse desejo que o leva à ação. A tendência é indefinida, mas o criativo é fiel a essa vagueza, o trabalho se direciona para um maior discernimento daquilo que se quer elaborar. A tendência se apresenta como um condutor maleável, e é esse movimento dialético entre rumo e vagueza que gera o ato criador, uma busca de algo que está por ser descoberto.

> As tendências do processo do ato criador podem ser observadas sob dois pontos de vista: do projeto poético do artista e da comunicação.

Sob outro ponto de vista, podemos observar o processo de criação como uma tendência para o outro, está em sua essência a necessidade de ser compartilhada. A criação é um ato comunicativo que carrega as marcas de um projeto poético e também faz parte de uma grande cadeia, na qual o produto criativo se insere no tempo e na sociedade.

No caso da propaganda, esse aspecto comunicativo tem uma grande relevância em sua construção. Quando se desenvolve uma peça de propaganda, a busca se inicia nos objetivos mercadológicos de uma empresa, procurando discernir quem é o público-alvo até chegar-se à criação publicitária, que apresenta como primordial objetivo elaborar uma peça de comunicação que gere persuasão no receptor. Os criadores publicitários enfrentam o desafio de, a cada trabalho, produzir comerciais que sejam capazes de persuadir o público-alvo com mensagens que atendam aos objetivos mercadológicos de uma empresa. Esse é o principal propósito de uma criação publicitária. Na propaganda, a função dos criadores é realizar peças publicitárias com mensagens que alcancem maciçamente altos índices de públicos de maneiras persuasivas. Eles são envolvidos pela concretização desse desafio que os impulsionam para a ação. O trabalho é elaborado e caminha num discernimento do que se quer fazer, é a mobilidade do pensamento na criação. Essa busca entre rumo e vagueza é que gera e move o ato da criação.

Quando analisamos os primeiros documentos do processo de criação publicitária, é importante relembrar que a comunicação publicitária é uma ferramenta da área mercadológica. Sua existência é justificada pela necessidade de mercado, de ampliar ou direcionar objetivos estratégicos de crescimento financeiro. Temos, assim, o planejamento de *marketing* que direciona o objetivo de mercado e de comunicação que, por sua vez, é focado em planejamento de comunicação, que ainda se apoia, mais especificamente, num *briefing* de criação. Nessas etapas, em linhas gerais, o discernimento das principais buscas de mercado transforma-se em formas de comunicação que vão sendo elaboradas e descobertas à medida que o processo de criação é realizado. Desse modo, o percurso criativo, observado sob o ponto de vista de sua continuidade, coloca os gestos criadores em uma cadeia de relações, formando uma rede de operações estreitamente ligadas. Um signo se complementa no outro. Toda a ação da equipe que cria um filme está ligada a outras ações. Pautas de reuniões, planejamentos de comunicação, *briefings* de criação, roteiros, *storyboards*, *shooting boards*, *blocking diagram*, pautas de reuniões de pré-produção, planos de filmagens, entre outros, tudo está de algum modo conectado.

> O ato criador aparece como um processo inferencial, na medida em que toda a ação, que dá forma ao novo sistema, está relacionada a outras ações e tem igual relevância ao se pensar a rede como um todo (Salles, 1992).

O objetivo da equipe de profissionais das áreas mercadológicas e de comunicação, durante o próprio processo, é o aprimoramento das principais buscas da mensagem que direcionará a criação publicitária. A criação está espalhada pelo percurso. Sob essa perspectiva, todos os registros deixados pelo artista são importantes, na medida em que podem oferecer informações significativas sobre o ato criador. Há criações em *briefings*, roteiros, *storyboards*, planos de filmagem, ensaios de luz, entre outros. O processo inferencial destaca as relações, os vínculos.

Cabe lembrar que a criação coletiva, como no caso da criação publicitária, ganha mais complexidade da interação entre as pessoas em contínua troca de sensibilidades. São profissionais de empresas diversas envolvidos num processo criativo no qual vemos o discernimento de uma área mercadológica se transformando na interpretação de necessidade a ser atendida pela comunicação persuasiva, uma tendência desse processo de criação:

> *Quando se fala em processo criativo como ato comunicativo, o qual levaria o artista a fazer concessões. Estudo de processos específicos, porém, pode mostrar como questões relativas a mercado afetam alguns criadores e suas obras, e, provavelmente, seus processos deixam indícios de adaptações, segundo critérios extrernos.* (Salles, 1998, p. 47)

Temos, assim, a própria busca da criação publicitária focada na percepção do público-alvo como o principal ponto de critérios e buscas de construção de mensagens. Salles (1998, p. 48) continua:

> *O criador não cumpre sozinho o ato da criação. O próprio processo carrega esse futuro diálogo entre o criativo e o receptor. Essa relação comunicativa é intrínseca ao ato criativo. O processo carrega marcas da futura presença do receptor, colocando o receptor na própria mensagem.*

No processo de criação na propaganda, a busca persuasiva pela mensagem carrega o receptor em variados e diversos momentos de modo direcionador. Na solicitação dos departamentos que analisam o mercado, no planejamento da comunicação, nos departamentos criativos das agências, nos diretores e produtores de filmes, veremos a todo momento a preocupação com a recepção da mensagem presente nos documentos de processo e nos diálogos intra e interpessoais da equipe engajada na criação.

Cabe abordar que a criação de comerciais é um processo coletivo que envolve uma grande diversidade de profissionais e equipes numerosas. É uma rede de criação em construção, bastante densa e complexa, na qual a equipe está constantemente trocando sensibilidades para a elaboração de uma obra em comum.

Ao longo do processo de criação, observa-se (Salles, 1998) a confluência das ações do vago propósito da tendência e do imprevisto trazido pelo acaso. Aceitar o acaso e o imprevisto no processo com tendência nos faz crer que o criador poderia ter realizado aquela obra de maneira diferente daquela que fez, admite-se que outras obras poderiam ter sido elaboradas.

O movimento criativo mostra-se também como um percurso falível, as rasuras ou modificações podem ser observadas comparando-se os diversos momentos do processo. O percurso criativo, observado pela sua continuidade, coloca os gestos criadores em uma cadeia de relações, formando uma rede de operações fortemente ligadas. Um signo se complementa no outro signo, falando-se da incompletude inerente ao signo, sendo a regressão e a progressão infinitas. Toda ação de criação de um autor está ligada a outras ações. *Briefings*, anotações, registros, pesquisas, lembranças, livros anotados, fotografias, está tudo, de alguma forma, ligado, conectado. Podemos, desse modo, dizer que o ato criador aparece como um processo inferencial, na medida em que toda ação, que cria uma forma ou sistema novo, está relacionada a outras ações e tem igual relevância quando se pensa a rede de associações como um todo.

A natureza inferencial do processo criativo significa a destruição do ideal de começo e fim absolutos. Segundo Salles (1998), podemos pensar na impossibilidade de se determinar origem na rede do processo criador, estamos sempre, numa pesquisa em crítica genética, no meio de uma cadeia contínua. É uma complexa rede de inferências que nos remete ao raciocínio responsável por ideias novas ou formulação de hipóteses.

É exatamente isso que vamos fazer ao longo deste livro, acompanharemos esse percurso e procuraremos compreender alguns dos complexos movimentos e interações de buscas criativas entre uma grande diversidade de profissionais. Analisaremos esses movimentos, de forma específica, para assim buscarmos generalizações e a compreensão das características do fazer coletivo.

Além dos pontos apresentados aqui, sob o ponto de vista dos processos criadores individuais, temos, nos processos coletivos, a complexidade de interação ainda maior entre pessoas em intensa e contínua troca de sensibilidades. Uma rede criadora bastante densa pode ser encontrada em processos criativos como o cinema, o teatro, a dança e a publicidade. No contexto deste trabalho, é importante ressaltar que o processo de criação de filmes publicitários envolve grupos grandes de criativos e técnicos.

> *[...] é a necessidade do trabalho em equipe ou de trabalhos em parceria que se mostram para os próprios criadores, por um lado, impulsionadores e estimulantes, gerando reflexões conjuntas e conseqüentemente uma potencialização de possibilidades. Mas que, por outro lado, geram dificuldades no entrelaçamento de individualidades [...] sem a interação a obra não se concretiza.* (ibid, p. 51)

Cecília Salles (2006) aborda o conceito de rede para apontar o conceito de criação como rede em processo. A autora aponta alguns conceitos importantes para uma imersão conceitual: dinamicidade, inacabamento, pensamento de relações, interação, complexidade, expansão, transformação e continuidade.

A criação é apontada num ambiente dinâmico, que se caracteriza pela flexibilidade, mobilidade e plasticidade, onde acontecem infindáveis cortes, adições, substituições, deslocamentos, o que pode gerar diferentes possibilidades de obras que são modificadas ao longo do percurso. Essa dinamicidade permanente e móvel nos leva ao conceito de inacabamento, inacabamento intrínseco a todos os processos, como uma possível versão do que ainda pode ser modificado. Além da dinamicidade e do inacabamento, de ações múltiplas e diversas, os atos de rejeitar, adequar ou reaproveitar são encontrados, numa perspectiva não linear, e temos então o conceito de rede que paradigmamente está ligado ao pensamento de relações. Os estudiosos de criação se interessam pela compreensão dos processos criativos como uma rede que se constrói, e, portanto, só podemos apreender esse modo de pensamento também em rede.

Adotando o paradigma de rede (Salles, 2006), estamos pensando o ambiente de interações, laços, interconectividade, nexos e relações, retirando o conhecimento do objeto dos aspectos estáticos, isolados e fechados.

Essa abordagem como uma complexa rede de inferências comprova a história, o passado de um pensamento criativo. Daí a importância de rompermos o isolamento dos sistemas e ativar as relações que o mantêm como sistemas complexos — uma decisão do criador tomada em determinado momento tem relação com outras anteriores e posteriores, e, do mesmo modo, a obra se desenvolve por meio de uma série de associações ou relações. Não se avança sem interpretar ou avaliar o que já foi produzido (ibid), abrangem-se a simultaneidade de ações e a ausência de hierarquia, e ocorre o intenso estabelecimento de nexos. O crítico genético procura, nos documentos estudados, refazer e compreender a rede do pensamento do criador.

Além das interações dos gestos dos criadores, temos de levar em conta também as interações entre indivíduos como um dos motores do desenvolvimento do pensamento: conversas com amigos, trabalhos em equipes, aulas com mestres, opiniões de leitores e "espectadores particulares" (citados por Cortázar (1991) como pessoas escolhidas pelo autor que têm acesso preliminar às obras ainda em processo). Lembremo-nos da obra em criação como um sistema aberto que troca informações com seu meio ambiente, as relações do autor com a cultura (com o espaço e o tempo social e individual).

> É interessante pensar que a rede da criação se define em seu próprio processo de expansão: são as relações que vão sendo estabelecidas, durante o processo, que constituem a obra.

É uma rede dinâmica guiada pela tendencialidade (Musso, 2004), pelos rumos ou desejos vagos, quando o criativo, impulsionado pelo desafio, sai em busca da satisfação de sua necessidade. A continuidade do processo não é cega, mas apresenta tendências que enfrentam a intervenção de acasos. A proposta aqui é compreender as tendências, seus modos de ação, as relações entre o geral e o específico dos processos analisados, sob uma diversidade e análise do singular, o que nos permitirá um olhar mais generalizado do processo.

A seguir, apresentamos os filmes e as agências estudados, como também todos os documentos de processo selecionados para, com base nessas informações, partirmos para as análises dos processos criativos.

AS AGÊNCIAS DE PROPAGANDA, OS FILMES SELECIONADOS E OS DOCUMENTOS DE PROCESSO

CAPÍTULO

TRÊS

BRIEFING DE CRIAÇÃO

ROTEIROS APROVADOS

STORYBOARDS

"MONSTRO"

REUNIÃO DE PRÉ-PRODUÇÃO

RELATÓRIO DA REUNIÃO DE PRÉ-PRODUÇÃO

SHOOTING BOARDS

CASTING

PLANO DE FILMAGEM

CRONOGRAMAS

LOGOS

CLAQUETE

LOCUÇÕES

LOCAÇÕES

CUSTOS

Introdução

As agências de propaganda e as respectivas campanhas publicitárias[1] estudadas neste livro:

- **AlmapBBDO**
  a) Campanha Automóvel Polo – cliente: Volkswagen
  b) Campanha Novo Golf – ciente: Volkswagen
  c) Campanha Pepsi – cliente: Pepsico
  d) Campanha Revista *Gloss* – cliente: Editora Abril

- **DM9DDB**
  a) Campanha Provedor Terra – cliente: Terra*
  b) Campanha Bloqueador Sundown – cliente: Johnson&Johnson*

- **MatosGrey**
  a) Campanha Amesp – cliente: Amesp
  b) Campanha Medial – cliente: Medial
  c) Campanha Celebridades – cliente: Bradesco
  d) Campanha Tiago Pereira – cliente: Bradesco
  e) Campanha Chegada à Faculdade – cliente: Bradesco
  f) Campanha Leader Institucional – cliente: Leader
  g) Campanha Dia das Mães – cliente: Leader

---

1. O asterisco indica as campanhas que tiveram seus documentos estudados, mas, por questões de sigilo profissional, não poderemos divulgá-los neste estudo.

h) Campanha Roupas – cliente: Leader
i) Campanha Natal – cliente: Leader
j) Campanha Rolo de Limpeza – cliente: 3M

- **Neogama**
a) Campanha Antitabagismo – cliente: ACT*

- **McCannErickson**
a) Campanha Coca-Cola Vibezone – cliente: Coca-Cola*

- **Young&Rubicam**
a) Campanha Celular Vivo*

Os documentos de processo levantados nas agências foram: *briefings* de criação, roteiros, *storyboards*, *shooting boards*, *blocking diagrams*, pesquisas de clipagens, "monstros", pautas de reuniões de pré-produção, pesquisa meteorológica, testes de *casting*, pesquisas de locações, planos de filmagens, pesquisas de figurinos, entre outros.

Para uma visualização mais facilitada da abrangência e da diversidade dos levantamentos realizados, apresentamos um quadro que aponta os títulos dos documentos e as respectivas agências. Posteriormente, faremos uma amostragem de alguns deles, que serão analisados mais adiante.

Quadro 1 – Documentos de processo classificados

CAMPANHA/AGÊNCIA	BRIEFING DE CRIAÇÃO	ROTEIROS APRESENTADOS	ROTEIRO APROVADO	STORYBOARD	ORÇAMENTOS PRODUTORAS	ORÇAMENTO APROVADO	SHOOTINGBOARD	"MONSTRO"	DECUPAGEM	CLIPS/REFERÊNCIAS	PAUTA/APRESENTAÇÃO REUNIÃO DE PRÉ-PRODUÇÃO	CONSIDERAÇÕES REUNIÃO DE PRÉ-PRODUÇÃO	FOTOS OU TESTE DE CASTING	PLANO DE FILMAGEM	RELATÓRIO DE PRODUÇÃO	BLOCKING DIAGRAM	EDIÇÕES OFF-LINE	EDIÇÕES ON-LINE	FILME APROVADO	DOCUMENTOS DA PRODUTORA	CRONOGRAMAS	CLAQUETES	ORÇAMENTOS DIVERSOS	LOGOS	REFERÊNCIAS PARA TRILHAS SONORAS	INFORMAÇÕES PARA TRILHA	LOCAÇÕES	CUSTOS	ORÇAMENTOS DE PRODUÇÃO	TRILHAS
Bloqueador Solar Sundown (DM9DDB)	■	■																	■											
Provedor Terra (DM9DDB)	■																													
VW Polo (Almap/BBDO)	■		**																■											
Revista Gloss (Almap/BBDO)	■	2																												
Novo Golf (Almap/BBDO)	■																													
Pepsi (Almap/BBDO)	■																													
Bradesco Celebridades (Matos Grey)	13																		6		■		■				■		■	
Bradesco Conta Universitária (Matos Grey)	8	2																	3		■									
AMESP (Matos Grey)										■																				
Medial (Matos Grey)										■																				
3M – Rolo de limpeza (Matos Grey)														■					21											
Vivo (Young & Rubicam)																			3											
ACT (Neogama)																	4		1											
Leader Institucional (Matos Grey)										■																				
Leader Dia das Mães (Matos Grey)	5	2																	5	1							■			
Leader Natal (Matos Grey)																														
Leader Roupas (Matos Grey)	■									■									6	2										
Leader Dia dos Namorados (Matos Grey)	3	1																	6	1	1									

* Documentos disponibilizados para estudos, mas não autorizados para divulgação.

Briefings de criação

Campanha VW Polo

AlmapBBDO
PEDIDO DE SERVIÇO
CRIAÇÃO
NÃO LIBERADO

Emitido em: 11/09/03 11:05
Data de origem: 11/09/03 11:03
PS: 18219

Cliente: VOLKSWAGEN DO BRASIL LTDA(*)
Produto: POLO
Grupo: ANDREL

Campanha: LANÇAMENTO
Trabalho: 057 - BRIEFING

Obs. n. 1   11/09/03 - 11:03   Prazo de entrega: 11/09/03

Background
O novo Polo será lançado pela VW no próximo ano e propõe alguns desafios para a montadora:
* encontrar um novo mercado para o carro canibalizando o mínimo possível o Gol e o Golf ;
* utilizar o Polo para consolidar a imagem da VW como montadora preparada para o futuro;
* cumprir os ambiciosos objetivos de volume;

Objetivo da Comunicação
Lançar o Polo como um marco na categoria A0

Diretrizes para execução
* Criar comerciais para TV, anúncios de revista e jornal, spots, painéis, outdoor, material de ponto de venda
* Utilizar formatos inusitados
* Dividir a campanha em duas etapas: produto e personalidade. A primeira fase vai lançar o carro para todo o mercado e a segunda fase vai falar especificamente com o target do produto.

Fase Produto

Objetivo:
Apresentar o Polo com a força e importância que ele terá no mercado. Polo é um novo conceito na categoria de carros compactos.
Suportar essa promessa com detalhes do projeto e características do carro.

Resultado esperado da comunicação:
gerar impacto e opinião pública positiva

Mensagem central: Pela primeira vez um carro compacto é concebido com tecnologias e um conjunto de features que você só via em carros de classes superiores.

C.C.- Criação
Atendimento

AlmapBBDO
PEDIDO DE SERVIÇO
CRIAÇÃO
NÃO LIBERADO

Benefício: qualidade, segurança, conforto e contemporaneidade que só um carro de classe superior pode conferir.

Suporte:
Projeto: Inovador, nova concepção dentro dos compactos
Processo fabril: linha de produção informatizada, solda a laser, controle dimensional com medição a laser, controle do processo produtivo in line, 100% da produção passa por testes de estanqueidade e rodagem.
Design: faróis arredondados que conferem personalidade ao carro (equiparados à marca Mercedes), ausência de frisos no teto, pára-choques e carcaça dos retrovisores na cor do veículo.
Tecnologia: garantia de 12 anos contra corrosão, tecnologia E-GAS, imobilizador eletrônico de terceira geração.
Conforto: três estágios de abertura das portas, gaveta porta-objetos no banco do motorista, coluna de direção regulável, função conforto do limpador traseiro, direção eletro-hidráulica, ar condicionado climatronic, computador de bordo, bom espaço interno, ergonômico, baixo nível de ruído, banco com regulagem de altura
Segurança: regulagem elétrica dos faróis, pedal "colapsível", freios com EBV, resistência a impactos seguindo padrão europeu, porta inviolável, sistema isofix, reforço nas colunas e soleiras para impacto

Tom da comunicação: sedutor, impactante

Obrigado,

Regina

C.C.- Criação
Atendimento

Bradesco Celebridades

BRIEFING

BRIEFING

1. CLIENTE/PRODUTO/SERVIÇO
· BRADESCO/CARTÕES/CAMPANHA PROMOCIONAL

2. TIPO DE JOB
· CRIAR

3. QUAL O PROBLEMA DO CLIENTE?
· O PRODUTO "CARTÃO DE CRÉDITO" REPRESENTA PARA O RESULTADO FINANCEIRO DO BRADESCO CERCA DE 20%, E PRECISAMOS, ATRAVÉS DE UMA AÇÃO DE ATIVAÇÃO DE CARTÕES DE CRÉDITO E AUMENTO DE TICKET MÉDIO CONSUMIDO, MANTER ESSE PERCENTUAL EM 2007;

4. O QUE NÓS TEMOS QUE FAZER?
· UMA AÇÃO DE COMUNICAÇÃO QUE AUMENTE SIGNIFICATIVAMENTE A ATIVAÇÃO E O TICKET MÉDIO DE COMPRAS COM CARTÕES DE CRÉDITO DO BRADESCO;
· PENSAR NUMA AÇÃO PROMOCIONAL MUITO FORTE, MUITO VENDEDORA E MUITO SIMPLES. TEMOS QUE TER FOCO NA TV GLOBO, MAS NÃO PRECISA SER SOMENTE LÁ;
· ESSA AÇÃO PROMOCIONAL DEVERÁ ESTAR PRESENTE NAS PRINCIPAIS DATAS DO CALENDÁRIO PROMOCIONAL (MÃES, PAIS E NATAL);
· APÓS UMA PRIMEIRA RODADA DE IDÉIAS, CHECAMOS COM ALGUNS PARCEIROS E TEMOS 2 AÇÕES QUE PODEM SER VIABILIZADAS E QUE ESTÃO DENTRO DO QUE O CLIENTE NECESSITA. PORÉM É IMPORTANTE QUE OUTRAS IDÉIAS SEJAM DESENVOLVIDAS PELA CRIAÇÃO (INCLUSIVE COM PROPOSTA DE CAMPANHA DE LANÇAMENTO).
· PARA ESSAS DUAS IDÉIAS QUE SÃO VIÁVEIS PRECISAMOS DESENVOLVER UMA CAMPANHA PUBLICITÁRIA DE DIVULGAÇÃO ONDE TERÍAMOS A TV COMO PRINCIPAL VEÍCULO PORÉM SERÁ NECESSÁRIO DESENVOLVERMOS TAMBÉM AS PEÇAS QUE DARÃO SUPORTE A ESSA DIVULGAÇÃO E ÀS AÇÕES PROMOCIONAIS EM SI.

5. CENÁRIO DA MARCA/MERCADO
· OS PRINCIPAIS CONCORRENTES DO BRADESCO ESTÃO CADA VEZ MAIS ATIVOS, O ANO DE 2006 FOI UM BOM EXEMPLO DO QUE VEM PELA FRENTE EM 2007. ITAU E CITIBANK VIERAM FORTEMENTE COM AÇÕES PROMOCIONAIS UTILIZANDO A BANDEIRA CREDICARD, SUDAMERIS E BANCO REAL TAMBÉM COM AÇÕES PROMOCIONAIS E O PRÓPRIO BRADESCO COM A CAMPANHA 7 DA SORTE.

6. POSICIONAMENTO DA MARCA
· BRADESCO: BRADESCOMPLETO
· CARTÕES BRADESCO: VOCÊ PENSA. O CARTÃO BRADESCO COMPLETA.

Roteiros aprovados

Revista Gloss

ALMAP BBDO

EDITORA ABRIL
GLOSS
FILMES 45"/ 30"
PLACAS

Começa com uma mulher, olhando para a câmera e dando um depoimento. Ela fala:
- EU LEIO PLACAS.
A partir daí vemos a mulher dando um depoimento surreal, falando o porquê da sua mania de ler placas. O texto no roteiro é só uma referência (podemos ter improvisações na hora, que podem deixar o texto mais rico, mais engraçado).
Corta para ela num parque. Ela lê a placa "Não pise na grama" com atenção. E depois ela lê outras placas: placa de rua, plaqueta de patrimônio numa cadeira, etc.
Em off, ouvimos sua voz:
- NO COMEÇO, EU LIA TODAS AS PLACAS... AÍ EU FUI APRIMORANDO MEU GOSTO.
Corta para ela lendo uma placa de monumento.
- E PASSEI A LER SÓ PLACAS DE MONUMENTOS...
Volta para ela, falando para a câmera:
- VOCÊ APRENDE COISAS INTERESSANTÍSSIMAS...
Corta para ela lendo a placa de um monumento de um soldado.
- POR EXEMPLO: VOCÊ SABIA QUE O MAJOR ALENCAR PARTICIPOU DA TERCEIRA DIVISÃO DE INFANTARIA NA GUERRA DO PARAGUAI?
Volta para ela, falando para a câmera, orgulhosa:
- EU SABIA.

Loc. off:
ATÉ HOJE VOCÊ LIA QUALQUER COISA. AGORA, EXISTE UMA REVISTA FEITA SÓ PARA VOCÊ.

Corta para cenas da revista. Loc. off:
CHEGOU GLOSS. MODA, COMPORTAMENTO, SEXO, ATITUDE. TUDO COM A SUA CARA.

Assina:
GLOSS. A REVISTA PARA OS MELHORES ANOS DA SUA VIDA.

ALMAP BBDO

EDITORA ABRIL
GLOSS
FILMES 45"/30"
CAMISETAS

Começa com uma garota, 20 e poucos anos, olhando para a câmera. Ela fala:
- SE TEM UMA COISA QUE EU ADORO É LER CAMISETAS.
Corta para ela na rua, lendo as camisetas dos outros. A partir daí vemos a garota dando um depoimento surreal, falando o porquê da sua mania de ler placas. O texto no roteiro é só uma referência (podemos ter improvisações na hora, que podem deixar o texto mais rico, mais engraçado).
- E COMECEI A LER TODO TIPO DE CAMISETA. SEM DISTINÇÃO.
Corta para ela seguindo uma menina, tentando disfarçar, até conseguir ler o que está escrito.
- ÀS VEZES AS PESSOAS SE INCOMODAM...
Mais uma cena dela olhando uma camiseta. Uma criança passa por ela em outra direção e ela corre para ver o que está escrito na sua camiseta. A mãe se assusta e segura a criança pela mão. Em off, continuamos ouvindo a mulher:
- O QUE EU NÃO POSSO É PERDER A OPORTUNIDADE DE UMA BOA LEITURA.
Volta para ela falando para a câmera.
- ÀS VEZES VOCÊ SE DEPARA COM TEMAS MEIO FORTES... MAS EU GOSTO.
Corta para ela andando na rua. Ela passa por um homem e lê sua camiseta.
INSTRUTOR DE SEXO. PRIMEIRA AULA GRÁTIS.

Loc. off:
ATÉ HOJE VOCÊ LIA QUALQUER COISA. AGORA, EXISTE UMA REVISTA FEITA SÓ PARA VOCÊ.

Corta para cenas da revista. Loc. off:
CHEGOU GLOSS. MODA, COMPORTAMENTO, SEXO, ATITUDE. TUDO COM A SUA CARA.

Assina:
GLOSS. A REVISTA PARA OS MELHORES ANOS DA SUA VIDA.

Campanha Pepsi

ALMAP BBDO

PEPSI
FILMES 90"/60"
NÔMADE E O CAMELO

Deserto. Sol escaldante. Vemos um nômade andando com o seu camelo. No meio do nada, perdido entre as dunas, o nômade vê uma vending machine de Pepsi. Ele e o camelo vão correndo até ela. Chegando lá, ele toca na vending machine e percebe que não é miragem. Ele sorri, animado.
Sedento, o nômade aperta o botão para pegar uma Pepsi. Mas nada acontece. Aperta novamente o botão. E nada acontece. Ele olha atrás da máquina e entende o porquê: a máquina está desligada (o plugue está jogado na areia). Ele fica desolado. Olha para o camelo e tem uma idéia. O camelo dá uma bufada, desanimado, percebendo que vai se dar mal.
Corta. Vemos o sujeito e o camelo andando pelo deserto. Detalhe: o camelo carrega a vending machine nas costas. Vemos cortes mostrando passagem de tempo, sempre com o nômade e o camelo andando pelo deserto. Dia. Noite. Dia, com tempestade de areia. Os dois estão sedentos.
Depois de uma longa viagem, eles chegam a uma tenda. A tenda tem uma placa, com um ícone de tomada. O nômade sorri, animado.
Nômade e camelo entram na tenda. Lá, no centro da tenda praticamente vazia, vemos um pedestal com uma tomada. Ao lado, o dono da tenda com uma plaquinha, informando o preço pelo aluguel da tomada. Na plaquinha, lemos: $ 1,00. O nômade dá uma moeda ao dono da tenda e, assim que faz isso, liga o plugue na tomada. A vending machine se acende. Luzes. Ouvimos os acordes de uma música épica. O nômade sorri. O camelo faz uma expressão de felicidade. Enfim, tudo funciona perfeitamente.
O nômade aperta o botão para pegar a Pepsi. Mas nada acontece. Aperta de novo. E nada. Ele então lê na máquina: INSERIR MOEDA. O nômade vê que o seu bolso está vazio: sua última moeda foi usada para pagar o dono da tenda. Neste momento, o dono da tenda pede licença e insere na máquina a moeda que acabou de receber do nômade. Pega a sua Pepsi e bebe.
O nômade e o camelo ficam só observando o sujeito matando a sede. E o camelo dá a mesma bufada, desanimado.

Entra assinatura:
PEPSI.

Campanha Bradesco Conta Universitária

02 - Roteiros aprovados e não aprovados ROTEIROSFilmes conta universitária Bradesco

CONTA UNIVERSITÁRIA

Filmes de 30" isoladamente e, juntos, de 3' no total.

Menina sai de casa, pega sua bicicleta e sai pedalando pela calçada. Vista lateral. Enquanto vai pedalando, a tela, da esquerda para a direita, vai entrando no formato de ilustração. Ao chegar no meio do quadro, a bicicleta se transforma em ilustração e passa para dentro do desenho. Ao entrar no desenho, a bicicleta vira carro. Segue evolução do carro no "mundo" ilustrado. A tela é toda ilustração. De novo, da esquerda para a direita a tela vai se transformando em filme. O carro volta a ser bicicleta com a menina e ela está exatamente chegando à universidade.
Entra locutor, corta para logo e assinatura.

Menina está andando em um corredor de salas na universidade.
Da direita para a esquerda a tela começa a se transformar em ilustração.
Do lado ilustrado vemos um boneco caminhando. Do lado do filme, vemos a menina. Ao se cruzarem, a menina sorri e atravessa para o lado da ilustração.
Tomando toda a parte ilustrada, o boneco feminino e o boneco masculino viajam pelo mundo. De repente a menina volta da ilustração e entra novamente no filme, voltando ao corredor onde estava e dando adeus ao homem boneco.
Entra locutor, corta para logo e assinatura.

Menina está conversando com grupo de amigas na frente da porta da sala de aula. Toca o sinal e elas se viram para entrar na sala. No momento exato em que cruzam a porta se transformam em ilustrações já que o quadro está virando ilustrativo exatamente em cima da porta. Ao entrar na sala portanto, agora ilustração, elas estão em uma empresa, um escritório de trabalho. Depois de vários acontecimentos na ilustração, as meninas-bonecas-ilustradas se dirigem a uma sala de reuniões desenhada e vemos a tela se ransformando em filme quando elas entram na sala estão voltando a sala de aula verdadeira do início do filme e agora sentam-se em seus lugares.
Entra locutor, corta para logo e assinatura.

Dois estudantes estão andando no pátio de uma universidade. Pegam uma determinada escada e começam a subir. A tela vem se transformando em ilustração de cima para baixo. E ao encontrar os meninos, os transforma também em ilustrações. Seguem diversas e diferente aventuras dos bonecos em baladas, surf, viagem, formatura, etc. Tudo ilustrado. Daí a tela volta a descer, agora em filme. E mais uma vez encontra os estudantes que agora voltam a se tornar verdadeiros no filme, ainda subindo a escada real da universidade.
Entra locutor, corta para logo e assinatura.

Um estudante está saindo da universidade, andando no estacionamento para pegar seu carro. Ao abrir a porta e entrar no carro, entra no mundo ilustrado. Ali o vemos envolvido em construções e coisas do mundo da informática. Depois de diferentes situações vemos o nosso boneco sentado em uma prancheta, tudo em ilustração, e quando se levanta vemos a imagem voltar a ser filme e ele está saindo do carro e chegando em uma pensão de estudante, ou algo do gênero, cheio de papéis e projetos dobrados debaixo do braço.
Entra locutor, corta para logo e assinatura.

Vemos um grupo de estudantes em uma biblioteca. Entre uma estante e outra de livros vemos a tela se transformar em ilustração. Viram prédios desenhados como empresas, viram Imax, shopping centers, academias, bares e restaurantes, hotéis, resorts, bairros com casas desenhadas e prédios que voltam a ser, em filme, as estantes da biblioteca com vários estudantes que mostramos no início do comercial.
Entra locutor, corta para logo e assinatura.

P.S. - Na opção de montarmos vários filmes em sequência, deveremos ter apenas uma entrada final de locutor, logo e assinatura.

02 - Roteiros aprovados e não aprovados Conta Universitária-FIlmes de 30_escolhidos

CONTA UNIVERSITÁRIA

Filmes de 30" isoladamente e, juntos, de 60" no total.

Menina sai de casa, pega sua bicicleta e sai pedalando pela calçada. Vista lateral. Enquanto vai pedalando, a tela, da esquerda para a direita, vai entrando no formato de ilustração. Ao chegar no meio do quadro, a bicicleta se transforma em ilustração e passa para dentro do desenho. Ao entrar no desenho, a bicicleta vira carro. Segue evolução do carro no "mundo" ilustrado. A tela é toda ilustração. De novo, da esquerda para a direita a tela vai se transformando em filme. O carro volta a ser bicicleta com a menina e ela está exatamente chegando à universidade.
Entra locutor, corta para logo e assinatura.
Locutor em off:
Abra uma Conta Universitária Bradesco. Você não precisa comprovar renda, não paga taxa de adesão, tem isenção de tarifa nos 6 primeiros meses e ainda um limite de crédito de R$ 500,00
BRADESCO COMPLETO.

Menina está conversando com grupo de amigos na frente da porta da sala de aula. Toca o sinal e elas se viram para entrar na sala. No momento exato em que cruzam a porta se transformam em ilustrações já que o quadro está virando ilustrativo exatamente em cima da porta. Ao entrar na sala portanto, agora ilustração, elas estão em uma empresa, um escritório de trabalho. Depois de vários acontecimentos na ilustração, as meninas-bonecas-ilustradas se dirigem a uma sala de reuniões desenhada e vemos a tela se ransformando em filme quando elas entram na sala estão voltando a sala de aula verdadeira do início do filme e agora sentam-se em seus lugares.
Entra locutor, corta para logo e assinatura.
Locutor em off:
Abra uma Conta Universitária Bradesco. Você não precisa comprovar renda, não paga taxa de adesão, tem isenção de tarifa nos 6 primeiros meses e ainda um limite de crédito de R$ 500,00
BRADESCO COMPLETO.

Storyboards

Campanha Bradesco Celebridades

Vemos Mariana falando para a câmera enquanto caminha por displays de papelão com as imagens de todos os famosos que são os prêmios da promoção.

- Tá vendo todo esse monte de gente famosa?

Então, estão todos dentro do seu cartão.

Inclusive eu.

Participe da Promoção Os incompráveis Cartões Bradesco.

Você pode jantar com ela (Juliana Paes),

ou com ele (Reynaldo Gianechini),

ou bater um futvôlei com ele (Romário).

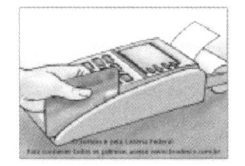

Tudo que você achava que era impossível, o Cartão Bradesco realiza para você. Nas compras acima de 70 reais você concorre automaticamente.
Vá até uma agência Bradesco, abra sua conta e pegue seu cartão.
Promoção Os incompráveis Cartões Bradesco. Mais uma razão para você ser cliente do Bradesco.

Assina
Você pensa. O Cartão Bradesco completa.
Bradesco completo.

Campanha Leader Institucional

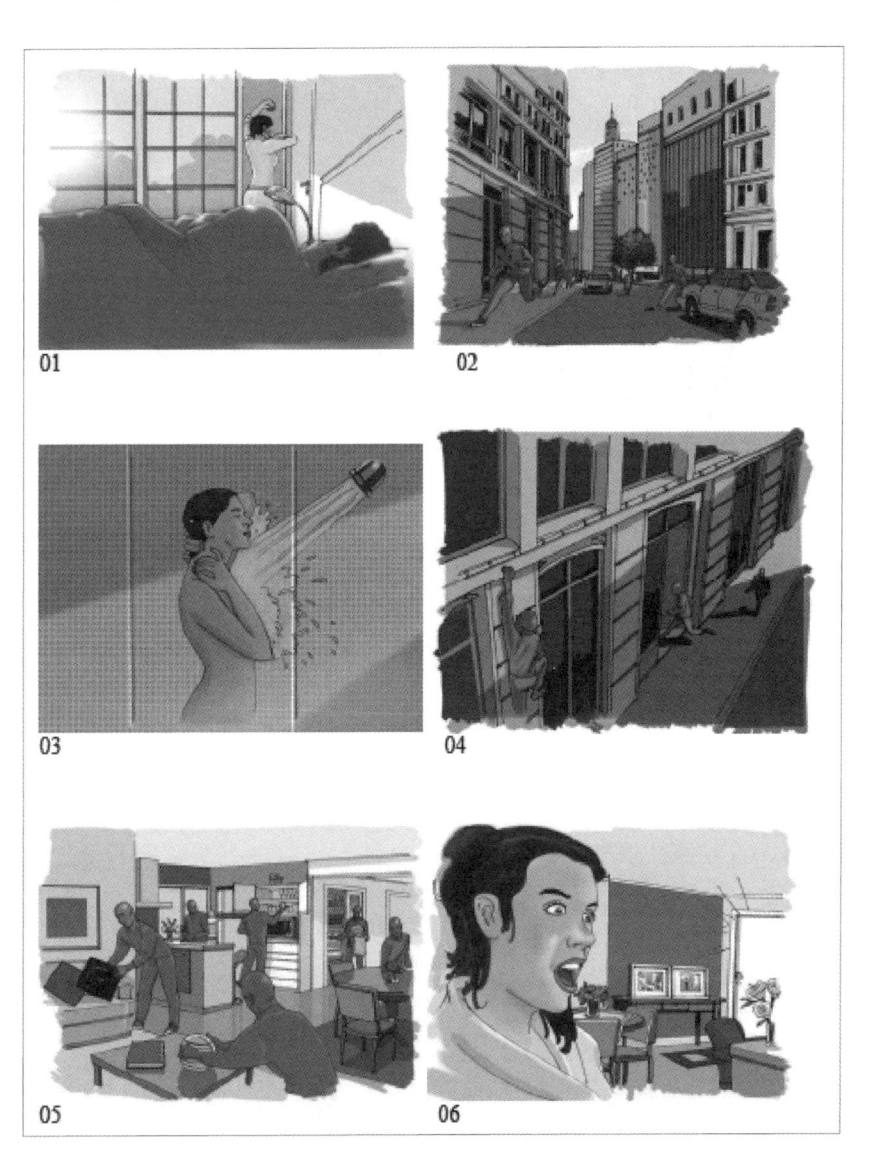

01
02
03
04
05
06

As agências de propaganda, os filmes selecionados e os documentos de processo **47**

Shooting boards

Campanha ACT

q01.jpg

q02.jpg

q03.jpg

q04.jpg

q05.jpg

q06.jpg

q07.jpg

q08.jpg

Campanha Vivo Música

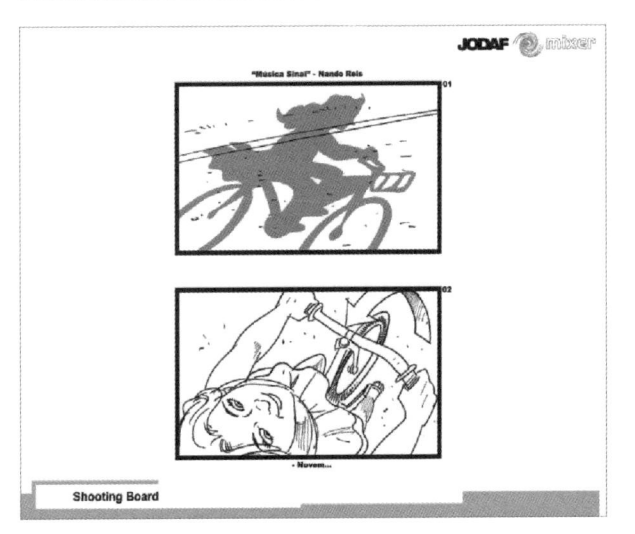

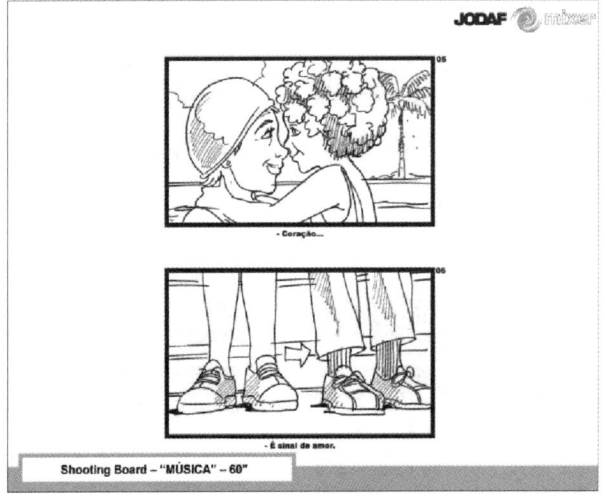

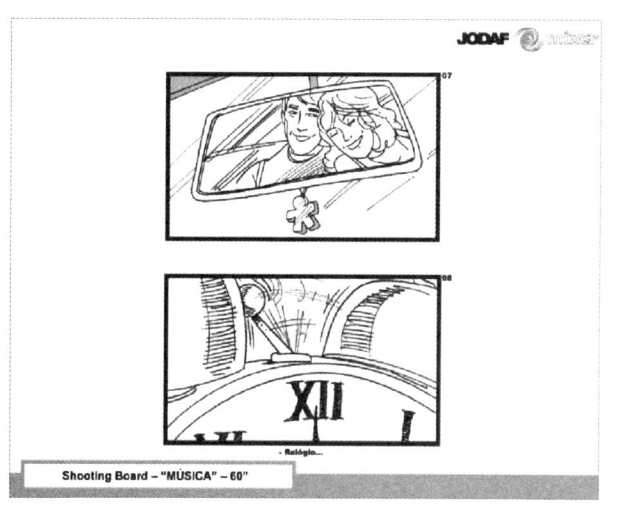

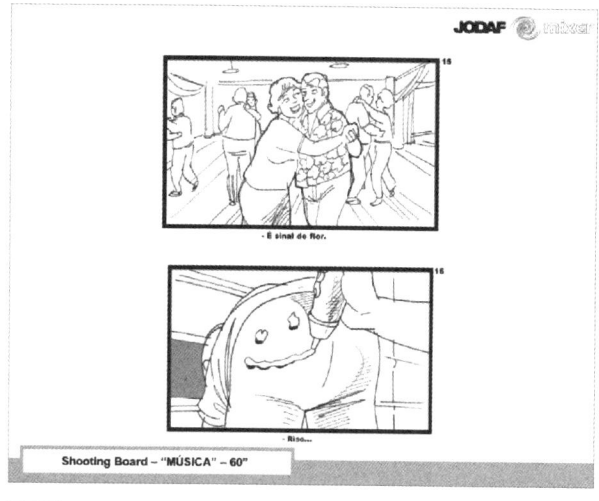

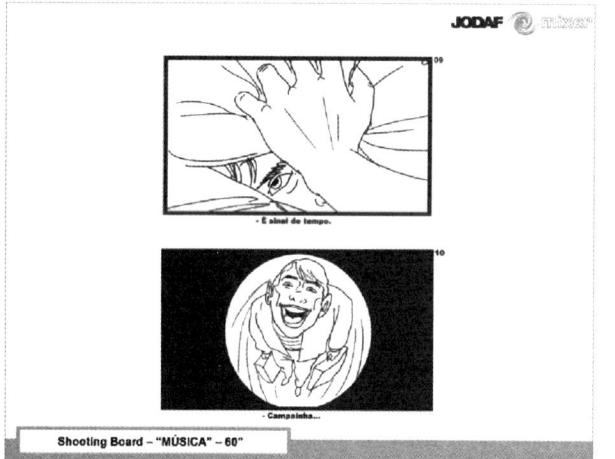

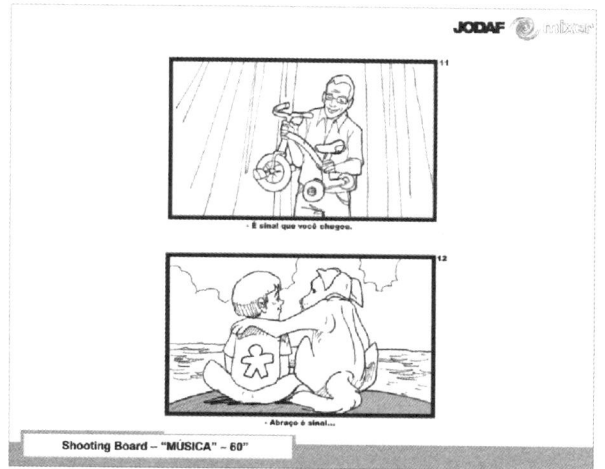

As agências de propaganda, os filmes selecionados e os documentos de processo 49

50 *Criação em filmes publicitários*

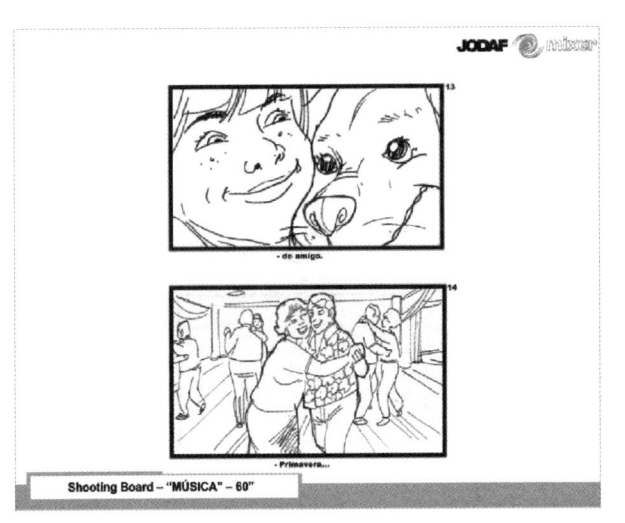

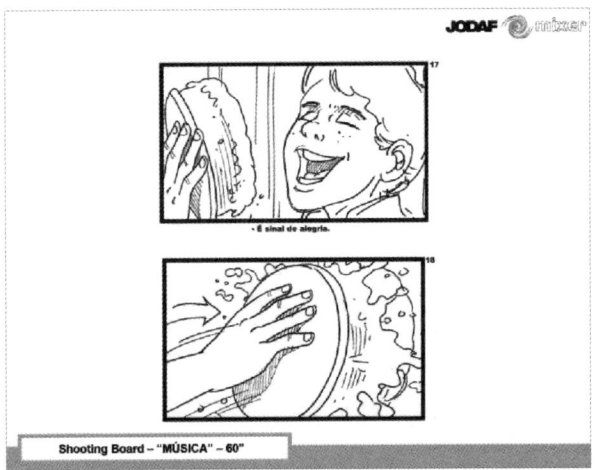

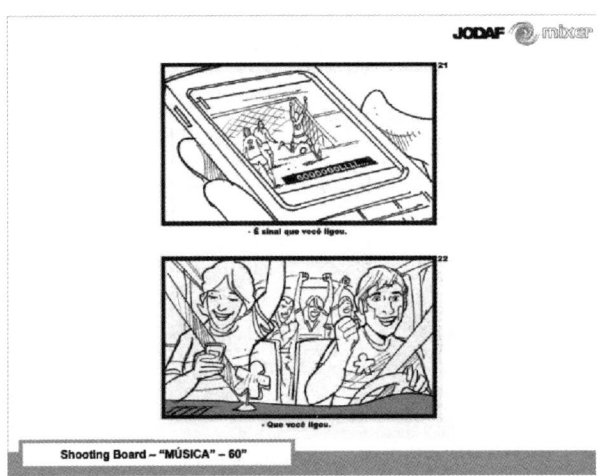

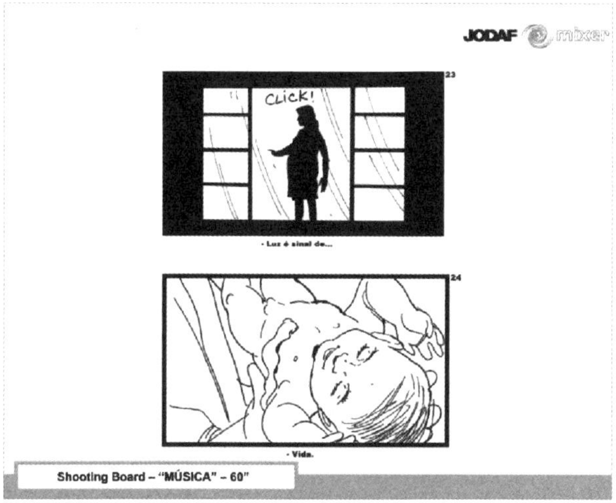
JODAF mixer
23
CLICK!
- Luz é sinal de...
24
- Vida.
Shooting Board – "MÚSICA" – 60"

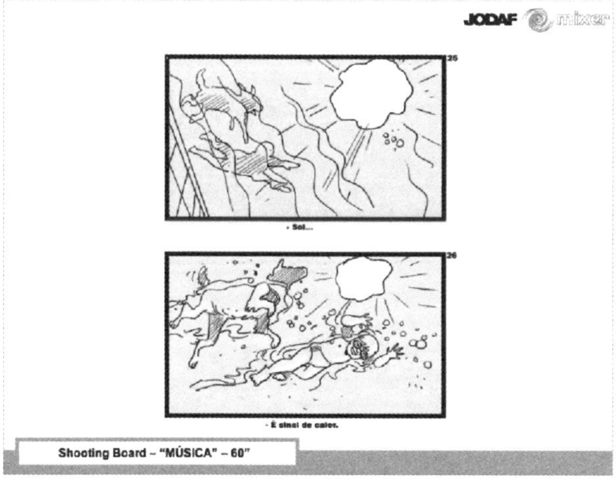
JODAF mixer
25
- Sol...
26
- É sinal de calor.
Shooting Board – "MÚSICA" – 60"

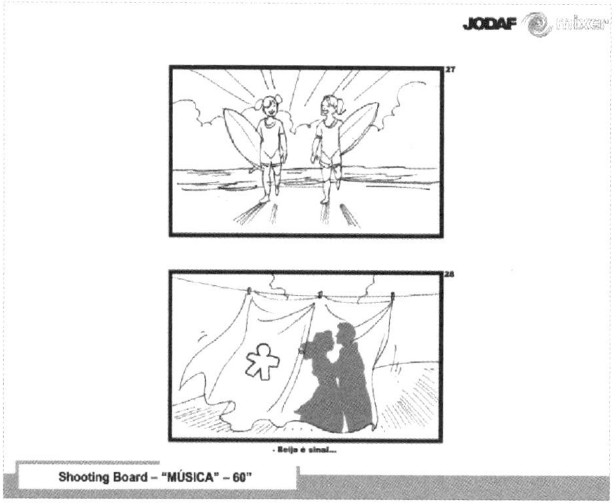
JODAF mixer
27
28
- Beijo é sinal...
Shooting Board – "MÚSICA" – 60"

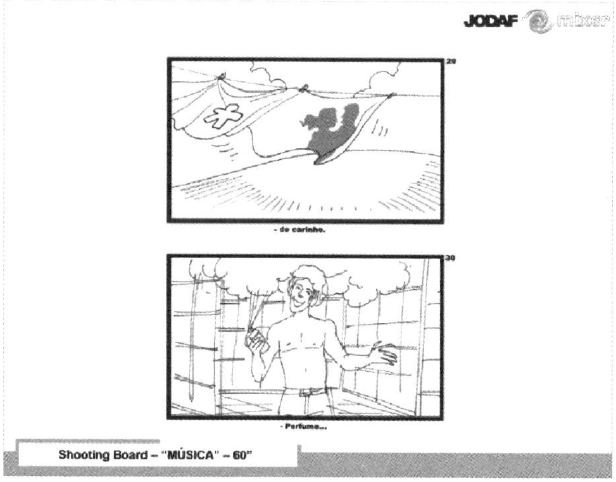
JODAF mixer
29
- de carinho.
30
- Perfume...
Shooting Board – "MÚSICA" – 60"

52 *Criação em filmes publicitários*

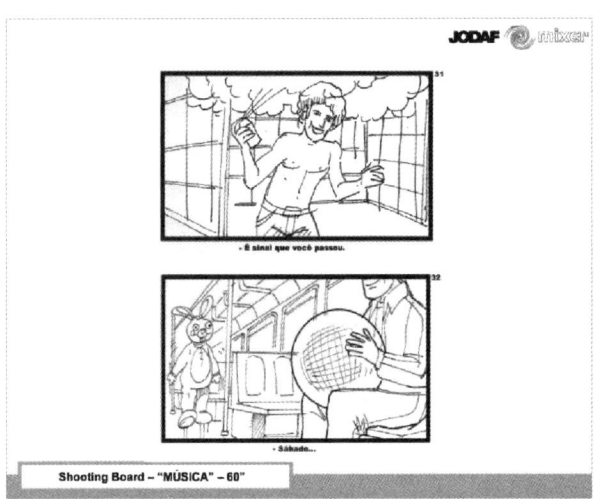

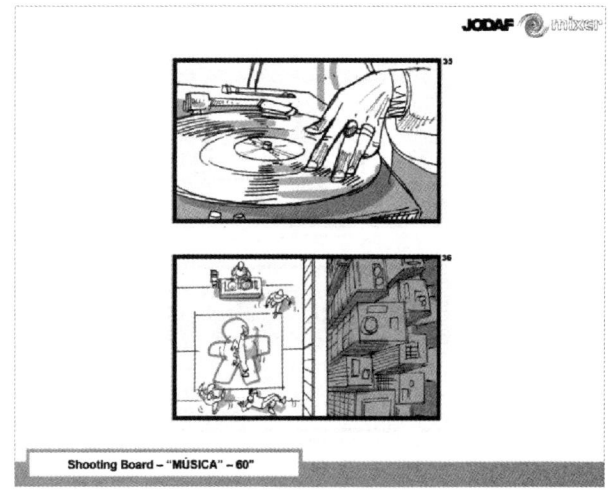

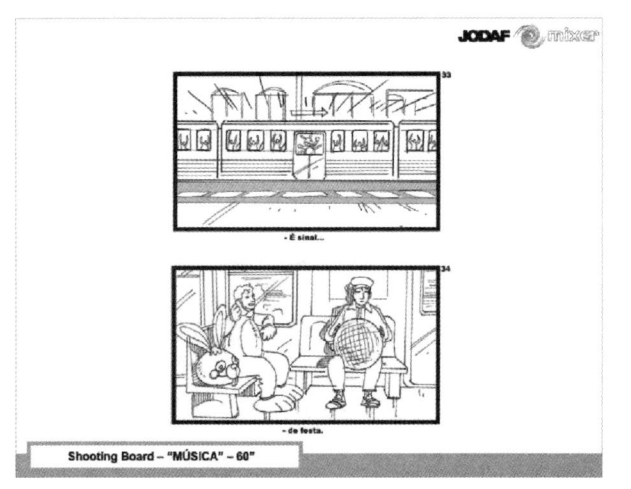

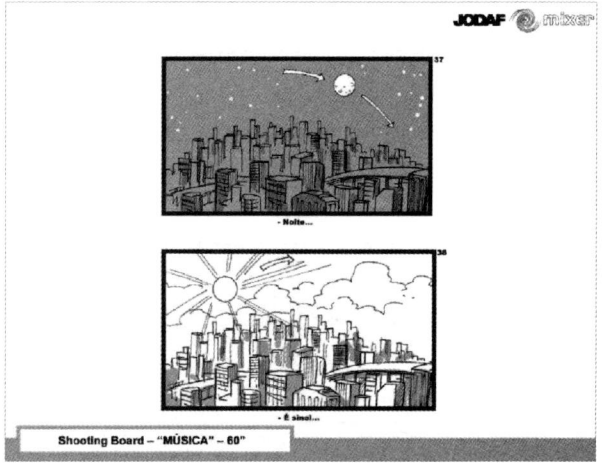

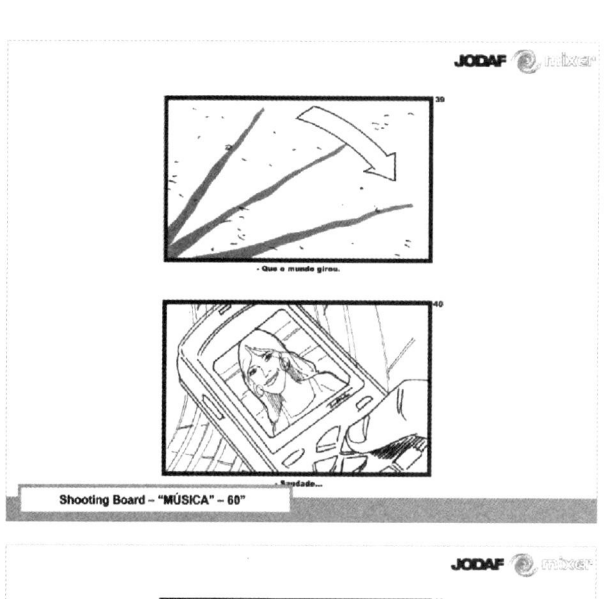

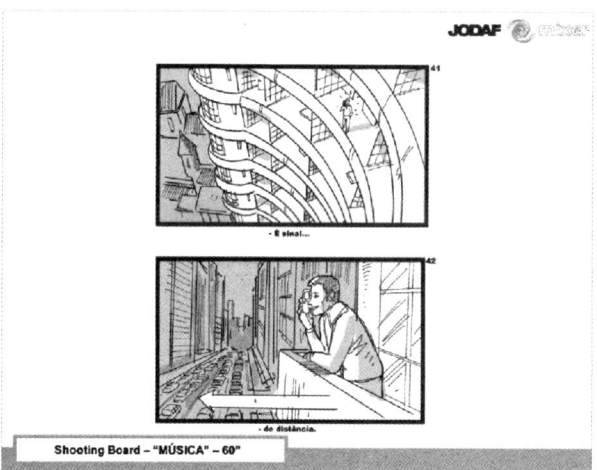

As agências de propaganda, os filmes selecionados e os documentos de processo 53

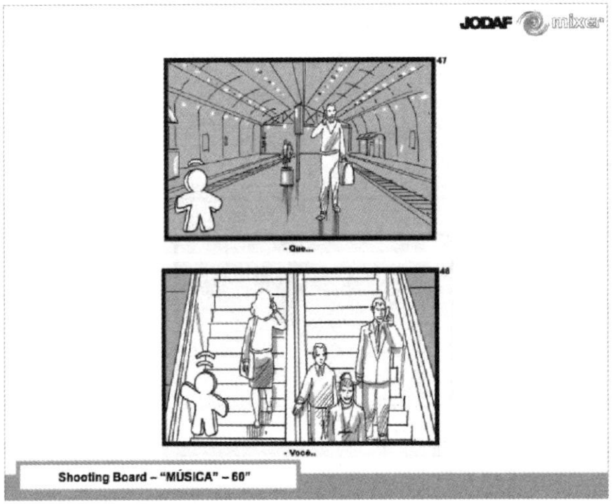
JODAF mixer
47
- Que...
48
- Você..
Shooting Board – "MÚSICA" – 60"

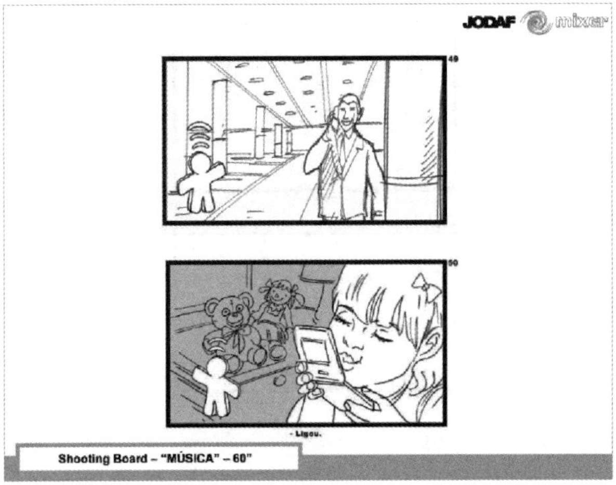
JODAF mixer
49
50
- Ligou.
Shooting Board – "MÚSICA" – 60"

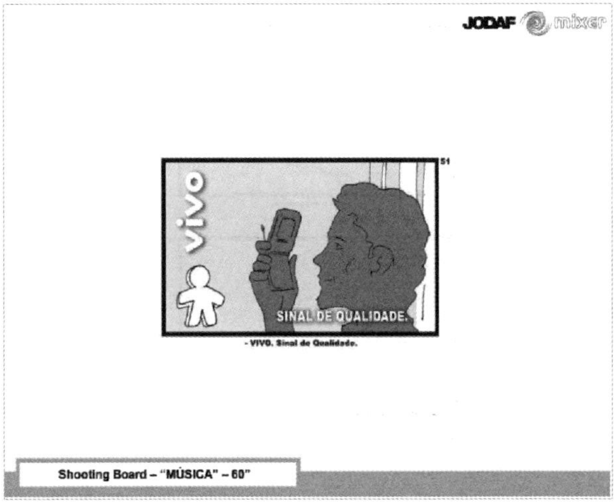
JODAF mixer
51
vivo
SINAL DE QUALIDADE.
- VIVO. Sinal de Qualidade.
Shooting Board – "MÚSICA" – 60"

"Monstro"

Campanha Leader Dia das Mães

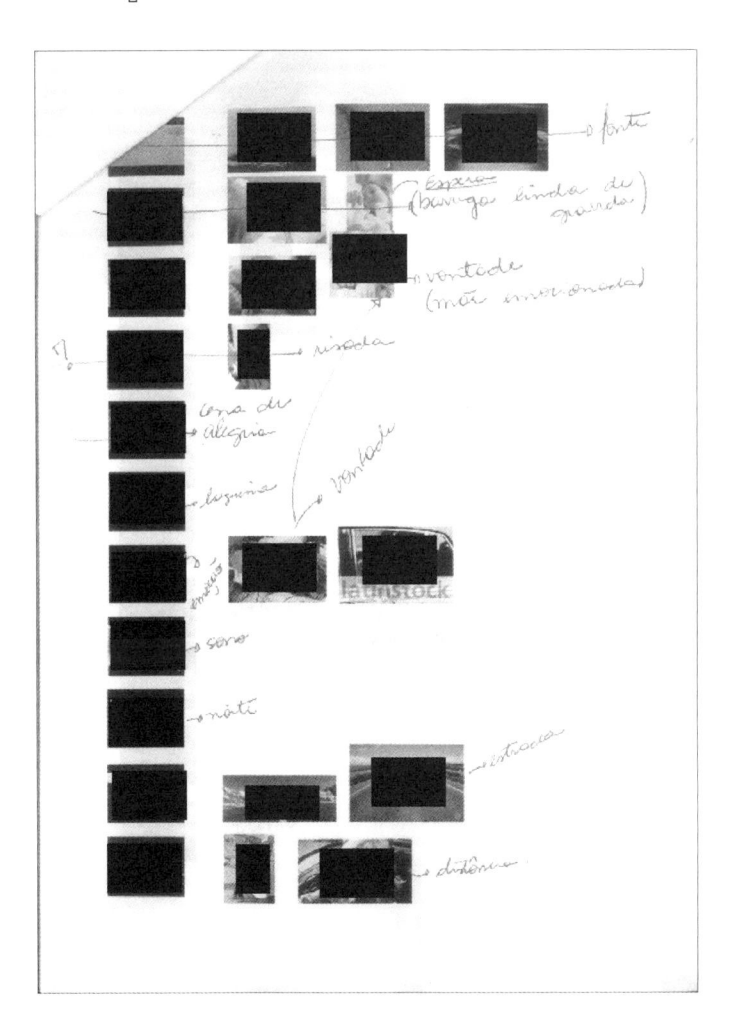

Reunião de pré-produção

Campanha ACT

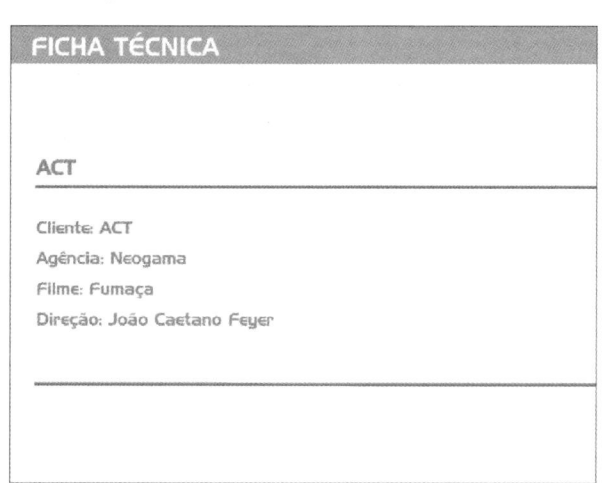

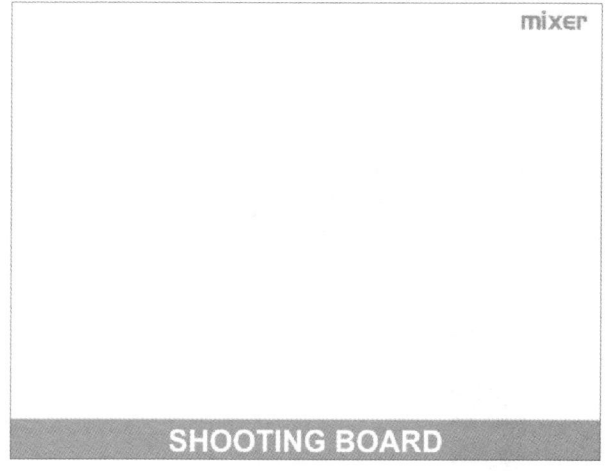

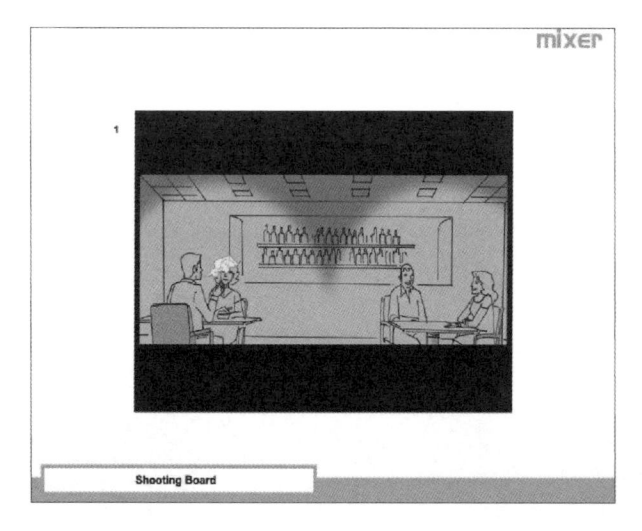

FICHA TÉCNICA

ACT

Cliente: ACT
Agência: Neogama
Filme: Fumaça
Direção: João Caetano Feyer

SHOOTING BOARD

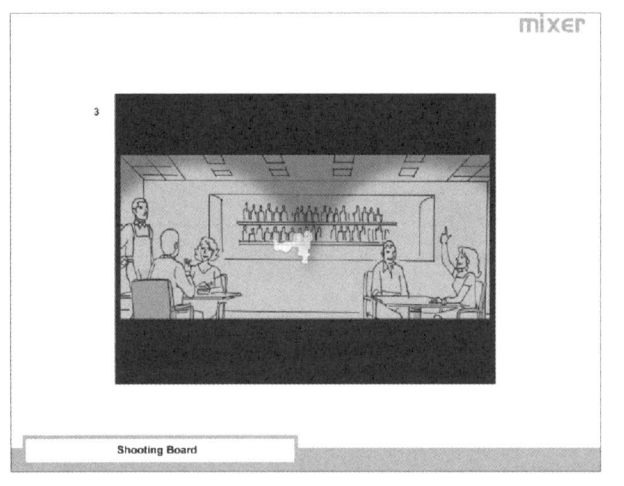

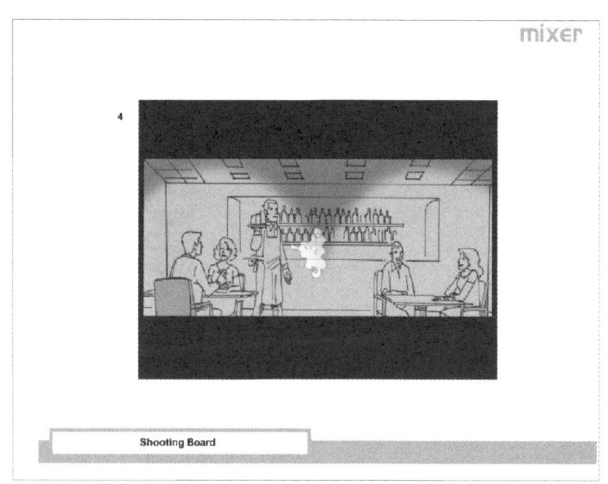

As agências de propaganda, os filmes selecionados e os documentos de processo 57

58 *Criação em filmes publicitários*

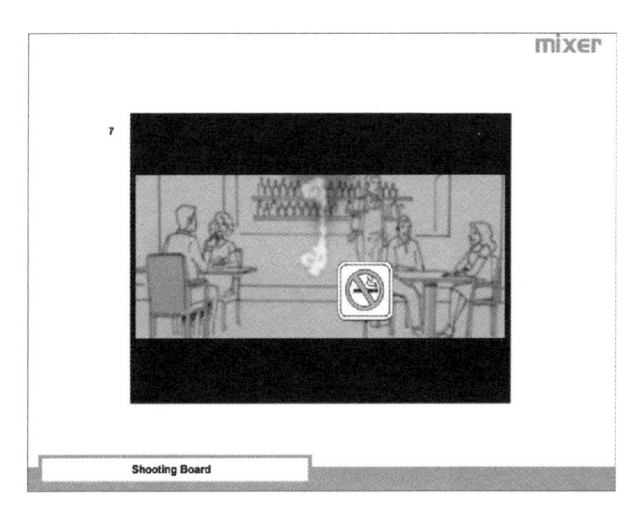

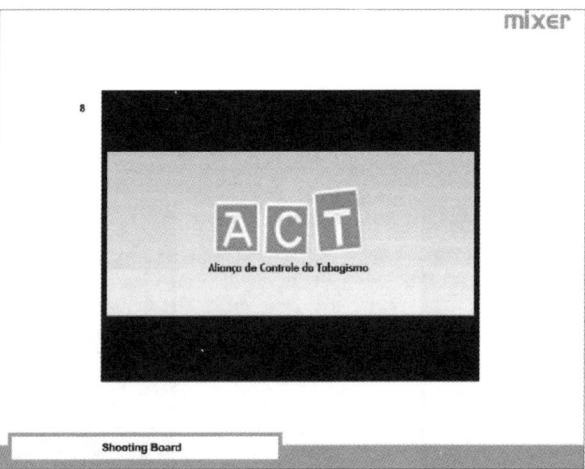

LOCAÇÃO

Locação – Cantaloup

Locação – Cantaloup

DIREÇÃO DE ARTE

Placa

As agências de propaganda, os filmes selecionados e os documentos de processo

FIGURINO

Figurino - Mulheres

ELENCO

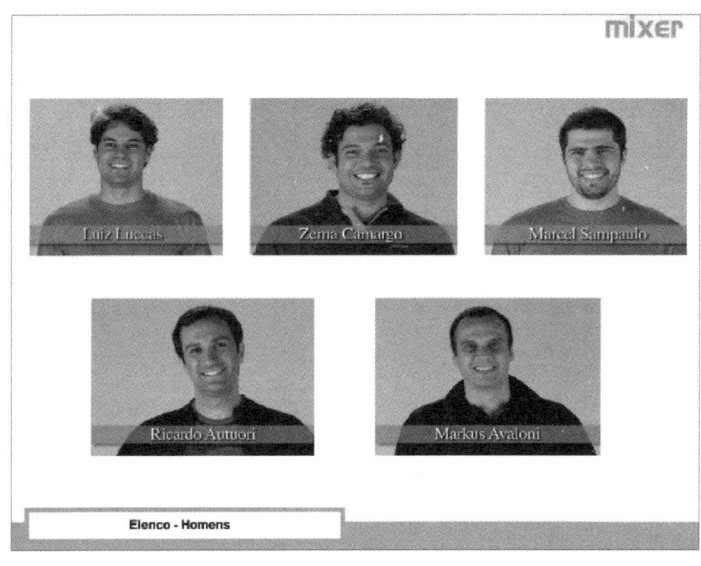

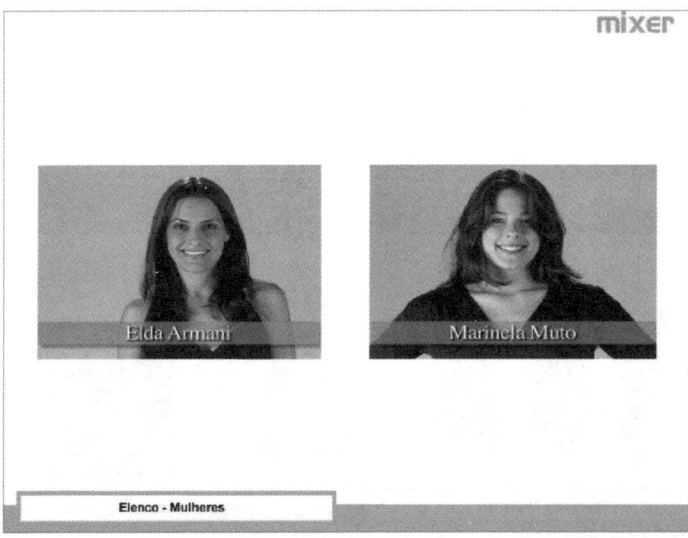

Elenco - Homens
- Luiz Luccas
- Zema Camargo
- Marcel Sampaulo
- Ricardo Autuori
- Markus Avaloni

Elenco - Mulheres
- Elda Armani
- Marinela Muto

Relatório da reunião de pré-produção

Campanha Bradesco Conta Universitária

05 - Pautas de reuniões de pre-produçãorelatoriode reuniaode producaobradesco
(2)

São Paulo, 13 de julho de 2006.

Cliente : Bradesco
Produto : Conta Universitária
Duração : 60"
Versões: 2 x 30"
Veículo : Tv aberta, tv a cabo, mídias alternativas (tais como telões, feiras, convenções, eventos abertos, ações promocionais, circuitos internos, merchandising, entre outros); internet (tais como uso de frames, pop ups, hot sites, disparo de e-mails, spam, entre outros), cinema e download de celular.
Veiculação : 1 ½ ano / Nacional

Relatório de reunião de produção

O filme tem como um dos principais objetivos uma forte identificação com os jovens (+ jovem, + modernos, + do futuro).

- Quanto aos roteiros:

Nos dois roteiros devemos tentar privilegiar, na passagem para o mundo ilusório uma agência do Bradesco ao fundo.

Roteiro nº 1 – 30": mantido roteiro original.
Utilizar elementos ligados a compras, cuidado para não ficar perua
Roteiro nº 2 – 30": na cena em que a atriz principal entra na universidade, a atriz coadjuvante foi trocada por um ator. Esse amigo no mundo ilusório vira um secretário.
Utilizar elementos ligados ao trabalho (diploma, celular, laptop, etc)
Futuramente faremos uma montagem de 60" (a partir dos dois filmes de 30")
Story board aprovado.
É um mundo imaginário, um mundo que não existe!

- Quanto cronograma:

Após a reunião data de filmagem foi alterada para dia 18/07/06
Durante o processo de animação, será possível marcarmos reuniões adicionais para acompanhamento da mesma.

- Quanto as locações:

Universidade:
Estamos aguardando resposta da FAAP.
Em stand by temos a universidade UMC –foto abaixo- (aguardamos resposta se poderemos tirar a grade da frente).

Feito em animação conforme planta abaixo:

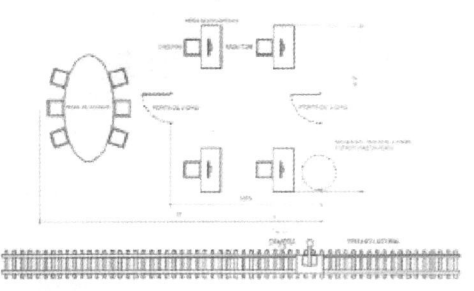

- **Quanto aos objetos / elementos:**

Bicicleta:

Jeep:
Será usado como referência para a animação.
Não foi aprovada a referência apresentada em reunião, usaremos Troller/ Suzuki na cor vermelha.

Elementos de animação:
Usaremos elementos "aspiracionais, conforme mídia impressa (diploma, computador, celular, etc.) durante vários momentos do filme.

- **Quanto ao figurino:**

Sempre figurino moderno/contemporâneo de acordo com a faixa etária dos personagens.
Sem definirmos se é inverno ou verão.

Mesma roupa nos dois filmes. Quando sai do real e vai para o virtual muda de roupa (mais moderninha, cabelo mais moderno, etc).

Menina principal :

com tênis

Referências para figurino masculino:

- Quanto ao casting:

Atriz principal:
Juliana Faccioni (não mostra-la o tempo todo de perfil). Cuidado com o perfil.

Ator principal:
Fábio Martins (ator da mídia impressa sugerido pela agência e já confirmado pela produtora).
Backup – Gabriel Zacharias.

Coadjuvantes:
Sandra Souza
Vanessa Cuvardic
Nathalia Costa
Mariane Martinez
+ 1 negra
+ 1 gordinha

Gabriel Zacharias
Eduardo Nunes
+ 1 japonês

- Quanto a trilha:

1- Apresentamos a referência de trilha, mas ficou combinado de seguirmos a referência de música que está no DVD do Casting, por ser um rock mais pop - estilo Strokes;

2- O texto da locução foi alterado. Teremos 2 opções:

primeira: "ABRA UMA CONTA UNIVERSITÁRIA BRADESCO. VOCÊ NÃO PRECISA COMPROVAR RENDA, TEM ISENÇÃO DE TARIFA NOS 6 PRIMEIROS MESES E UM LIMITE DE CRÉDITO DE R$ 500,00. BRADESCO COMPLETO."

segunda: "ABRA UMA CONTA UNIVERSITÁRIA BRADESCO. VOCÊ NÃO PRECISA COMPROVAR RENDA, TEM ISENÇÃO DE TARIFA NOS 6 PRIMEIROS MESES E LIMITE DE CRÉDITO. BRADESCO COMPLETO."

Obs.: Os textos devem ser confirmados pois o cliente estava inseguro com a frase da isenção de tarifas, uma vez que só existe isenção da taxa de manutenção.

3- Locutor: Aguardo o nome do locutor que fez a última campanha de Conta Universitária.

- Considerações gerais:

Na animação usaremos cores quentes (vermelho, ocre, etc.) conforme referência "As bicicletas de Belleville" apresentada em reunião.

Nunca usarmos objetos/figurino laranja.

A animação deve sempre remeter ao futuro, nunca lembrará algo antigo.

Quando a personagem "entra" no mundo animado, ele ainda estará se formando. Neste mundo sempre teremos características reais, mas ele é um mundo lúdico, com alguns elementos flutuando.

Enviar cronograma de etapas de apresentação para o cliente poder se agendar (principalmente na computação gráfica). Luca solicitou que o detalhado fosse enviada para ele.

Ter mais a cara da mídia impressa na campanha (Guy e Jarbas, tem que discutir mais isso).

No começo do filme menina tem que ter livros na cestinha da bicicleta.

Casa:
Aprovada a opção 1 – foto abaixo –

Rua:
Aprovada a opção 1 – foto abaixo – A rua será filmada para referência de animação.

Sala de aula:
Foto abaixo

Escritório:

Plano de filmagem
Campanha Leader Dia das Mães

FILME	EXÉRCITO VERMELHO	DURAÇÃO	60" E 30"
PRODUTO	INSTITUCIONAL	DATA FILMAGEM	02/09 - DOMINGO - DIA 1 DE 2
AGÊNCIA	MATOS GREY	LOCAL FILMAGEM	S. PAULO - CENTRO E HIGIENÓPOLIS
CLIENTE	LEADER	DIREÇÃO	HEITOR DHALIA

CRONOGRAMA DE FILMAGEM

3:30 – CHEGADA PRODUÇÃO	9:40 – RODANDO TOPO DO PRÉDIO 1
4:00 – CHEGADA MAQUIAGEM, 20 FIGURANTES, MARCELO E PAULO P/ CAFÉ E MONTAGEM CAMARIM	10:00 – TODOS OS FIGURANTES PRONTOS
4:30 – INÍCIO MAQUIAGEM E CHEGADA FIGURINO P/ CAFÉ DA MANHÃ E MONTAGEM CAMARIM	11:30 – RODANDO RUA LIBERO BADARÓ
5:00 – CHEGADA EQUIPE + 5 COADJUVANTES + 25 FIGURANTES P/ CAFÉ DA MANHÃ	13:00 – ALMOÇO
5:30 – PREP. TOPO PRÉDIO 2 – ED. PRÓPRIO	15:00 – RODANDO FACHADA ED. PIAUÍ
6:00 – CHEGADA 25 FIGURANTES P/ CAFÉ DA MANHÃ	15:20 – RODANDO RUA PIAUÍ
7:00 – CHEGADA HEITOR	16:30 – RODANDO GARAGEM ED. PIAUÍ
7:30 – RODANDO TOPO DO PRÉDIO 2 C/ PELO MENOS 20 FIGURANTES PRONTOS	17:30 – RODANDO TOPO ED. PIAUÍ
8:00 – MARTÃO PREP. FACHADA ED. PIAUÍ	18:00 – FIM DA FILMAGEM

HORA	SHOOTING BOARD	DESCRIÇÃO LOCAÇÃO	CÂMERA LUZ MAQUINÁRIA	PRODUÇÃO PRODUTO	ARTE OBJETOS	ELENCO FIGURINO MAQUIAGEM	PÓS SOM
5:30		PREP. TOPO PRÉDIO 2 – ED. PRÓPRIO					
7:30		PLANOS 1, 3 E 4 VERMELHOS CORREM NO TOPO DE UM PRÉDIO LOCAÇÃO TOPO PRÉDIO 1 – ED. SAMPAIO – VERMELHOS TOPO PRÉDIO 2 – ED. PRÓPRIO – CÂMERA	*TRAVELLING	*WALKIE TALKIES *MÉDICO NO SET *PLAYBACK	*2 BANDEIRAS VERMELHAS *BINÓCULO *ALAMBRADO	20 VERMELHOS PRONTOS! PRÉDIO 1 3 COADJUVANTES 10 FIGURANTES PRÉDIO 2 2 COADJUVANTES 5 FIGURANTES	
7:50		PLANO 8 VERMELHO LEVANTA E AGITA BANDEIRA LOCAÇÃO TOPO PRÉDIO 1 – ED. SAMPAIO – VERMELHOS TOPO PRÉDIO 2 – ED. PRÓPRIO – CÂMERA		*WALKIE TALKIES *MÉDICO NO SET *PLAYBACK	*2 BANDEIRAS VERMELHAS *BINÓCULO *ALAMBRADO	PRÉDIO 1 1 COADJUVANTE 1 FIGURANTE PRÉDIO 2 1 COADJUVANTE 1 FIGURANTE *OUTROS EM STAND BY NO SET	
8:00		MARTÃO PREP. FACHADA ED. PIAUÍ					

HORA	SHOOTING BOARD	DESCRIÇÃO LOCAÇÃO	CÂMERA LUZ MAQUINÁRIA	PRODUÇÃO PRODUTO	ARTE OBJETOS	ELENCO FIGURINO MAQUIAGEM	PÓS SOM
8:10		**PLANO 55** VERMELHOS CORREM NA VARANDA **LOCAÇÃO** TOPO PRÉDIO 2 - ED. PRÓPRIO		*WALKIE TALKIES *MÉDICO NO SET *PLAYBACK *CASA DO ZELADOR ABERTA		PRÉDIO 2 2 COADJUVANTES 10 FIGURANTES *OUTROS EM STAND BY NO SET	
8:20		**PLANOS 19 E 20** PLATES **LOCAÇÃO** TOPO PRÉDIO 2 - ED. PRÓPRIO		*WALKIE TALKIES *MÉDICO NO SET *PLAYBACK			*EXCLAME DE VERMELHOS
8:40		**PLANO 56** VERMELHOS DESCEM ESCADA **LOCAÇÃO** TOPO PRÉDIO 2 - ED. PRÓPRIO		*WALKIE TALKIES *MÉDICO NO SET *PLAYBACK		PRÉDIO 2 5 COADJUVANTES 10 FIGURANTES *OUTROS EM STAND BY NO SET	
9:00		**PLANO 58** VERMELHOS DESCEM ESCADA **LOCAÇÃO** TOPO PRÉDIO 2 - ED. PRÓPRIO		*WALKIE TALKIES *MÉDICO NO SET *PLAYBACK		PRÉDIO 2 5 COADJUVANTES 10 FIGURANTES *OUTROS EM STAND BY NO SET	
9:10	DESLOCA P/ TOPO PRÉDIO 1 - ED. SAMPAIO						
9:40		**PLANOS 9 E 10** VERMELHOS AGITAM BANDEIRA **LOCAÇÃO** TOPO PRÉDIO 1 - ED. SAMPAIO - VERMELHOS E CÂMERA TOPO PRÉDIO 2 - ED. PRÓPRIO - VERMELHO		*WALKIE TALKIES *MÉDICO NO SET *PLAYBACK	*2 BANDEIRAS VERMELHAS *BINÓCULO *ALAMBRADO	PRÉDIO 1 1 COADJUVANTE 1 FIGURANTE PRÉDIO 2 1 COADJUVANTE 1 FIGURANTE *OUTROS EM STAND BY NO SET	

HORA	SHOOTING BOARD	DESCRIÇÃO LOCAÇÃO	CÂMERA LUZ MAQUINÁRIA	PRODUÇÃO PRODUTO	ARTE OBJETOS	ELENCO FIGURINO MAQUIAGEM	PÓS SOM
10:00		**PLANOS 70 E 71** VERMELHOS NO TOPO DE UM PRÉDIO **LOCAÇÃO** TOPO PRÉDIO 1 - ED. SAMPAIO - CÂMERA TOPO PRÉDIO 2 - ED. PRÓPRIO - VERMELHOS		*WALKIE TALKIES *MÉDICO NO SET *PLAYBACK		PRÉDIO 2 2 COADJUVANTES 15 FIGURANTES *OUTROS EM STAND BY NO SET	
10:15		**PLANOS 72 E 73** VERMELHOS NO TOPO DE UM PRÉDIO **LOCAÇÃO** TOPO PRÉDIO 1 - ED. SAMPAIO		*WALKIE TALKIES *MÉDICO NO SET *PLAYBACK		PRÉDIO 1 3 COADJUVANTES 15 FIGURANTES *OUTROS EM STAND BY NO SET	
		DESLOCA P/ ESCADARIA - ED. SAMPAIO					
10:30		**PLANO 74 E 75** VERMELHOS NO TOPO DE UM PRÉDIO **LOCAÇÃO** ESCADARIA PRÉDIO 1 - ED. SAMPAIO		*WALKIE TALKIES *CET *MÉDICO NO SET *PLAYBACK		PRÉDIO 1 5 COADJUVANTES 15 FIGURANTES *OUTROS EM STAND BY NO SET	
10:45		**PLANO 28** VERMELHOS SOBEM ESCADAS DO PRÉDIO **LOCAÇÃO** TOPO DA ESCADARIA PRÉDIO 1 - ED. SAMPAIO		*WALKIE TALKIES *MÉDICO NO SET *PLAYBACK		PRÉDIO 1 5 COADJUVANTES 40 FIGURANTES *OUTROS EM STAND BY NO SET	
11:00		**PLANO 15** PONTO DE VISTA VERMELHOS AVANÇAM **LOCAÇÃO** TOPO PRÉDIO 1 - ED. SAMPAIO	CÂMERA FIXA NO TOPO DO PRÉDIO	*WALKIE TALKIES *CET *MÉDICO NO SET *PLAYBACK		RUA LIBERO BADARÓ 5 COADJUVANTES 65 FIGURANTES *OUTROS EM STAND BY NO SET	*MULTIPLICAÇÃO DOS VERMELHOS

8/31/07   12:51 PM   3

HORA	SHOOTING BOARD	DESCRIÇÃO / LOCAÇÃO	CÂMERA LUZ MAQUINÁRIA	PRODUÇÃO PRODUTO	ARTE OBJETOS	ELENCO FIGURINO MAQUIAGEM	PÓS SOM
11:10		DESLOCA P/ RUA LIBERO BADARÓ					
11:30		PLANO 59 BANDEIRA VERMELHA NO ALTO DO PRÉDIO LOCAÇÃO LIBERO BADARÓ - CÂMERA TOPO PRÉDIO 1 - ED. SAMPAIO - VERMELHOS		*WALKIE TALKIES *CET *MÉDICO NO SET *PLAYBACK	*2 BANDEIRAS VERMELHAS	PRÉDIO 1 1 COADJUVANTE 1 FIGURANTE PRÉDIO 2 1 COADJUVANTE 1 FIGURANTE *OUTROS EM STAND BY NO SET	
11:40		PLANOS 12, 13 E 14 MOTO SURGE, VERMELHOS A SEGUEM, DETALHE DA CAMINHADA DOS VERMELHOS LOCAÇÃO LIBERO BADARÓ / PÇA. PATRIARCA		*WALKIE TALKIES *CET *MÉDICO NO SET *PLAYBACK *MOTO VERMELHA	*4 SKATES VERMELHOS	RUA LIBERO BADARÓ MOTOQUEIRO 5 COADJUVANTES 60 FIGURANTES 4 SKATISTAS 5 S/ MAQUIAR ***CAPACETE MOTOQUEIRO***	
12:00		PLANO 16 VERMELHOS SALTAM SOBRE CARROS LOCAÇÃO LIBERO BADARÓ		*WALKIE TALKIES *CET *1 GOLF PRATA *MÉDICO NO SET *PLAYBACK	*4 SKATES VERMELHOS	RUA LIBERO BADARÓ 5 COADJUVANTES 4 SKATISTAS 61 FIGURANTES 5 S/ MAQUIAR	
12:15		PLANO 18 HOMEM LÊ JORNAL E VERMELHOS PASSAM POR ELE LOCAÇÃO ESCADARIA ANHANGABAÚ		*WALKIE TALKIES *CET *MÉDICO NO SET *PLAYBACK *REMOVER VASOS DE PLANTAS	*BANCO DE PRAÇA *JORNAL *4 SKATES VERMELHOS	ANHANGABAÚ JORNAL 5 COADJUVANTES 4 SKATISTAS 61 FIGURANTES 4 S/ MAQUIAR	
12:25		DESLOCA P/ LARGO DO CAFÉ					
12:40		PLANO 60 VERMELHOS CHEGAM DE VÁRIAS DIREÇÕES LOCAÇÃO LARGO DO CAFÉ		*WALKIE TALKIES *MÉDICO NO SET *PLAYBACK	*4 SKATES VERMELHOS	LARGO DO CAFÉ 5 COADJUVANTES 4 SKATISTAS 61 FIGURANTES 5 S/ MAQUIAR	

13:00	LANCHÃO EQUIPE						
13:45	DESLOCA P/ HIGIENÓPOLIS - ED. PIAUÍ						
14:45	PREP. FACHADA ED. PIAUÍ						
HORA	SHOOTING BOARD	DESCRIÇÃO / LOCAÇÃO	CÂMERA LUZ MAQUINÁRIA	PRODUÇÃO PRODUTO	ARTE OBJETOS	ELENCO FIGURINO MAQUIAGEM	PÓS SOM
15:00		**PLANOS 23 E 24** VERMELHOS DESCEM DE RAPEL NA FACHADA DO PRÉDIO **LOCAÇÃO** FACHADA ED. PIAUÍ		*ESTRUTURA BOX TRANS DO MARTÃO *WALKIE TALKIES *CET *TIRAR CARROS DA RUA *MÉDICO NO SET *PLAYBACK	*TROCAR NÚMERO DO PRÉDIO *ESCONDER LUMINÁRIAS *DISFARÇAR DOURADO DOS PUXADORES *APETRECHOS DE RAPEL FUNCIONANDO	**FACHADA** 5 COADJUVANTES 20 FIGURANTES *OUTROS EM STAND BY NO SET	
	DESLOCA P/ RUA LATERAL - DESMONTA ESTRUTURA BOX TRANS						
15:20		**PLANO 63 E 64** VERMELHOS CHEGAM NO PRÉDIO **LOCAÇÃO** ESQUINA ED. PIAUÍ		*WALKIE TALKIES *CET *TIRAR CARROS DA RUA *MÉDICO NO SET *PLAYBACK	*4 SKATES VERMELHOS	RUA PIAUÍ 5 COADJUVANTES 4 SKATISTAS 61 FIGURANTES 5 S/ MAQUIAR	
15:30		**PLANO 62** VERMELHOS CHEGAM NO PRÉDIO **LOCAÇÃO** ESQUINA ED. PIAUÍ		*WALKIE TALKIES *CET *TIRAR CARROS DA RUA *MÉDICO NO SET *PLAYBACK	*4 SKATES VERMELHOS	RUA PIAUÍ 5 COADJUVANTES 4 SKATISTAS 61 FIGURANTES 5 S/ MAQUIAR	
15:50		**PLANO 65** VERMELHOS NA RUELA LATERAL **LOCAÇÃO** RUELA LATERAL ED. PIAUÍ		*WALKIE TALKIES *CET *TIRAR CARROS DA RUA *MÉDICO NO SET *PLAYBACK	*4 SKATES VERMELHOS	RUA PIAUÍ 5 COADJUVANTES 4 SKATISTAS 61 FIGURANTES 5 S/ MAQUIAR	
16:00		**PLANO 16** VERMELHOS SALTAM SOBRE CARROS **LOCAÇÃO** R. PIAUÍ		*WALKIE TALKIES *CET *1 CARRO DE CENA *MÉDICO NO SET *PLAYBACK	*4 SKATES VERMELHOS	RUA PIAUÍ 5 COADJUVANTES 10 FIGURANTES *OUTROS EM STAND BY NO SET	
	DESLOCA P/ PORTARIA - ED. PIAUÍ						

HORA	SHOOTING BOARD	DESCRIÇÃO / LOCAÇÃO	CÂMERA LUZ MAQUINÁRIA	PRODUÇÃO PRODUTO	ARTE OBJETOS	ELENCO FIGURINO MAQUIAGEM	PÓS SOM
16:15		PLANO 61 VERMELHOS NA PORTARIA DO PRÉDIO LOCAÇÃO PORTARIA ED. PIAUÍ		*WALKIE TALKIES *CET *TIRAR CARROS DA RUA *MÉDICO NO SET	*ESCONDER LUMINÁRIAS *DISFARÇAR DOURADO DOS PUXADORES	PORTARIA 5 COADJUVANTES 4 SKATISTAS 61 FIGURANTES 5 S/ MAQUIAR	
	DESLOCA P/ GARAGEM - ED. PIAUÍ						
16:30		PLANO 67 VERMELHOS SALTAM SOBRE A CÂMERA LOCAÇÃO GARAGEM ED. PIAUÍ		*WALKIE TALKIES *CET *TIRAR CARROS DA RUA E DA GARAGEM *MÉDICO NO SET *PORTA ABERTA	*4 SKATES VERMELHOS	RUA LATERAL E GARAGEM 4 SKATISTAS 61 FIGURANTES 5 S/ MAQUIAR	
16:50		PLANO 66 VERMELHOS SALTAM SOBRE A CÂMERA LOCAÇÃO GARAGEM ED. PIAUÍ		*WALKIE TALKIES *TIRAR CARROS DA RUA E DA GARAGEM *MÉDICO NO SET		GARAGEM 5 COADJUVANTES 20 FIGURANTES *OUTROS EM STAND BY NO SET	
17:10		PLANO 68 - VERMELHO SALTA DO MURO LOCAÇÃO GARAGEM ED. PIAUÍ		*COLCHÃO *WALKIE TALKIES *TIRAR CARROS DA RUA E DA GARAGEM *MÉDICO NO SET		GARAGEM 5 COADJUVANTES 30 FIGURANTES *OUTROS EM STAND BY NO SET	
	DESLOCA P/ TOPO - ED. PIAUÍ						
17:30		PLANO 69 PONTO DE VISTA - VERMELHOS ENTRAM NO PRÉDIO LOCAÇÃO TOPO ED. PIAUÍ	CÂMERA FIXA NO TOPO DO PRÉDIO	*WALKIE TALKIES *TIRAR CARROS DA RUA E DA GARAGEM *MÉDICO NO SET	*4 SKATES VERMELHOS	GARAGEM 5 COADJUVANTES 30 FIGURANTES *OUTROS EM STAND BY NO SET	
18:00	FIM DA FILMAGEM						

Campanha Bradesco Celebridades

São Paulo 11 de maio de 2007 - Estúdio Local / Vila Marina					
*	PERSONALIDADES	DIÁRIA	HORÁRIO	MEDIDAS	TRANSPORTE
1	GUSTAVO BORGES	11 DE MAIO (SEXTA)	08:00 - 11:00 HS	Camisa: GG Calça: 46 Sapato: 47	Gustavo: Ricardo:
2	WANDERLEY NUNES	11 DE MAIO (SEXTA)	09:00 -12:00 HS	Camisa: G Calça: 34 americano Sapato: 42	Wanderley: R. Desembargador Amorim Lima, nº 148, 5º andar. (pediu para buscá-lo às 8:30) Mariana: não precisa de transporte
3	LUIZE ALTENHOLFEN	11 DE MAIO (SEXTA)	10:00 -13:00 hs	Camisa: M Calça: 38 Sapato: 36	NÃO PRECISA DE TRANSPORTE
4	PRETA GIL	11 DE MAIO (SEXTA)	11:00 -14:00 hs	Camisa: M Calça: 40 Sapato: 35/36	Preta e Juliana: Hotel Blue Tree Tower - Rua Peixoto Gomide, 707 Cerqueira Cesar.
5	GIOVANE	11 DE MAIO (SEXTA)	13:00 16:00 hs	Camisa: EGG Calça: 48 Sapato: 44	Giovane: Ricardo:
6	ANA HICKMAN	11 DE MAIO (SEXTA)	14:30 - 17:30 HS	Camisa: 38 Calça: 40 Sapato: 40	NÃO PRECISA DE TRANSPORTE
7	FALCÃO (FUTSAL)	11 DE MAIO (SEXTA)	15:30 - 18:30	Camisa: M / G Calça: G / 42 Sapato: 41	Falcão:
8	MARIANA WEICKERT	11 DE MAIO (SEXTA)	16:30 - 19:30 hs	Camisa: M Calça: 38/40 Sapato: 39	Mariana: não sabe ainda Luciana: Rua Fidêncio Ramos, 195, Vila Olímpia
9	SERGINHO GROISMAN	11 DE MAIO (SEXTA)	17:30 - 20:30 hs	Camisa: P/M Calça: 38/40 Sapato: 40/41	NÃO PRECISA DE TRANSPORTE
10	Henri Castelli	11 DE MAIO (SEXTA)		Camisa: P/M Calça: 38/40 Sapato: 40/42	

Blocking diagram
Campanha Bradesco Conta Universitária

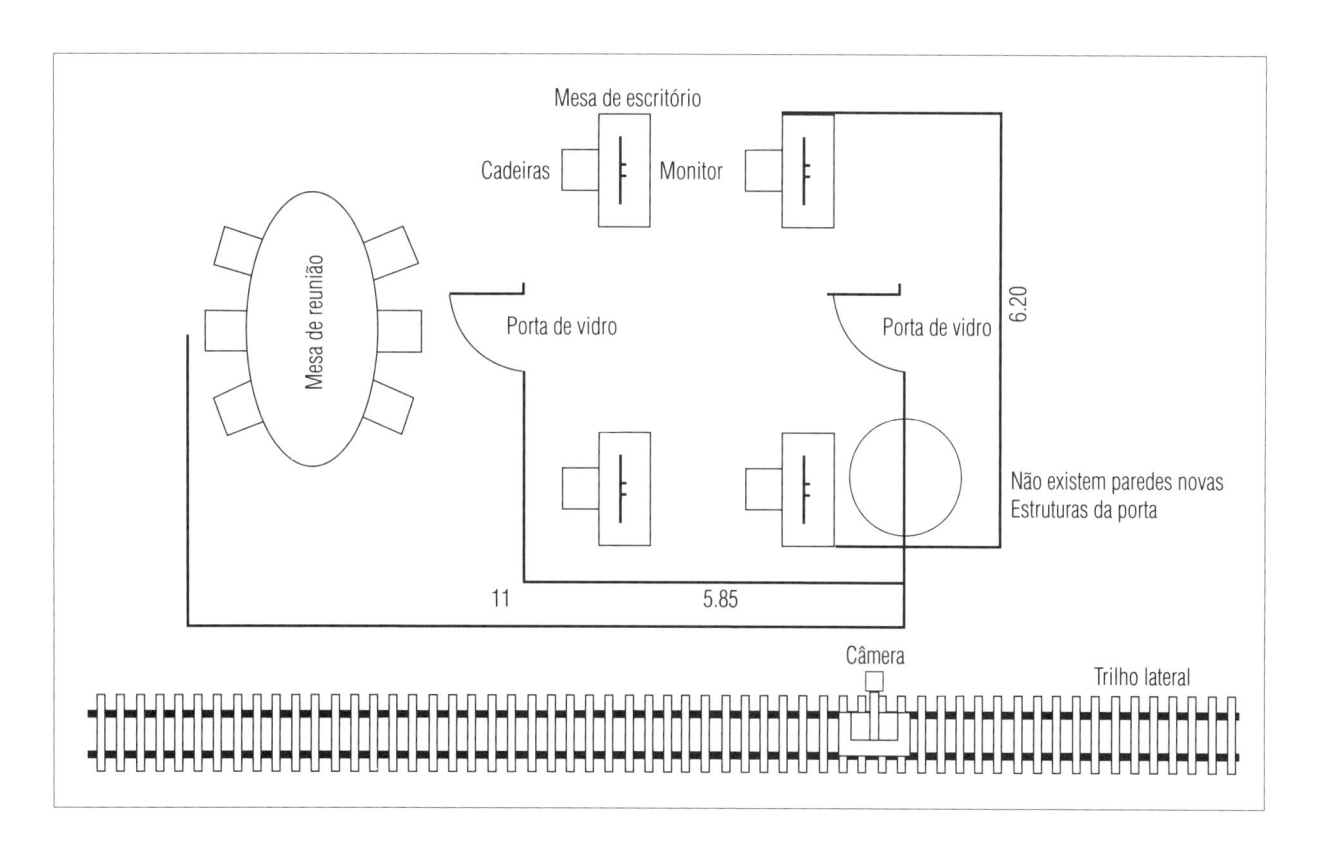

Mesa de escritório
Cadeiras
Monitor
Mesa de reunião
Porta de vidro
Porta de vidro
6,20
Não existem paredes novas
Estruturas da porta
11
5.85
Câmera
Trilho lateral

Cronogramas
Campanha Bradesco Celebridades

MATOSGREY

Cliente:	Banco Bradesco
Produto:	Cartões Bradesco
Campanha:	Campanha Fã-Clube Cartões Bradesco
Data:	21/5/2007

DOMINGO	SEGUNDA	TERÇA	QUARTA	QUINTA	SEXTA	SABADO
29 ABRIL	30 ABRIL	01 MAIO	02 MAIO	03 MAIO	04 MAIO Reunião de Produção c/ agencia filme "Lançamento"	05 MAIO
06 MAIO	07 MAIO Reunião de Produção c/ cliente filme "Lançamento"	08 MAIO	09 MAIO Filmagem Famosos no Rio de Janeiro	10 MAIO	11 MAIO Filmagem Famosos em São Paulo	12 MAIO
13 MAIO	14 MAIO	15 MAIO	16 MAIO	17 MAIO Reunião de Produção c/ agencia filme "Sustentação"	18 MAIO Reunião de Produção c/ cliente filme "Sustentação"	19 MAIO
20 MAIO	21 MAIO	22 MAIO 19:00 - Reunião de Off Line c/ cliente filme "Lançamento" Local: Mixer	23 MAIO Filmagem da Mariana Ximenes em São Paulo	24 MAIO	25 MAIO Reunião de Off Line c/ agencia filme "Sustentação" à confirmar	26 MAIO
03 JUNHO	28 MAIO	29 MAIO Reunião de Off Line c/ cliente filme "Sustentação" à confirmar	30 MAIO	31 MAIO	01 JUNHO Entrega de cópias do filme "Lançamento"	02 JUNHO
03 JUNHO	04 JUNHO	05 JUNHO	06 JUNHO Entrega de cópias do filme "Sustentação"	07 JUNHO	08 JUNHO	09 JUNHO

Av. Chedid Jafet, 222 - Torre D - Cobertura - São Paulo - SP - Cep: 04551-065 - Tel.: 55 11 3046-8044
www.mixer.com.br

Campanha Rolo 3M

YES

Criança e Amiga 220306

CRONOGRAMA
JOB YF 11/03/06

Agência: Matos Grey
Cliente: 3M
Título: " Amiga" / " Criança"
Duração: 2 x 15"
Diretor: Caio Abreia
Impresso: 21/03/2006

Data	Evento	Hora
20.03 – Segunda	Reunião de briefing	10:30
27.03 – Segunda	Teste de elenco	
29.03 – Quarta	Reunião de Produção	
	Agência	11:00
	Cliente	14:00
31.03 – Sexta	Filmagem	
01.04 – Sábado	Revelação	
03.04 – Segunda	Telecine	
	Montagem off-line	
04.04 – Terça	Montagem off-line	
	Produção de Trilha	
05.04 – Quarta	Apresentação off-line	
	Agência	16:00
	Ajustes	
06.04 – Quinta	Apresentação off-line	
	Cliente	16:00
	Ajustes	
07.04 – Sexta	Apresentação on-line	
	Agência / Cliente	10:00
10.04 – Segunda	Entrega das cópias	

Av das Américas 7899 – grupo 601 – Barra da Tijuca
22793-081 – Rio de Janeiro – RJ
Tel (21) 3907-3434 – Fax (21) 3907-3426
E-mail: yes@yee.com.br – Website: www.yes.com.br

Casting
Campanha Leader Dia dos Namorados

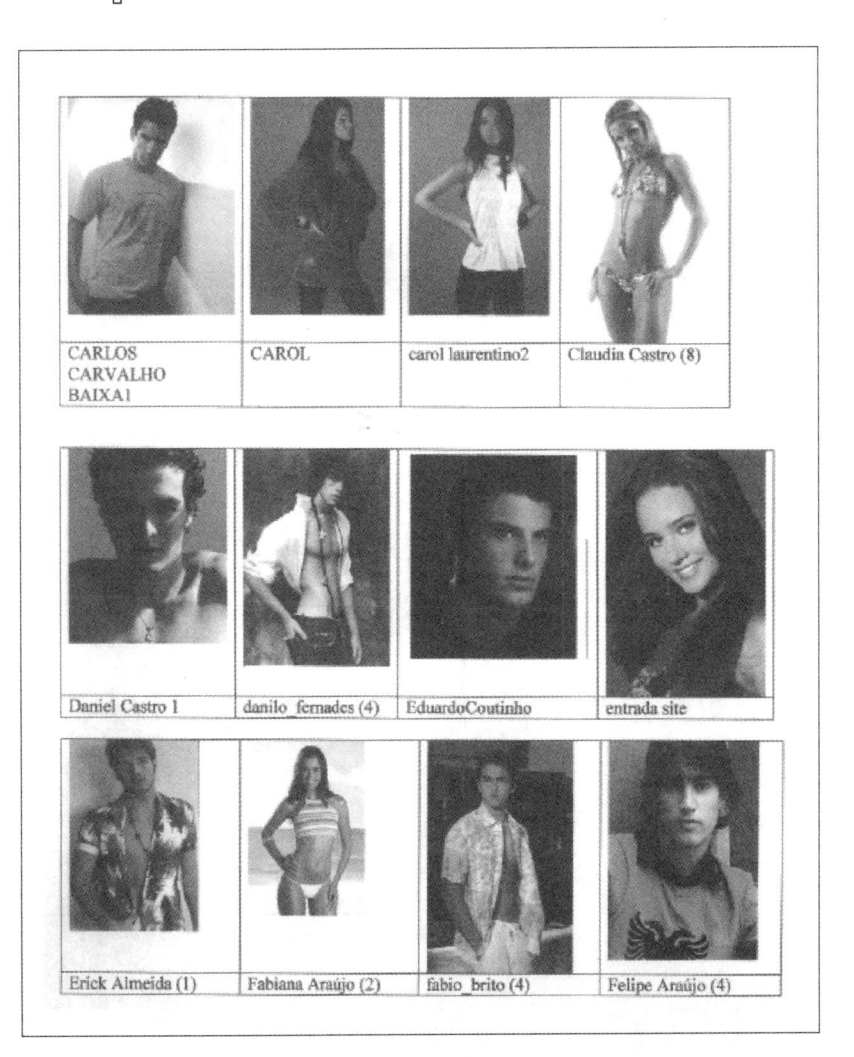

CARLOS CARVALHO BAIXA1	CAROL	carol laurentino2	Claudia Castro (8)
Daniel Castro 1	danilo_fernades (4)	EduardoCoutinho	entrada site
Erick Almeida (1)	Fabiana Araújo (2)	fabio_brito (4)	Felipe Araújo (4)

As agências de propaganda, os filmes selecionados e os documentos de processo **79**

Felipe Bonfim70	FELIPE_MAGALHÃES_01	Fernanda Andrade6	Fernanda Araujo12
Gabriel Coimbra (5)	gabriel melleu	Giselle Ingrid6	Guilherme Meireles 1
Igor Lourenço	IVE_BASILIO_01	jaqueline_lima (3)	juliana bicalho (5)

Khaio Russo (3)	Lara Soares (1)	Larissa Amite (1)	Leandro Thassi composite
Leticia Chabassus 2 (2)	Leticia Chabassus 2 (13)	Linn Jardim5	Luana Farajk (2)
luciana lovo	luciana lovo (1)	luisa rossi (2)	luisa rossi (7)

As agências de propaganda, os filmes selecionados e os documentos de processo **81**

luisa rossi (9)	Luiza Bottino9 (2)	Maor (2)	MARCELA
MARCELA 01	Marcela Tinti composite	Marcelle Mosso10	Mari Mesquita
Maria Isabel Petean (12)	Maria Joana Chiappetta3 (2)	Mariany Almeida 030	Mariany Almeida 052

Monique Storch (6)	Murilo Morais 1	Murilo Morais 2	Nathally Oliveira (2)
Paula Nartini	Pedro Müller (109)	Priscila Maris8	Raphael Grieco (2)
Raphael Uchôa 05	Raphael Uchôa 06	Renata Rasgah 1	Renata Rasgah 2

As agências de propaganda, os filmes selecionados e os documentos de processo **83**

Roberta Cesar18	Robson Maia	Rodolfo Carvalho	Rodolfo Maia (4)
RODOLFO_CARVALHO_04	Rodrigo Amaral	Rodrigo Amaral 2	Rodrigo Amaral 5
Ronaldo Guimarães9	Saulo Viana_5	Sergio Bochertt (8)	Stefano Guimarães4

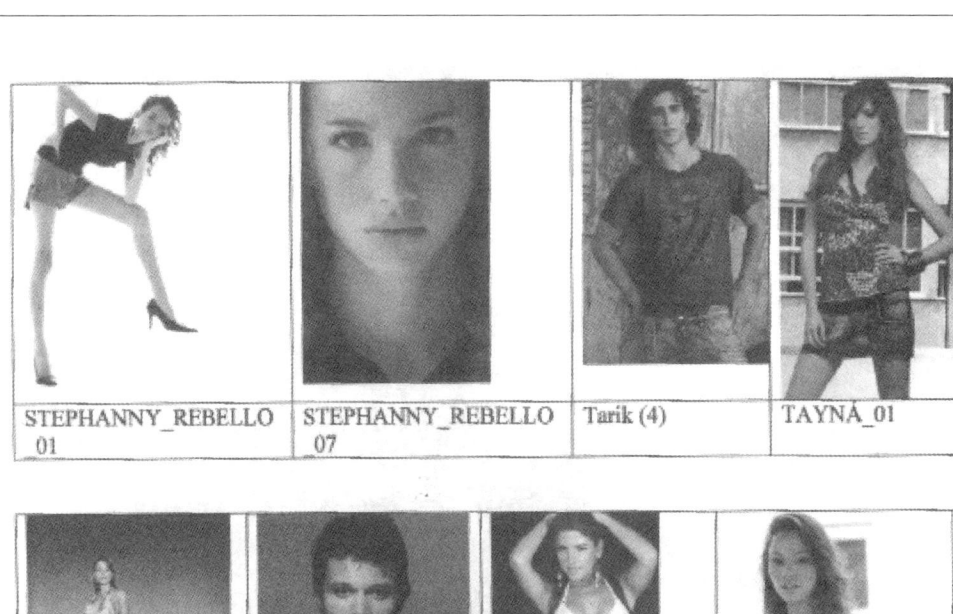

STEPHANNY_REBELLO_01	STEPHANNY_REBELLO_07	Tarik (4)	TAYNÁ_01
telma schmidt	Thiago Cicarino9	Vanessa Ferreira10	Vivian Weyll (4)
WILL 3	Will Moré (8)		

opções modelos miolos namorados

Aiana Soares	Alejandro Claveaux (5)	Alexandre Menta	Alexandre Mondaini5
AlexandreFreitas	Ana Luiza Leite1.jpg (3)	André Corga (1)	andressa 009
Andressa Aguiar 5	Anne Targino book	bia lopes (3)	Bruna Braga (2)

Claquete
Campanha Leader Institucional

TÍTULO ORIGINAL: VERMELHOS
TÍTULO VERSÃO: VERMELHOS 06 20
DURAÇÃO: 30"
(AMANHA NO ITAU POWER SHOPPING)
04 ANALOGAS - PRAZO: 01/10 ATE 12:00

CLIENTE: UNIÃO DE LOJAS LEADER S.A.
AGÊNCIA: MATOSGREY COMUNICAÇÃO LTDA.
PRODUTO: INSTITUCIONAL
TÍTULO ORIGINAL: VERMELHOS
TÍTULO VERSÃO: VERMELHOS 07 20
DURAÇÃO: 30"
(SHOPPING DEL REY / ITAU POWER SHOPPING)
04 ANALOGAS - PRAZO: 27/09 ATE 12:00

CLIENTE: UNIÃO DE LOJAS LEADER S.A.
AGÊNCIA: MATOSGREY COMUNICAÇÃO LTDA.
PRODUTO: INSTITUCIONAL
TÍTULO ORIGINAL: VERMELHOS
TÍTULO VERSÃO: VERMELHOS 08 20
DURAÇÃO: 90"
**01 BETA DIGITAL + 01 DAT COM PISTAS SEPARADAS – PRAZO:
SEGUNDA (24/09) ATE 14:00**

Claquete:
CLIENTE: UNIÃO DE LOJAS LEADER S.A.
AGÊNCIA: MATOSGREY COMUNICAÇÃO LTDA.
PRODUTO: INSTITUCIONAL
TÍTULO ORIGINAL: VERMELHOS
TÍTULO VERSÃO: VERMELHOS 09 20
DURAÇÃO: 5"
01 ANALOGA - PRAZO: 26/09 ATE 12:00

Claquete:
CLIENTE: UNIÃO DE LOJAS LEADER S.A.
AGÊNCIA: MATOSGREY COMUNICAÇÃO LTDA.
PRODUTO: INSTITUCIONAL
TÍTULO ORIGINAL: VERMELHOS
TÍTULO VERSÃO: VERMELHOS 10 20
DURAÇÃO: 7"
01 ANALOGA - PRAZO: 26/09 ATE 12:00

Claquetes Exército

CLIENTE: UNIÃO DE LOJAS LEADER S.A.
AGÊNCIA: MATOSGREY COMUNICAÇÃO LTDA
PRODUTO: INSTITUCIONAL
TÍTULO ORIGINAL: VERMELHOS
TÍTULO VERSÃO: VERMELHOS 01 20
DURAÇÃO: 60"
(AMANHÃ NO SHOPPING DEL REY)
03 ANALOGAS – PRAZO: SEXTA (21/09)

CLIENTE: UNIÃO DE LOJAS LEADER S.A.
AGÊNCIA: MATOSGREY COMUNICAÇÃO LTDA
PRODUTO: INSTITUCIONAL
TÍTULO ORIGINAL: VERMELHOS
TÍTULO VERSÃO: VERMELHOS 02 20
DURAÇÃO: 30"
(SHOPPING DEL REY / 04 DE OUTUBRO – ITAU POWER SHOPPING)
04 ANALOGAS – PRAZO: QUARTA (26/09) ATE 12:00

CLIENTE: UNIÃO DE LOJAS LEADER S.A.
AGÊNCIA: MATOSGREY COMUNICAÇÃO LTDA
PRODUTO: INSTITUCIONAL
TÍTULO ORIGINAL: VERMELHOS
TÍTULO VERSÃO: VERMELHOS 03 20
DURAÇÃO: 15"
(25 DE SETEMBRO)
04 ANALOGAS – PRAZO: HOJE (20/09) ATE AS 14:00

CLIENTE: UNIÃO DE LOJAS LEADER S.A.
AGÊNCIA: MATOSGREY COMUNICAÇÃO LTDA
PRODUTO: INSTITUCIONAL
TÍTULO ORIGINAL: VERMELHOS
TÍTULO VERSÃO: VERMELHOS 04 20
DURAÇÃO: 15"
(AMANHÃ)
01 ANALOGA – PRAZO: SEXTA (21/09) ATE 12:00

CLIENTE: UNIÃO DE LOJAS LEADER S.A.
AGÊNCIA: MATOSGREY COMUNICAÇÃO LTDA
PRODUTO: INSTITUCIONAL
TÍTULO ORIGINAL: VERMELHOS
TÍTULO VERSÃO: VERMELHOS 05 20
DURAÇÃO: 60"
(SHOPPING DEL REY / 04 DE OUTUBRO – ITAU POWER SHOPPING)
04 ANALOGAS – PRAZO: SEGUNDA (24/09) ATE 12:00

CLIENTE: UNIÃO DE LOJAS LEADER S.A.
AGÊNCIA: MATOSGREY COMUNICAÇÃO LTDA
PRODUTO: INSTITUCIONAL

Logos

Campanha Rolo 3M

Campanha Leader Varejo

Locuções
Campanha Leader Natal

FILME PARA A VÉSPERA DO PRIMEIRO FIM DE SEMANA DE DEZEMBRO (AGUARDANDO OFERTA E PLANO COMERCIAL)

E ATENÇÃO:

DEVIDO AO GRANDE SUCESSO DAS OFERTAS DE NATAL EM 10X SEM ENTRADA DA LEADER,

TODAS AS LOJAS ESTARÃO VENDENDO TUDO EM 10X COM A PRIMEIRA SÓ EM MARÇO DO ANO QUE VEM.

VOCÊ NÃO PAGA NADA EM DEZEMBRO, NADA EM JANEIRO, NADA EM FEVEREIRO.

TUDO EM 10X COM PAGAMENTO SÓ EM MARÇO DE 2007.

JÁ É NATAL NA LEADER. CORRA E APROVEITE.

FILME COLAGEM DE IMAGENS E ESTE LETREIRO COM ESTA LOCUÇÃO:

NA LEADER JÁ É PROMOÇÃO:

VOCÊ COMPRA TUDO EM 10X NO CARTÃO LEADER.

TUDO EM 10X

E NÃO PAGA NADA AGORA.

NÃO PAGA NADA EM NOVEMBRO.

NÃO PAGA NADA EM DEZEMBRO.

NÃO PAGA NADA EM JANEIRO.

A PRIMEIRA PARCELA SÓ EM FEVEREIRO DO ANO QUE VEM.

TUDO EM 10X, COM ENTRADA SÓ EM FEVEREIRO, NA LOJA TODA: JÁ É NA LEADER.

CORRA E APROVEITE, PORQUE ESTA PROMOÇÃO NÃO É PRA SEMPRE.

FILME COLAGEM DE IMAGENS E ESTE LETREIRO COM ESTA LOCUÇÃO:

NA LEADER JÁ É PROMOÇÃO:

VOCÊ COMPRA TUDO EM 10X NO CARTÃO LEADER.

TUDO EM 10X NO CARTÃO LEADER.

E NÃO PAGA NADA AGORA. NÃO PAGA NADA AGORA.

NÃO PAGA NADA EM NOVEMBRO.

NÃO PAGA NADA EM DEZEMBRO.

NÃO PAGA NADA EM JANEIRO.

A PRIMEIRA PARCELA SÓ EM FEVEREIRO DO ANO QUE VEM. SÓ EM FEVEREIRO DO ANO QUE VEM.

TUDO EM 10X, COM ENTRADA SÓ EM FEVEREIRO, NA LOJA TODA: JÁ É NA LEADER.

CORRA E APROVEITE, PORQUE ESTA PROMOÇÃO NÃO É PRA SEMPRE.

Custos

Campanha Leader Dia das Mães

MATOS GREY   *Leader*

Orçamento de Produção
Dia das Mães

Budget	510.000,00

Orçamento para produção de:
1 filme institucional de 60"
1 Redução para 30"
3 filmes de ofertas
1 filme de Festival do Jeans
1 filme de cartelas de 30"

Veiculação:
TV aberta, internet, mídia alternativa (lojas), rádio e carro de som
RJ e ES
3 meses

Início de entrega de cópias: 23/03 - 12h na agência

Produção do filme		R$	411.500,00	Weather day	R$ 83.500,00*
Produção do áudio		R$	60.000,00		
Condecine	2	R$	3.220,00		
Cópias de Veiculação	63	R$	35.280,00		
	TOTAL 1		##########		

*"Weather day"
O valor a ser definido para a diária adicional de filmagem ou gravação por motivo "weather day / contingency day" ou de risco, conforme cláusula IV, parágrafo terceiro do contrato particular de produção de obra audiovisual publicitária, será faturado juntamente com a segunda parcela, caso aplicável.

O Weather Day só é pago se a previsão do tempo falha MUITO, e com o set montado começa a chover, ou se o cliente junto com a agência exigem que a filmagem aconteça, mesmo com a produtora avisando que vai chover.

QUANTO ESTAVA PREVISTO EM ORÇAMENTO

1 filme institucional de 60"	9	R$	5.040,00
1 Redução para 30"	9	R$	5.040,00
3 filmes de ofertas	27	R$	15.120,00
1 filme de cartelas de 30"	9	R$	5.040,00
1 filme de Festival do Jeans	9	R$	5.040,00

QUANTO FOI REMANEJADO E SERÁ PAGO

1 Cabeça Namorados com 2 miolos   18

1 Filme de Festival do Edredom

Campanha Bradesco Conta Universitária

MATOSGREY

Locução Orçto Edgar Picoli

Pedido de Orçamento

Cliente:	Bradesco – Cta Universitária
Job:	Filmes Cta Universitária
Data:	25/07/06

Abaixo segue o orçamento para o locutor dos filmes.

Locução para 1x60" e 2x30"
18 meses
Nacional

Edgard Picoli

Valor produção:	R$ 12.000,00
Honorários:	R$ 1.200,00
Valor Total:	R$ 13.200,00

Locações
Campanha Leader Institucional

94 *Criação em filmes publicitários*

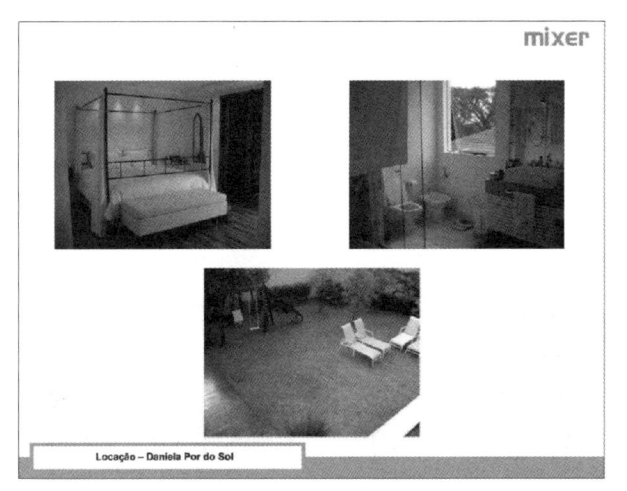

Apresentamos uma amostra dos principais documentos selecionados para nossos estudos. Diante da diversidade de materiais encontrados, cabe apresentarmos os aspectos diversos do que foi encontrado e classificado. A partir da análise de todos eles, apresentamos, na sequência, nossas observações.

Cabe ressaltar que, de um total de aproximadamente 200 documentos selecionados, apresentamos neste capítulo 30 documentos das 21 etapas claramente identificadas:

- 3 modelos de *briefings* de criação;
- 5 roteiros aprovados;
- 2 *storyboards*;
- 2 *shooting boards*;
- 1 "monstro";
- 1 reunião de pré-produção;
- 1 relatório de reunião de pré-produção;
- 2 planos de filmagem;
- 1 *blocking diagram*;
- 2 cronogramas;
- 1 seleção de *casting*;
- 1 claquete;
- 2 logos;
- 3 locuções;
- 2 custos de produção;
- 1 levantamento de locações.

Nosso objetivo nessa amostragem é apontar para um processo de criação com documentos muito organizados, desenvolvidos por equipes específicas para acompanhamento e planejamento de todo o processo, uma necessidade para o trabalho com equipe muito numerosa e também amplamente diversificada.

Nos próximos capítulos, continuamos a análise desses documentos.

O PROCESSO DE CRIAÇÃO DO FILME PUBLICITÁRIO

CAPÍTULO QUATRO

A DIREÇÃO DE FILMES

- A SOLICITAÇÃO DA CRIAÇÃO DO FILME
- A CRIAÇÃO DO ROTEIRO
- O INÍCIO DA CRIAÇÃO DO ROTEIRO
- DEFINIÇÃO DE DIRETOR E PRODUTORA
- APRESENTAÇÃO DE PROPOSTAS DE ORÇAMENTOS
- A CRIAÇÃO COLETIVA
- PRÉ-PRODUÇÃO
- GRAVAÇÃO DO COMERCIAL

LIMITES E OBRIGATORIEDADES NA CRIAÇÃO

Introdução

Quanto aos estudos dos documentos selecionados, apresentamos duas características marcantes e definidoras desse processo criativo.

É um processo criativo que se origina nas buscas mercadológicas do cliente e vai se estreitando nas limitações da estratégia da comunicação. Ao mesmo tempo, percebemos a ampliação de limites e de profissionais envolvidos, que passam a fazer parte do processo. É um aumento progressivo de limites que são observados e que vão sendo analisados e aprovados pelo cliente, orientado ou acompanhado pela agência, que se entende dominar a área do conhecimento da comunicação publicitária estratégica.

São *briefings*, roteiros, prazos, verbas pré-estipuladas, *storyboards*, *shooting boards*, entre outros documentos que, além de limitarem a criação cuja meta principal é alcançar os objetivos mercadológicos, são aprovados por diversos profissionais que participam do processo e contribuem em sua área específica, procurando colaborar substancialmente com o objetivo do filme em criação.

> O principal decisor de todo o processo é o cliente, que sempre define suas escolhas em parceria com a agência.

Os documentos de cada etapa clara e objetivamente construídos definem um processo sob rígido controle, pois, dada a característica coletiva e amplamente diversificada das áreas envolvidas, muitas das decisões efetivas são realizadas sem o total controle do cliente e da agência. Algumas outras decisões, principalmente quando nos referimos ao processo nas atividades da produtora, são definidas pelo diretor do filme, sem tanto controle do cliente, apesar de este acompanhar todo o processo.

A participação de iluminadores, diretores de fotografia, editores e produtores é fundamental nas decisões do diretor. Lembramos que, antecipadamente, o diretor já aprovou com a agência e o cliente toda a interpretação audiovisual do filme, com documentos excessivos em detalhes (apresentada já nos documentos de pré-produção), definindo, assim, todos os caminhos criativos que escolheu para poder seguir em frente.

Nesse processo, a criação é sempre referenciada ao *briefing* inicial, que direciona os roteiros, sua aprovação, as interpretações visuais dos *storyboards* e *shooting boards* e todas as decisões que possam surgir. O *briefing* norteia todo o processo, delimitando todas as equipes. Restringe todas as construções subsequentes, pois aponta claramente qual o efeito de sentido que busca gerar na mente do público receptor. O desafio é criar *recall*, níveis mais profundos de lembrança da mensagem. Observamos anteriormente que esse ponto é claro num *briefing* e uma permanente referência para a criação. Sem esse foco, num processo coletivo, perder-se-iam facilmente os objetivos propostos pela comunicação. Daí também a documentação organizada, clara e pré-aprovada pela equipe.

Ficam evidenciados nesses apontamentos dois grandes eixos que norteiam o processo: as densas restrições e a coletividade.

A seguir, iniciamos as análises mais detalhadas dos documentos do processo. Apresentaremos todas as documentações que se desenvolvem limitando o processo e, posteriormente, partiremos para a apresentação da criação coletiva, procurando apontar as mudanças dos processos decisores nas diversidades da criação.

A **solicitação da** criação do filme

Em uma agência de propaganda, a solicitação da criação de um filme publicitário por parte de um cliente é previamente definida pelo planejador e pelo atendimento da conta. O planejamento de comunicação define a necessidade de comunicar de forma intensificada, via comunicação de massa, uma campanha de propaganda para um mercado muito abrangente do cliente. Nessa etapa, a análise de verba disponível, o planejamento de mídia e o período de campanha já estão aprovados pelo cliente, e, então, procura-se definir o teor da mensagem publicitária que será aprovada também pelo cliente, para posterior veiculação nos intervalos dos canais de televisão e programas definidos pelo departamento de mídia – que processualmente desenvolve o detalhamento do plano de mídia, o qual, em linhas gerais, procura definir a duração do filme e detalhar os horários, os programas e a frequência da exposição de mensagem.

O *job*, então, começa dentro de uma agência, no momento em se definem os meios de comunicação (mídia). Nessa fase, é encaminhada ao departamento de criação, por meio do *briefing*, a solicitação da criação do comercial de televisão. Esse documento é desenvolvido pelo profissional de atendimento e planejamento e encaminhado para as áreas envolvidas no processo de comunicação (planejamento, atendimento, pesquisa, mídia e criação).

Antes do início do processo de criação, em posse do *briefing*, os profissionais desses diversos departamentos envolvidos para atender à conta reúnem-se e discutem para qual caminho irão destinar a construção da mensagem, definem então o chamado foco da criação da mensagem. Nessa etapa, todas as visões diversificadas desses profissionais buscam encontrar qual o caminho mais estratégico para a resposta de consumo do público-alvo. Cabe observar que muito mais que afunilar as buscas de comunicação persuasiva num único documento, o *briefing* passará ainda por um foco que determina qual será sua primordial busca em termos de mensagem.

> *Além do cliente, os profissionais envolvidos (planejamento, mídia, criação, atendimento, pesquisa) estão sempre discutindo ou trabalhando o melhor caminho ou foco para o desenvolvimento da criação da propaganda, aprimorando a objetividade e o detalhamento da informação. Pode-se identificar claramente que o* briefing *de criação passa por um processo de apuração. Diante da grande quantidade de informações e de muitas mensagens, o documento busca o foco principal da mensagem, ou melhor, procura prioritariamente definir qual é a mensagem mais importante. Essa busca, sem sombra de dúvida, constitui-se em sua principal característica.* (Bertomeu, 2006, p. 44)

Essa interpretação – ou foco – não é apresentada e nem aprovada pelo cliente, é discutida ainda como um direcionamento de criação, mas aprovada previamente pela equipe de publicitários, que, ao interpretar as questões de mercado, públicos, verbas e mídias, aponta para as principais buscas persuasivas que serão transformadas em criação pelos publicitários.

Os *briefings* selecionados para o nosso estudo apresentam algumas características determinadas, os aspectos aqui apontados foram observados nas comparações entre os documentos reunidos, foram analisados aspectos comuns e específicos entre eles, que resultaram na tabela comparativa "Análises de *briefings* de criação".

No levantamento de todos os *briefings* recebidos, alguns tópicos e informações foram observados mais frequentemente. As principais informações encontradas, listadas a seguir, sem sombra de dúvida, reforçam a diversidade de dados diferenciados que um *briefing* apresenta. Observamos também que esses documentos contêm informações muito diversificadas, que são apresentadas de maneira sintetizada, clara e objetiva. São informações do universo do receptor, de mercado e de todos os elementos processuais das necessidades, dos desejos e das tentativas de abordagens pelas comunicações dos concorrentes, e alguns tópicos explícitos sobre o comportamento de consumo: faixa etária, hábitos de percepção, razões de consumo, buscas locais e globais. Em linhas mais gerais, podemos classificar esse único documento como um sintetizador da busca da identificação do público-alvo, os objetivos mercadológicos com a busca de comunicação do cliente e suas características de consumo. Podemos dividi-los, para melhor compreensão, nas seguintes informações:

a) buscas mercadológicas,
b) aspectos persuasivos junto ao receptor e
c) aspectos já desenvolvidos pela concorrência na comunicação.

Tabela 2 – Análises de *briefings* de criação

CAMPANHA/AGÊNCIA	W			ASPECTOS PERSUASIVOS E PÚBLICO RECEPTOR							CONCORRÊNCIA	
	(a)	(b)	(d)	(e)	(g)	(f)	(j)	(n)		(m)	(c) (k)	(l)
	BACKGROUND	PRODUTO	OBJETIVO DE COMUNICAÇÃO	PÚBLICO-ALVO	RECOMPENSA PARA O PÚBLICO-ALVO	O QUE QUEREMOS QUE O PÚBLICO-ALVO FAÇA	TOM	LIMITAÇÕES/ OBRIGATORIEDADES	MENSAGEM PRINCIPAL	PEÇAS	CONCORRÊNCIA LOCAL	CONCORRÊNCIA GLOBAL
*Bloqueador Solar Sundown (DM9DDB)	■		■							■	■	
*Provedor Terra (DM9DDB)												
VW Polo (Almap/BBDO)	■									■		
Revista Gloss (Almap/BBDO)												
Novo Golf (Almap/BBDO)	■		■									
*Pepsi (Almap/BBDO)												
Bradesco Celebridades (Matos Grey)												
Bradesco Conta Universitária (Matos Grey)			■							■		

* Documentos disponibilizados para estudos, mas não autorizados para divulgação.

No item a, busca mercadológica, temos os itens: mercado/*background*, informações do produto, concorrentes principais; no item b – aspectos persuasivos junto ao receptor –, temos: definição dos objetivos de comunicação, público-alvo, o que exatamente se quer que o *target* faça como resultado dessa comunicação, recompensa ao público-alvo (ao consumir o produto), o porquê do consumo, principal proposição de venda, tom da comunicação e, para finalizar, os aspectos da comunicação da concorrência já desenvolvidos em caráter local e global; no item c, apresentação de todos os conceitos de comunicação já abordados pelos concorrentes.

O *briefing* se encerra com alguns tópicos ainda mais fechados e limitados para os profissionais de criação: prazos e obrigatoriedades, quando se definem o tempo para a apresentação das ideias e alguns limites mais específicos que o cliente observa e determina, aprovando-o.

O processo entre planejamento e criação, já abordado em Bertomeu (2001), que afirma que a criação é um discurso determinado pelo conjunto de profissionais de atendimento, criação e mídia para que a criação trabalhe nessa plataforma previamente definida, refere-se a um documento desenvolvido coletivamente cujo propósito é focalizar a mensagem estratégica ou facilitar a busca da informação pela equipe; é sintetizado, claro e objetivo. É considerado vital para o processo e reúne o geral e o específico para o processo em um mesmo documento.

Em nossos levantamentos, as características mais marcantes e recorrentes reforçam o caráter generalizado dos *briefings*, apontando para buscas específicas na construção da mensagem persuasiva. Ainda segundo Bertomeu (2001), o documento procura agrupar o máximo da visão diversificada para que os profissionais reunidos possam discutir para quais caminhos irão direcionar a mensagem prioritária da comunicação.

> O texto de um briefing se apresenta de forma objetiva, com informações claras de forma coloquial, transmite expectativas do cliente e do mercado, e tem prazos claros.

A organização e a clareza de um *briefing* são apontadas como elementos facilitadores do fazer e criar coletivo, documento imprescindível para abrigar e direcionar, de forma muito organizada e sintonizada na mesma busca, uma equipe ampla e diversificada. É um trabalho que envolve a parceria da equipe de publicitários entre si e do cliente para, juntos, alcançarem resultados. Cabe ressaltar que a característica da criação coletiva envolve inclusive o cliente, parte integrante do trabalho, percebido pelos publicitários como um parceiro que também busca a agilidade do desenvolvimento do processo, reconhece que o tempo é fator determinante e está sempre pronto para acrescentar informações que possam ajudar.

Dentre os elementos observados, cabe a explicação de cada um deles e seus papéis na construção de um *briefing*, o que foi inicialmente já discutido e apontado em Bertomeu (2006), o que fazemos a seguir:

- *Mercado*/background: chamado de "fato principal", "diretrizes", "análise de situação" ou "contexto", é onde encontramos as explicações de forma bastante clara e objetiva da precisão de se desenvolver uma ação de comunicação com um pequeno histórico da necessidade do cliente e produto e o seu propósito mercadológico.

- *Informações sobre o produto*: reúnem-se dados relevantes e importantes na comunicação do produto. Essas informações fornecem para a equipe uma visão mais focada dos principais diferenciais do produto que são importantes para a compreensão dos objetivos da campanha e para os públicos de consumo.
- *Informações fundamentais sobre os concorrentes principais*: os aspectos mais diversos da concorrência são observados e apontados nessa fase do processo.
- *Definição dos objetivos de comunicação*: quando observamos o "objetivo de comunicação" dentro dos *briefings* de criação, percebemos que são definidos propósitos tais como, lançar um produto, comunicar um novo tipo de serviço, reposicionar o produto, construir uma imagem de marca, levar o *share of mind*, conseguir o *top of mind*, aumentar o *recall*, entre outros.
- *Público-alvo*: definições de classe social, faixa etária, hábitos de consumo e mídia, entre outros.
- *O target deve fazer como resultado dessa comunicação*: nesse tópico, também abordado por outros autores como "problemas que a propaganda deve/pode/precisa resolver" (Corrêa, 2000), temos exatamente o que precisa ser dito, ou melhor, o que o consumidor precisa saber ou se comportar de maneira que ainda não o tenha feito para que a comunicação possa solucionar o problema mercadológico específico. Caso o tópico seja bem formulado, não há a necessidade de se discutir o foco da criação. Na verdade, o direcionamento estará definido de acordo com toda a estratégia bem clara por parte do planejamento, caso contrário, vamos para a reunião de foco de *briefing* com o atendimento, o planejamento, a mídia, a pesquisa e a criação.
- *Recompensa recebida pelo público-alvo ao consumir o produto*: nesse tópico, o *briefing* procura determinar qual será o benefício principal previsto no consumo do produto, é como uma justificativa do consumo, uma razão do porquê do consumo (*reason-why*), em que se procura estabelecer a principal razão – ou principais razões – que justifique o público-alvo. Esse ponto é também reflexo do principal diferencial do produto, do *plus*, da principal proposição de compra, ou USP (*unique selling proposition*) observado para o produto.
- *USP*: trata-se da sigla de *unique selling proposition* ou principal proposição de compra ou *plus* de produto. Ao abordarmos posicionamento, razão da promessa e justificativa, estamos falando de como queremos que o consumidor perceba o nosso produto/serviço. Esse posicionamento se reflete diretamente por meio de um *slogan*, a razão dessa promessa, sua justificativa e sua imagem desejada. O posicionamento é a estrutura sobre a qual a marca/produto estará na comunicação, na mente do público-alvo.
- *Tom*: é o mesmo que inflexão, é inclinar para determinadas características a linguagem da mensagem criativa. Por exemplo, sugere-se um tom informal, descontraído, mas sem gírias. Algumas vezes, uma propaganda com tom mais formal pode reforçar as características de credibilidade. Tom de ironia, de raiva, entre outros. Normalmente, por conhecer em demasia

o produto/serviço, o cliente sugere como poderia ser a abordagem da linguagem criativa. No entanto, não significa que a criação deva interpretá-la como algo imutável, mas como uma sugestão que pode ser considerada e analisada com o objetivo de direcionar a propaganda. É um ponto de vista do cliente que pode ser considerado ou não. Geralmente, o tom é justificado pela criação para que o caminho da mensagem da propaganda alcance o público de forma mais intensa. O objetivo do tom é propiciar um melhor ambiente para o desenvolvimento da mensagem, alcançando um grau maior de criatividade e impacto. Define qual a sucessão mais adequada, no tempo e no espaço, dos diversos momentos ou movimentos, com variadas intensidades de emoção, velocidade etc., da campanha ou do anúncio. É a cadência e a harmonia de uma sequência, bloco, roteiro etc. O tom e o ritmo são os aspectos sonoros que, unificados aos aspectos visuais, intensificam a força de expressão de uma mensagem.

- *Concorrência local e/ou global*: a análise da comunicação da concorrência normalmente oferece ao departamento de criação resultados já alcançados, em termos de comunicação, por empresas que estudam e brigam pelo mesmo mercado. As formas das mensagens e os resultados conquistados são caminhos adotados para os semelhantes problemas de comunicação já alcançados pelos clientes e produtos/empresas concorrentes para esse mesmo mercado. Sem sombra de dúvida, são informações que resultam em análises muito satisfatórias.
- *Peças*: aqui se definem formatos das mensagens criativas, tamanho e quantidade de anúncios, filmes publicitários com suas respectivas durações, *spots*, painéis, *outdoors*, entre outros.
- *Limitações*: prazos, verbas, limitações, obrigatoriedades e formatos das peças são as informações que cercam a criação. O prazo, as formas, algumas restrições e considerações são as informações finais para que a equipe criativa saiba por onde pode trilhar na busca pelo criativo.

Esses tópicos são, na verdade, um afunilar de informações, um estabelecimento de restrições ou delimitações direcionadoras para que os criativos tenham muito mais objetividade na busca por mensagens ousadas e criativas. Como abordaremos mais adiante, essa concentração de objetivos é fundamental para um trabalho cuja criação possa superar as expectativas no retorno do investimento do cliente.

Numa análise geral, todos esses *briefings* caracterizam-se como documentos que sintetizam o máximo de informações relevantes para a criação publicitária. Essas informações procuram discorrer características que contribuem para uma atividade de comunicação publicitária mais eficiente. Sintetizam a abrangência de informações diversificadas buscadas pelas empresas para facilitar a reunião, num mesmo documento, das principais informações e dos parâmetros que podem ser mais relevantes para a comunicação estratégica.

> Consequentemente, os bons *briefings* são imprescindíveis para a criação de uma peça publicitária capaz de gerar no público receptor um grau altamente satisfatório de receptividade na percepção.

Como pudemos observar, essas reuniões de dados são conglomerados de informações que abordam as buscas mercadológicas mais complexas, as características de perfil de público consumidor e as particularidades das estratégias de comunicação que a empresa/produto e seus principais concorrentes estão atualmente desenvolvendo. Trata-se de relações estabelecidas inicialmente para a busca e o desafio do processo criativo da equipe. É o norteador do processo. Verifica-se que os profissionais de propaganda nunca criam em liberdade total. O *briefing* direciona o trajeto, o rumo, mas ainda o resultado não é conhecido.

Esse documento é um dos principais instrumentos responsáveis pela definição da tendência, do rumo. Após sua aprovação, passa a ser rígido e fechado para o processo, pois determina caminhos e fecha qualquer possibilidade de "mal-entendidos" na busca criativa que envolve a multidisciplinariedade de áreas e profissionais que fazem parte da criação. Por tratar-se de um trabalho de equipe,

> [...] *a organização e clareza dos documentos desse processo são fatores determinantes para que toda a equipe envolvida tenha documentos organizados, claros e compreendidos, condutores do próprio processo dos profissionais envolvidos de uma etapa da criação à outra, dentro de um processo que abriga uma equipe ampla e diversificada, tendo um final já predefinido pelo menos em questão de tempo. [...] É um trabalho que envolve a parceria dos publicitários entre si e do cliente, para juntos buscarem resultados, não esquecendo de que os altos investimentos numa campanha publicitária reforçam a responsabilidade e o rigor no cumprimento de prazos e agilidade em todo o processo. Essas características corroboram o processo de aprimorar e focar as informações do* briefing *de criação. O documento recebe aparas, é burilado, focado.* (Bertomeu, 2006, p. 50)

Trata-se de um documento que integra buscas de profissionais diversificados de áreas que envolvem o *marketing* e a comunicação. São informações muito próximas do profissional de planejamento de propaganda. Um profissional que atua nessa área preocupa-se com os resultados das ações de comunicação que são revertidos para o mercado, seja em consumo, seja em *recall* – aspecto este já abordado no Capítulo I, em que são apontadas as buscas nas análises de criatividade e eficiência realizadas por profissionais de propaganda. O objetivo desse profissional é alinhar os propósitos mercadológicos e os anseios de consumo, direcionando possíveis características de linguagem de uma campanha de propaganda.

Temos, no *briefing*, claramente observado como um documento de coleta, a reunião de toda a problemática a ser solucionada pela equipe. É um documento que reflete a complexa rede de pensamentos, inter e intrapessoal, buscando generalidades e especificidades; é uma multiplicidade de buscas em que encontramos uma variedade de profissionais e suas áreas específicas de conhecimento contribuindo, em sua especialidade, para o desenvolvimento do processo. Num mesmo documento, constatam-se ramificações de outros departamentos responsáveis pela construção da propaganda. Quando nos aprofundamos no estudo desse documento, buscamos pontos de referências e encontramos ainda mais subdivisões. De acordo com Salles (2006, p. 51):

> "Quando nos aproximamos de alguns pontos de referência, deparamo-nos com novas interações das redes, ou seja, suas ramificações, divisões e subdivisões. Todo esse movimento é impulsionado pelas obras ou pelas indagações que instigam a equipe".

Em nosso estudo, podemos pensar nas indagações que instigam a equipe de publicitários.

O *briefing* claramente se organiza na tendência de identificar o que pode gerar persuasão no receptor da mensagem. São rumos ainda vagos que procuram conduzir o processo criativo. Trata-se de rumo e vagueza, o desenrolar do processo que propicia já ao *briefing* a formação de algumas linhas de força, como parte de uma rede que se constrói coletivamente. Como interação, associações que se organizam como jogos de interação (Morin, 2002) em que todas as informações de mercado e comunicação são colocadas em relações e laços, apesar de parecer um documento estático e isolado. É possível notar que o processo de criação está no campo relacional, processo inferencial, no qual toda a ação, que dá forma ao sistema, está relacionada a outras ações. Sob esse ponto de vista, todo e qualquer processo é simultaneamente gerado e gerador, e a regressão e a progressão são infinitas (Salles, 1989).

A criação do roteiro

Uma vez definido o caminho da principal característica da mensagem pela equipe, o departamento de criação inicia o processo de construção de roteiros de filmes, conforme o foco já determinado. Normalmente, nessa etapa, temos as duplas de criação, formadas por redatores e diretores de arte que trabalham juntos, subordinados a um diretor de criação que tem como responsabilidade principal gerenciar as equipes criativas e manter a qualidade criativa. Esse profissional identifica os perfis criativos profissionais mais adequados às necessidades de comunicação específicas dos clientes e é responsável pela reciclagem das duplas, pela análise e pelo acompanhamento do teor e dos graus de criatividade de seus parceiros, possibilitando, assim, um melhor desenvolvimento dos níveis dos trabalhos criativos dentro de uma agência. É o diretor de criação quem comanda a seleção das melhores criações de roteiros que serão analisados pelo cliente para aprovação.

Após a leitura do *briefing*, elabora-se um documento denominado roteiro, que é desenvolvido pela equipe de criação (duplas de criação ou equipe criativa) e apresentado ao cliente.

Quando definimos o roteiro de um filme, deparamos com algumas características específicas. Um roteiro tem por objetivo contar uma história que apresente cenas e imagens dispostas numa sequência específica.

A produção de filmes publicitários é muito semelhante à produção de um longa-metragem, visto que os profissionais que criam para o cinema também desenvolvem atividades para o mercado publicitário. O cinema sempre produziu para a publicidade, pois a necessidade da altíssima qualidade de imagens sempre foi uma preocupação da linguagem publicitária. A película sempre deteve a alta tecnologia da imagem para a produção cinematográfica. Dessa forma, utilizaremos as definições e os conceitos do processo criativo desenvolvido pelos cineastas para abordarmos o processo criativo de filmes publicitários, já que é uma produção específica que faz parte do portfólio de um enorme número de cineastas no Brasil e no mundo. Cabe ressaltar que mesmo com a edição não linear, os filmes publicitários, por aspectos de alta qualidade e custos, ainda são produzidos em película e depois são telecinados (transformados em arquivos para a possibilidade de a edição acontecer em ilhas não lineares de edição).

Inicialmente, apontaremos as características e as especificidades em que podemos identificar tendências/restrições para se criar um roteiro publicitário.

Segundo a *Enciclopédia básica da mídia eletrônica* (Pizzotti, 2003, p. 221), roteiro é um texto ou *script* de um programa ou filme que contém a descrição detalhada de cenas, cenários, ações e diálogos. Serve para levantamento das necessidades de cada cena e como guia de gravação. O roteiro pode ser técnico (contendo informações sobre som, iluminação etc.) ou literário (sem informação técnica). Na propaganda, o roteiro do filme publicitário criado na agência é apresentado sem informações técnicas, apesar de existir essa confusão no ensino de graduação e em alguns profissionais publicitários que desenvolvem roteiros técnicos para a publicidade. A ideia do filme precisa ser interpretada visualmente pela produtora, mais especificamente pela equipe de profissionais coordenados pelo diretor do filme num contato posterior com a agência de propaganda, fato que será abordado mais adiante. A ideia do filme publicitário apresentado num roteiro precisa comunicar a ideia geral do filme, quando a produtora e o diretor irão colaborar para o aprimoramento dos aspectos audiovisuais da execução dele. Os publicitários conhecem e até, em alguns casos, dominam a linguagem, mas os profissionais do audiovisual, além do domínio da técnica, estão muito próximos das novas tendências tecnológicas das produções e possuem o olhar profissional da atividade para profissionalizar o comercial. Um roteiro é o princípio do processo de criação visual de um filme, mas exige a colaboração de muitos profissionais. Partimos novamente do processo criativo coletivo e do fazer coletivo entre novas equipes.

Ao abordarmos outras definições de roteiro, verificamos que cineastas e roteiristas definem-no como o início do processo de criação do filme. O início que já delimita muito das características do filme, ou melhor: "Roteirizar é fazer um filme no papel" (Howard & Mabley, 1996, p. 21) ou "O roteiro significa a primeira forma de um filme, é o princípio de um processo visual, o roteiro não é a obra em si mesma. É apenas o esqueleto verbal de um filme virtual" (Carrière & Bonitzer, 1996, p. 11 e 93).

Sobre essa característica processual, Carrière & Bonitzer (1996) afirmam que o roteiro é uma escrita "de passagem, de transição":

> *O roteiro representa um estado transitório, uma forma passageira destinada a se metamorfosear e a desaparecer, como a larva ao se transformar em borboleta. O roteiro não é concebido para perdurar, mas para se apagar, para tornar-se outro. [...] E no entanto o roteiro não é apenas uma vaga redação literária, algo inconsistente entre duas coisas, quase malogrado, um instrumento de transição, uma peça de literatura que em seguida é preciso transformar num momento de cinema. Um roteiro já é o filme.*

Segundo Carrière & Bonitzer (1996, p. 13), o roteiro é o início do processo de desenvolvimento de um filme, mas todo o processo depende das características desse documento inicial:

> *A "escrita" do roteiro ("escrita" é uma palavra perigosa que é preferível utilizar nesse caso com a prudência das aspas) é por isso uma escrita específica. Encontra-se no início de um longo processo de transformação, e todo o processo depende dessa forma primeira. Escrita de passagem, de transição, destinada a leitores rarefeitos e parcialmente atentos, dos quais é o guia indispensável, talvez seja, por todas essas razões, e pelo próprio fato de sua discrição, sua humildade e desaparecimento próximo, a mais difícil de todas as escritas conhecidas.*

O roteiro é o documento que limitará a interpretação audiovisual pelo diretor e pela produtora nas sequências do processo. A forma de um roteiro é muito discutida em suas características, principalmente no ensino da propaganda, e apontamos aqui algumas diversidades de formas que são confundidas e adotadas diferentemente de acordo com a peça audiovisual a ser construída: roteiro cinematográfico, para programas de televisão, para telejornalismo, dramático, parcial (eventos esportivos, *talk shows*, *game* shows, *reality shows* e outros que contenham elementos imprevisíveis), técnico, literário e publicitário – que é aquele que faz parte do processo de criação do objeto de nosso estudo.

De acordo com Syd Field (2001, p. 154):

> Todo mundo, parece, tem algumas concepções equivocadas sobre a forma do roteiro. Algumas pessoas dizem que se você está escrevendo um roteiro é "obrigado" a escrever posições de câmera; se você pergunta por que, resmungam qualquer coisa como "o diretor tem que saber o que filmar"! Isso não funciona. Quem cria o roteiro não é responsável por escrever posições de câmeras e terminologia detalhada de filmagem. O papel do criador do roteiro é dizer ao diretor "o que" filmar, não "como" filmar.
>
> O trabalho do diretor é filmar o roteiro; pegar as palavras do papel e transformá-las em imagens no filme.

Field deixa claro que o criador do roteiro deve se preocupar com o conteúdo da história e não necessariamente com a forma visual, o conteúdo pode ser explanado, mas não fechado na forma visual, para que, ao recebermos a contribuição do diretor do filme, ele possa expressar a forma da cena de acordo com o conteúdo proposto ou solicitado.

O diretor cinematográfico, ao ler um roteiro publicitário, transforma-o no que chamamos de *shooting board*, um detalhamento *frame* a *frame* das imagens do filme. O roteiro como documento limitador é interpretado pelo diretor num *shooting*. Ambos são aprovados pelo cliente e pela agência para a continuidade do processo.

Uma das grandes dificuldades encontradas é que alguns profissionais não sabem como deve ser um roteiro cinematográfico. Escrever um roteiro não é detalhar posições de câmeras, como acontecia nos anos 1920 e 1930 (Field, 2001, p. 156). Num roteiro, deve constar

> [...] a visão fundamental da sequência de eventos, e isso inclui não só os diálogos ditos pelos atores como também a atividade física que exercem, o ambiente que os cerca, o contexto dentro do qual a história se desenrola, a iluminação, a música e os efeitos sonoros, os figurinos, além de todo o andamento e ritmo da narrativa. E escrito de uma forma clara o suficiente para que o diretor, fotógrafo, técnico de som e todos os outros profissionais criem um filme que se assemelhe às intenções originais do roteirista.
>
> O roteirista tem de saber como as várias artes cinematográficas podem ser utilizadas para evocar na tela, com convicção, aquilo que nasceu originalmente em sua cabeça. Essa visão precisa estar contida no roteiro, que é uma espécie de plano diretor para uma forma artística bidimensional que retrata a tridimensionalidade, uma forma artística com uma dimensão adicional – a temporalidade – também presente na música, na poesia e na dança. (Howard & Mabley, 1996, p. 30-1)

Um roteiro cinematográfico não difere em muitos aspectos de um roteiro publicitário, deve trazer algumas características que são importantes para o desenvolvimento de um filme, e percebemos, já na sua forma de estrutura, algumas características semelhantes aos roteiros cinematográficos na construção de um filme.

Os roteiros apresentados pelas agências neste estudo apresentaram características semelhantes na sua forma.

Diferentemente de um roteiro cinematográfico e pela particularidade do tempo de um comercial de TV (de filmes de 30 segundos), o roteiro publicitário não detalha em excesso cenas, personagens e situações, pois seu propósito é contar histórias curtas, pequenas, sendo o produto ou a empresa seu principal protagonista. Esses roteiros contam as cenas de forma sintetizada, trazem descrições mais genéricas, de ruídos e posições de câmeras: "Ele permite ao leitor criar, imaginar caminhos" (Barreto, 2004, p. 24).

> O roteiro publicitário apresenta uma forma de contar, como o filme de cinema, que não fecha a construção visual de quem o lê. Permite uma interpretação e um entendimento do filme sem necessariamente detalhar os aspectos visuais da linguagem.

Vale observar, no roteiro cinematográfico a seguir, retirado do livro de Syd Field (2001, p. 162), *Manual do roteiro: os fundamentos do texto cinematográfico*, como todo o texto do roteiro permite uma interpretação visual, que não fecha uma descrição detalhada de cenas ou mesmo fala de enquadramentos ou angulações de câmeras. Ela conta uma sequência cinematográfica com clareza, mas não rodeada de detalhamentos nos aspectos audiovisuais. Veja alguns pontos demarcados para exemplificarmos essa informação:

Você precisa contar a ideia criativa do filme tornando a ideia clara e objetiva, possibilitando uma codificação visual diversificada do leitor, para que este entenda o filme e os produtores visuais (diretor do filme e produtora) não o modifiquem, mas auxiliem que a grande ideia do filme receba ainda mais expressividade visual quando o filme se transforma em audiovisual. Esse é o desafio.

> *Do roteiro ao filme, a mutação é total. O roteiro também terá sempre o status de um objeto em transição, cuja "contabilidade" está sujeita a todo tipo de dúvida, a todos os remanejamentos possíveis. É desse caráter equívoco, ambíguo, incerto, que indiscutivelmente nasce — e com o objetivo de exorcizar tanta indefinição — o mito profissional do roteiro "sólido como cimento". Este termo detestável, que evoca a "cimentagem" do realizador, quando, pouco seguro dos limites e dos recursos da sua encenação, sonha apoiar-se sobre um texto que, em última instância, os defina.* (Carrière & Bonitzer, 1996, p. 90)

Segundo Liliana Barabino, diretora de criação e redatora de agências como AlmapBBDO, Ogilvy, JWT, McCann-Erickson, DPZ, entre outras:

> *Porque se um roteiro for apenas uma descrição fria de cenas, você corre o grande risco de cada pessoa envolvida no processo (cliente, atendimento, diretor de criação, diretor do filme) ter uma percepção diferente da sua ideia.*
>
> *Isso dificulta a aprovação, embola a reunião de pré-produção e o pior: gera uma grande frustração na hora do off-line. O cliente provavelmente vai dizer que não era bem esse roteiro que ele tinha aprovado e você vai ter a certeza de que não era bem assim o comercial que você tinha criado.*
>
> *O ideal é que você não dê margem para interpretações. Garanta, no papel, que a visão do diretor vai ser a sua visão.*

Em alguns roteiros publicitários, podemos observar a mesma forma de escrever cenas utilizada por aqueles que produzem longa-metragens, não tão determinadas nos aspectos visuais, mas bem determinadas nas sequências de cenas e no que acontece em cada uma delas.

A concepção da ideia do filme é reconhecida como o início do processo que norteia todo o processo de tridimensionalidade da obra, é mais um documento que fecha a criação para a transformação e a interpretação para as imagens. Howard & Mabley (1996, p. 31) fazem algumas considerações importantes sobre a importância do criador do roteiro:

> *Ainda que terceiros venham a interpretar, mais tarde, as palavras e a história, a visão original de um filme é, de início, domínio exclusivo do roteirista. O escritor é o primeiríssimo a "ver" o filme, embora unicamente na mente e no papel.*
>
> *Sem essa clareza na mente do roteirista, é pouco provável que o roteiro ou o filme dele resultante tenham o impacto pretendido.*

Howard & Mabley (1996, p. 31) também apontam alguns aspectos fundamentais sobre as características do roteiro, a importância do criador do roteiro e o que se pretende com esse documento de processo na criação, pois todo esse aparato pode ser deslocado para a criação de roteiros publicitários, com o objetivo de alcançar particularidades mais sintetizadas:

> *A roteirização é fruto direto da dramaturgia; ela adapta muitas das mesmas ferramentas e convecções do teatro a uma nova tecnologia.*
>
> *O conceito com que todo roteirista deve lidar é o da visão fundamental da sequência de eventos, e isso inclui não só os diálogos ditos pelos atores como também a atividade física que exercem, o ambiente que os cerca, o contexto dentro do qual a história se desenrola, a iluminação, a música e os efeitos sonoros, os figurinos, além de todo o andamento e ritmo da narrativa. O roteiro precisa

ter clareza suficiente para que diretor, fotógrafo, técnico de som e todos os outros profissionais criem um filme que se assemelhe às intenções originais do roteirista.

O roteirista tem de saber como as várias artes cinematográficas podem ser utilizadas para evocar na tela, com convicção, aquilo que nasceu originalmente em sua cabeça. Essa visão precisa estar contida no roteiro, que é uma espécie de plano diretor para uma forma artística extremamente complexa, uma forma artística bidimensional que retrata a tridimensionalidade, uma forma artística com uma dimensão adicional — a temporalidade.

Syd Field (2001, p. 156) relembra a função do roteirista do cinema, que se assemelha ao filme publicitário, mudando-se apenas o tempo do filme e a pequena quantidade de cenas, quando comparadas ao cinema:

Houve um tempo, entretanto, nas décadas de 1920 e 1930, em que o trabalho do diretor era dirigir os atores, e era o trabalho do roteirista escrever com posições de câmera para o cinegrafista. Não é mais assim. Essa não é sua tarefa. Sua tarefa é escrever o roteiro. Cena a cena, plano a plano.

É importante destacar também alguns objetivos importantes no processo de criação quando se desenvolve um roteiro, no qual uma ideia visual é transformada em texto.

> **Quando o espectador assiste ao filme, as imagens nele contidas se assemelham às pretendidas pelo roteirista.**

Cabe aqui uma analogia ao processo que ocorre no cinema: "O roteirista também deve escrever tendo em mente as virtudes do cinema, usando a capacidade que tem o meio de forçar o público a ver apenas aquilo que ele ou ela escolheram e de mudar tempo e espaço facilmente" (Howard & Mabley, 1996, p. 35).

Segundo Howard & Mabley (1996, p. 21), o roteiro deve apresentar os aspectos que deverão ser interpretados por outros profissionais envolvidos no processo:

A história tem de ser mostrada em cenas esmeradas, com papéis bem concebidos (e bem interpretados), que inspirem o cenógrafo, o fotógrafo, o compositor, o montador e todos os demais colaboradores a acrescentarem seus talentos à forma final com que as imagens e palavras do roteirista apareçam perante o espectador.

O início da criação do roteiro

Após a compreensão das especificidades de um roteiro para um filme publicitário, cabe-nos abordar como se dá o processo de criação. Foram observados alguns caminhos singulares e específicos que se repetiram, podendo indicar um caminho de possibilidade. Os profissionais de criação declaram inicialmente a compreensão clara do *briefing* como o início do processo para depois começar a busca criativa:

Sempre que receber o briefing, *tente estabelecer, em poucas palavras, qual é o problema do cliente. Definindo o problema, fica mais fácil chegar numa solução.* (Tales Bahu apud Bertomeu, 2006, p. 105)

Normalmente sigo uma rotina:
1 – Leio o briefing.
2 – Converso com o atendimento.
3 – Dependendo da importância/complexidade do briefing, *"bato uma bola" com o diretor de criação sobre dúvidas e possibilidades de soluções.*
4 – Sento com o meu dupla (diretor de arte) e começamos a criar. (Alexis Leiria apud Bertomeu, 2006, p. 107)

Estudo de briefing, *estudo da propaganda da concorrência e depois horas e horas de tentativa e erro.* (Ricardo Chester apud Bertomeu, 2006, p.108)

A primeira etapa é compreender o briefing. *A segunda é tentar chegar a uma redução da mensagem, a ponto de deixar claro aquilo que eu preciso comunicar. Eu preciso pegar tudo aquilo que o* briefing *diz e reduzir a uma linha ou menos deixando claro aquilo que é o mais importante para a minha comunicação.* (Francisco Ferrão apud Bertomeu, 2006, p. 108)

A primeira coisa é entender o briefing. *É o passo que é único para todos.* (André Arruda apud Bertomeu, 2006, p. 109)

Percebemos que a compreensão do *briefing* e a sintetização de todas as informações contidas nele têm por objetivo definir qual é o principal propósito da criação, qual o problema a ser solucionado pela comunicação. Trata-se de um processo em que se estabelece o rumo, mas o questionamento é ativador (Salles, 1998), pois o limite é amplo e claro, desafiador, exigindo a continuidade do pensamento. A instabilidade, causada pela dúvida geradora, tem um papel importante na rede de relações, pois não se pode cair num processo burocrático de repetir soluções existentes. Os criativos sabem o que esperar da tendência da criação de um filme e saem em busca do que foi identificado como *briefing*, procurando alcançar o propósito normalmente esperado da criação de um comercial. A seguir, apresentamos algumas declarações de criativos, em que apontam suas primordiais buscas criativas para filmes publicitários. É importante percebermos que as buscas se diferenciam e são visões e tendências muito individuais para interpretar o objetivo de um comercial de TV:

> *Então busco o que, a meu ver, é fundamental num filme: uma boa ideia que chame a atenção do telespectador, que o sensibilize, que destaque o meu filme em meio aos outros em um* break *comercial. Para isso, considero fundamental que o filme tenha uma boa ideia que use recursos (como humor) que mexam com a emoção das pessoas e que seja muito bem produzido. Sem nunca esquecer que esse filme precisa "vender" o "produto".* (Alexis Leiria apud Bertomeu, 2006, p. 66)

> *No caso da televisão, eu diria que o essencial, primeiro, é que você passe a mensagem claramente e que seja facilmente entendida. Porque você está lidando com uma série enorme, um leque muito grande de pessoas que entendem de diferentes formas e percepções etc. Eu diria que, preferencialmente, as grandes campanhas, as que dão mais certo, são as campanhas cujos filmes são entretenimento, você tem vontade de assistir aquilo.* (Francisco Ferrão apud Bertomeu, 2006, p. 66)

> *Se a maneira de criar é semelhante para TV ou revista, a forma é totalmente diferente. O filme, fala, canta, mexe. O anúncio não. Devemos criar levando em conta quanto tempo temos. Acho completamente diferente 15 segundos de 30, ou 45, ou 60, ou mais. Em 15 segundos, é melhor dizer uma só frase e ter uma imagem forte. São geralmente reduções do filme de 30 para aumentar a frequência e esperamos que o consumidor complete mentalmente o que viu em 30 segundos.*
> *Ou temos séries de filmes de 15, onde um soma com o outro e permite uma frequência maior (mídia). Para filmes de 30 segundos, o que dá certo é o humor, o bom humor, o inesperado, o exagero inteligente, uma demonstração inteligente etc.* (Magy Imoberdorf apud Ribeiro, 1995, p. 154)

Sobre a questão do humor em filmes comerciais, Christina Carvalho Pinto (apud Dalto, 1993, p. 65) comenta:

> *Vou falar dos ingleses, por exemplo, que como temperamento comum não são as pessoas mais extrovertidas e bem-humoradas, mas o humor inglês é embriagante, porque ele tem a dose perfeita da ironia, do sarcasmo, que é a alma do humor, é a capacidade de rirmos de nós mesmos. Os ingleses têm a capacidade muito grande de pegar o fio, a meada do ridículo da existência.*

Além da tendência para o outro, a busca criativa apresenta parâmetros específicos considerados também tendências/restrições para a criação. Esses parâmetros identificam claramente quais as características específicas que um filme publicitário pode apresentar e necessita para ser mais criativo:

- *deve ser agressivo, rápido, persuasivo e objetivo;*
- *ter originalidade;*
- *pode ser atrevido, insinuante e provocante;*
- *deve prender as pessoas pela emoção, mexer com os sonhos e as fantasias do público;*
- *ser entretenimento;*
- *requer um domínio de síntese para conseguir passar, em poucos segundos, um clima necessário à ideia.* (Bertomeu, 2006, p. 64)

Quando sabem o que esperar da criação de um comercial de TV, os criadores enfrentam o desafio desenvolvendo seu trabalho em duplas de criação (redator e diretor de arte) num dialogismo interno e externo. As duplas ou equipes dialogam como leitores do processo: um com o outro e o diretor de criação com ambos. Nesse processo, o diretor de criação e as duplas de trabalho são pessoas que interagem com base na confiança e no respeito mútuos. Essa relação é definida, no caso da literatura, por Cortázar (1991) como o leitor que pode "ler" a obra à procura do olhar do autor como um colaborador, numa relação de confiança.

Salles (2006) afirma que, além da rede de pensamentos individuais, há a abertura para uma interação entre indivíduos: conversas com amigos, aulas com mestres respeitados, opiniões de leitores, espectadores particulares, leitores "particulares", o olhar da equipe que faz parte do processo. Uma interação que gera novas possibilidades que podem ser levadas adiante ou não: provocam uma espécie de pausa no fluxo de continuidade, um olhar retroativo e avaliações, que podem gerar novas possibilidades. As interações são muitas vezes responsáveis por essa proliferação de novos caminhos.

> A interatividade é indispensável no desenvolvimento de um pensamento em criação em que, principalmente na comunicação, a criação encontra-se nesse processo relacional.

Apresentamos, a seguir, o comentário positivo de um profissional que encontra na sua equipe diversificada uma interação positiva nas criações coletivas:

> *Não por causa de prazos maiores ou de* budgets *maiores, mas sim porque aqui, com um chefe sul-africano, com diretor de arte australiano e com um dupla holandês, as ideias têm que sair da minha cabeça e se desenvolver sem alguns vícios criativos brasileiros. Eu, no começo, sofria muito com isso, porque tinha as ideias e as visualizava de uma maneira, e ficava extremamente frustrado quando via um resultado final completamente diferente. Não era um resultado melhor nem pior, mas sim diferente do que eu tinha imaginado. Hoje, depois de quase dois anos, esse é o aspecto que mais me agrada em trabalhar com esse bando de gente das mais diversas partes do mundo. Resumindo: recomendo!* (Dória, 2007, p. 13)

É preciso pensar a obra em criação como um sistema aberto que troca informações com o seu meio ambiente, as relações espaço e tempo social e individual (Salles, 2006), as relações do autor com a cultura na qual está inserido e na busca de outras. Morin & Le Moigne (1998) constatam que cultura e sociedade estão em relação geradora mútua, trocando com o seu entorno no sentido bastante amplo. Como exemplo para essa troca de informações, cabe ressaltar o Festival Publicitário de Cannes, quando os profissionais do mundo todo (clientes, publicitários e produtores) concentram-se em tendências de criação para o mercado global, com linguagem inovadora que possa ser compreendida universalmente. Nesse evento, é possível verificar as produções que sobressaem e conseguem se comunicar internacionalmente de forma criativa com os públicos do mundo todo.

Ao acompanhar os processos de criação, de áreas diversificadas, Salles (2006) comprovou que a busca solucionadora incita o autor. O profundo comprometimento com as obras em construção o coloca em condições para encontros nessa turbulência: ele tudo olha, recolhe o que parece importante, acolhe, rejeita, faz montagens, organiza, ideias se associam, formas alternativas proliferam.

Imerso em sua cultura e sobredeterminado por ela (e o seu estado de efervescência possibilita o encontro de brechas para a manifestação de desvios inovadores) e dialogando com outras culturas, está o autor em criação. Essa busca por ambientes culturais mais propícios às trocas ou aos diálogos parece ser sustentada por uma necessidade de interlocução em sentido bastante amplo.

Quando o autor está em processo de construção, ele e sua obra se alimentam de tudo aquilo que os envolve e indica algumas escolhas. Sabemos o que eles escolhem por meio de comentários, seleções, críticas e comparações; tomamos, assim, conhecimento de afinidades seletivas. Algumas buscas são ainda mais evidenciadas, como coletas de informações escancaradas. Essa coleta pode ser considerada uma diversidade de referências que constitui a trama de que é feita a história de cada autor.

> *A minha fórmula é um processo de absorção de tudo que está à minha volta. Procuro me informar o máximo possível e, em seguida, fico aberto para recepção das minhas próprias mensagens. Porque tudo se mescla com as minhas vivências pessoais: toda aquela informação que temos sobre o produto ou serviços, sobre os objetivos, flutua um pouco para que, da maneira mais livre possível, se misture — sob forma das mais variadas combinações.* (Matos, 1991, p. 22)

Vieira (1999, p. 18) escreve sobre o assunto:

O outro tipo de dado com que você vai trabalhar são as informações acumuladas ao longo da vida – leituras, filmes, debates, observações, vivências e milhões de outras – que vão permitir as diversas associações entre os propósitos racionais do briefing *e as possibilidades emocionais da mensagem publicitária. É isso que vai fazer a diferença. Os anunciantes procuram as agências criativas porque sabem que precisam provocar algum tipo de emoção para atrair a atenção das pessoas para sua mensagem. Não existe fórmula para ser criativo. Em publicidade e fora dela. Na verdade, o que deve existir é uma atitude aberta à informação, o estímulo à sensibilidade, o cultivo da oportunidade de reflexão. [...] a informação do* briefing, *ela é apenas a ponta de um dos fios. A outra ponta é a do fio pelo qual passam as informações "gerais" que acumulamos graças à nossa curiosidade, nosso interesse pelo que acontece... você se enche de informações, apaixona-se por elas, recebe um desafio, apaixona-se por ele, faz a pergunta certa e pronto, fecha-se o circuito criativo. Parece fácil? É tão fácil e tão difícil quanto apaixonar-se verdadeiramente.*

O bom roteirista vê a produção em sua totalidade, permanece sintonizado com o que deve ser comunicado ao público e quando isso deve ser revelado para surtir efeito e obter máximo impacto. (Howard & Mabley, 1996, p. 35)

Para um roteirista, tudo é roteiro. Todo olhar dá origem a uma cena. Um pintor vê atitudes, cores, um músico ouve notas. Um roteirista vê em toda parte um filme, uma ação. E há ações em todo lugar, dentro e fora de si. É preciso interessar-se pelo que sucede lá fora, assim como pelo que acontece em seu interior. E ir buscar no interior dos outros quando em seu interior não se encontram mais respostas. (Carrière & Bonitzer, 1996, p. 44)

Morin & Le Moigne (1998) oferecem um caminho para observarmos o autor na efervescência cultural – onde há intensidade e multiplicidade de trocas e confrontos entre opiniões, ideias e concepções. A complexidade e a diversidade dessa pluralidade é que produzem o enfraquecimento de normatizações e dogmatismos, possibilitando o crescimento do pensamento e a expressão dos desvios. É uma relação recíproca de causa e efeito: o enfraquecimento do *imprinting*, a atividade dialógica e a possibilidade de expressão de desvios que são os modos de evolução inovadora, reconhecidos como originais. Colapietro (2004), de modo semelhante, discute, sob o ponto de vista semiótico, o sujeito como um ser histórico e concreto, culturalmente sobre-determinado, inserido em uma rede de relações. Estamos já no meio de outras pessoas e de outros significados; nossa função é definida, ao menos parcialmente, em termos de nosso tempo e espaço.

O próprio arsenal de materiais de pesquisa diversificados e sempre atualizados nas agências de propaganda mergulha os criadores nesses ambientes culturais abastecidos. São publicações e rolos de filmes internacionais apresentando o que há de mais reconhecidamente criativo na criação de propaganda (revistas, como *Archive, Communication Arts, Art Director*, e anuários de criações e premiações) e materiais selecionados do mais reconhecido dos festivais na área, o Festival de Cannes, que premia as propagandas que mais se destacam não apenas no âmbito criativo, mas na formatação persuasiva global.

Essas pesquisas parecem produzir mais diálogos. Como já foi abordado, o produto em construção é um sistema aberto que troca informações com o seu meio ambiente e que detecta além do *imprinting* cultural — as normas, a invariância e os enfraquecimentos locais do *imprinting*, as brechas, os desvios, modificando as estruturas de reprodução responsáveis pelos desvios das normas (Morin & Le Moigne, 1998).

Mesmos os locais de trabalho, as agências de propaganda, parecem transmitir essa efervescência. O local de trabalho criativo armazena intensamente e funciona como um local a ser explorado, visitado e pesquisado com frequência. As publicações de pesquisa citadas anteriormente cumprem o papel de memória do que já foi percebido pelo receptor mundialmente. Os escritórios desses profissionais podem ser extensões de um diálogo cultural incessante, sempre em processo de desenvolvimento:

> *são empresas com os* layouts *internos permitindo acesso fácil entre as pessoas e desenvolvidos por arquitetos para facilitar o despertar de ideias, soltar a imaginação e o talento. Fatores como cor (das paredes, dos módulos, do teto), arranjo dos equipamentos de trabalho e proximidade entre os profissionais são essenciais.* (Galvão, 1997, p. 23)

A comunhão dos espaços de trabalho parece reforçar a não existência da criação isolada, evidenciando a troca, o fazer coletivo. Na AlmapBBDO, por exemplo, a mesa do diretor de criação está estrategicamente disposta bem no meio das demais. Em grandes conjuntos de mesas, estão unidos quatro profissionais de criação para haver uma boa troca de informação; os escritórios coletivos são vistos como extremamente motivadores. Os espaços das agências são, em geral, todos abertos, com alguns espaços ou "aquários" fechados por vidro para reuniões. Há as salas de "silêncio" fechadas também para facilitar alguns momentos que exigem maior concentração (cabe lembrar a intensa utilização de fones de ouvidos por alguns profissionais para maior concentração).

Percebemos nesses espaços o que Salles (2006) compara com a rua indo para dentro do escritório de trabalho. Na criação, o autor observa o mundo e recolhe aquilo que, por algum motivo, lhe interessa. É um percurso sensível e epistemológico de coleta. Esse armazenamento parece funcionar como algo que a qualquer momento pode ser explorado, como uma memória. Os escritórios parecem ser essa memória transformada em algo físico, tornam-se os guardiões dessa coleta cultural e são espaços da operação do criativo. O modo de ação do profissional inscreve-se nesse local: agendas, anotações em *post-it*, arquivos digitais, seleções de imagens, anuários, referências as mais diversificadas possíveis.

Cabe lembrar aqui a atividade na agência dos chamados *art buyers*, que desenvolvem a função de classificar os profissionais fornecedores de arte e linguagem. São os trabalhos de fotógrafos, diretores cinematográficos, produtoras, ilustradores, entre outros, fazendo o papel de um amplo guia de diversidades de linguagens sempre auxiliando o departamento de criação na identificação da melhor característica para cada ideia criativa que está se construindo. Temos mais um facilitador para a condução da expressão da criação no fazer coletivo, procurando auxiliar nessa construção. Esse espaço de trabalho apresenta uma exteriorização da subjetividade dos publicitários – o que deve ficar próximo ao seu alcance e de forma facilmente acessada e utilizada. Como vemos, o local de trabalho abriga atividade física e mental, e é móvel quando muitas vezes o criativo observa fora do seu ambiente de trabalho.

Ter ideias é uma das tarefas buscadas para que um filme publicitário possa ser criado. As declarações de alguns entrevistados confirmam o fato de que eles se servem do cotidiano para se inspirar:

> *São os bons momentos que passo com a minha família, um almoço agradável com os amigos, um cineminha, uma caminhada despreocupada pelas ruas. O que percebo é que, nestes momentos, eu estou me abastecendo com histórias e casos reais e é isso que eu sempre procuro retratar no meu trabalho.* (Fabiano Soares, redator)

> *Eu acho que vai desde o básico, quando você está na rua e observa uma situação banal, mas supercriativa, espontânea de alguém, alguma coisa que acontece. Você até registra e diz "Vou usar isso em alguma coisa". Mas acho que o dia a dia, fora o corriqueiro de teatro, filme etc., é a vida mesmo. Você tá ali, viu uma cena supercriativa e espontânea.* (Marcos Teixeira, redator)

> *Vou citar um exemplo que foi com a Promoção Junta Brasil, da Nestlé. Estava acontecendo a novela* Mulheres Apaixonadas. *E, no programa* Vídeo Show, *eu estava assistindo uma entrevista com todas as empregadas da novela. Daí surgiu uma ideia de se fazer um* merchandising *com todas as empregadas, trocando seus rótulos ... uma trocando com a outra para todas se inscreverem na promoção. A observação te dá muitas dicas. Você tem que buscar na própria vida a fonte da sua inspiração, depois você transforma aquilo em comunicação. Mas quanto mais você extrair da vida, sua comunicação será mais conhecida.* (Francisco Ferrão, redator)

> *Uma característica que me ajuda bastante é que sou muito observador, estou sempre ligado ao que acontece à minha volta e isto ajuda a enriquecer o meu repertório.* (Fabiano Soares, redator)

Nesse universo da criação do roteiro, o criativo está em uma busca intensa, desafiado pelas características que envolvem o processo de materialização do filme, como afirma Salles (2006, p. 95):

> [...] *o processo criador tende para a construção de um objeto em uma determinada linguagem ou uma inter-relação delas, dependendo do modo de expressão que está em jogo. Seu percurso é intersemiótico, isto é, em termos bem gerais, sua textura é feita de palavras, imagens, sons, corpo, gestualidade etc. Os criadores não fazem seus registros, necessariamente, nas linguagens nas quais as obras se concretizarão; estes apontamentos, quando necessário, passam por traduções ou passagens para outros códigos.*

A busca da criação, muito mais que escrever o filme, é descrevê-lo de uma forma que possa ser compreendido pela equipe que desenvolverá suas atividades e contribuirá para que a construção do produto audiovisual seja satisfatória em relação à sua ideia inicial, ou melhor, como ideia na mente de quem o criou:

> *A busca de ordem técnica — o como-fazer-isto — pode tornar-se fonte constante e insubstituível de inspiração.*
> *Ele não trabalha no vazio. Trabalha com um objetivo concreto, bem definido: a existência de um novo filme. Aí é que está o problema: passar do virtual ao real. Daquilo que é possível àquilo que é do mesmo modo, deve saber como proceder, e não escrever o impossível.* (Carrière & Bonitzer, 1996, p. 27)

Os criadores do roteiro pensam nas limitações da produção do filme: como muitas vezes a verba da produção não é ampla, as possíveis criações que exigem efeitos especiais podem ser descartadas já no início.

O processo de criação do filme publicitário **121**

Storyboard da campanha Bradesco Celebridades

Storyboard da campanha Leader Institucional

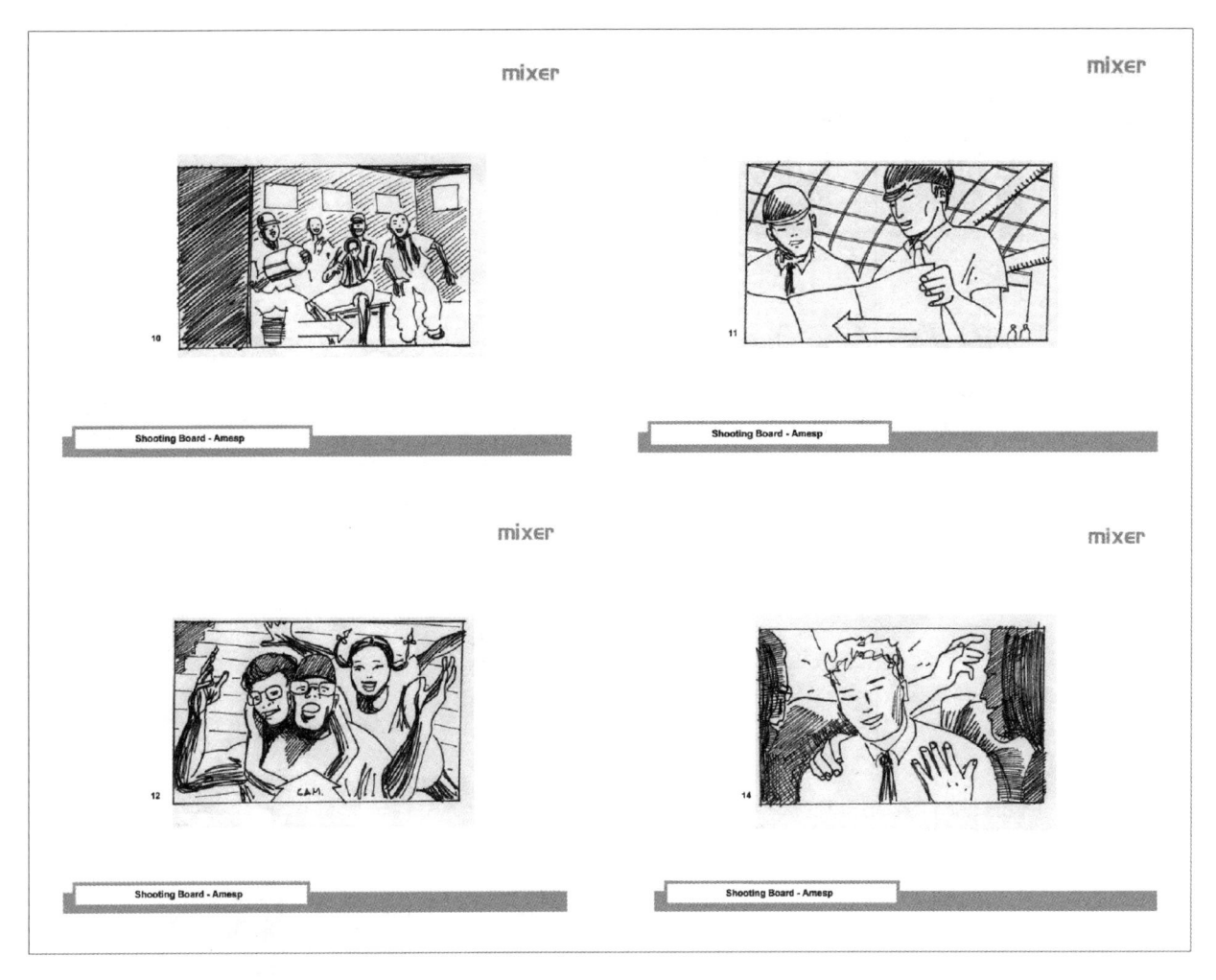

Shooting board da campanha Medial Amesp

Limites e obrigatoriedades na criação

Além do *briefing* e do roteiro, nos quais percebemos uma forte definição de limites, temos observado que, na criação de comerciais, há mais documentos que definem ainda mais novos limites: a verba destinada para a construção do filme, o prazo estipulado já previsto, o *storyboard*, o *shooting board*, entre outros elementos que fecham a cada momento para que não ocorra a possibilidade de mal-entendidos durante o processo.

O tempo de duração de um filme e o orçamento previsto, sem sombra de dúvida, também norteiam o processo criativo, são tendências/restrições. Não existe a criação de um comercial que se lance totalmente à aventura. Quando indicamos as verbas e os prazos, eles são apontados como limitadores para as agências e produtoras. A criação entende que uma limitação de verba já, de início, determina os limites de produção audiovisual. Muitos diretores apontam como limitadores os prazos e as verbas apertados. Trata-se de um enfrentamento de leis, algo apontado como um desafio: "Meirelles não foge à regra dos diretores brasileiros, e também reclama da falta de tempo e verbas imposta à produção publicitária nacional" (*About*, 2006, p. 19).

João Daniel Tikhomiroff reclama da escassez das verbas e dos prazos "incompatíveis com as ideias" e de "ter que criar um milagre a cada filme, em função das precárias condições que o mercado habituou-se a aceitar" (Ibidem, p. 20).

E acrescenta:

> *Como a propaganda hoje é mais entretenimento, a verba de produção deveria ser repensada (como já foi no chamado "primeiro mundo") para que se aproximasse de um espetáculo, um show visual, que hipnotizaria o telespectador. A relação verba de produção-mídia já mudou no mundo, menos aqui. Os grandes* cases *dos últimos anos são de grandes produções.* (Ibidem)

Sobre os prazos, o diretor Cláudio Borelli (2006, p. 20) aponta: "Mesmo convivendo com os curtos prazos vigentes no mercado publicitário – o que, segundo ele, é o pior problema enfrentado pelos diretores brasileiros".

Muitas vezes, os limites são apontados e identificados como propulsores da criação: "Quando temos orçamento, realizamos de maneira ótima e, quando não temos, conseguimos inventar maneiras bem interessantes" (Waddington, 2000, p. 20).

> *Uma ideia pode ser escrita num guardanapo de papel ou num G4, e sair da cabeça de um publicitário genial ou de um paraquedista. A ideia no papel é livre. Livre para ser inovadora, ousada e até para ser cara. Já a sua realização precisa se adaptar ao orçamento, ao prazo e, o que é pior, aos "medos" de um grupo cada vez maior de pessoas envolvidas no processo de pré-produção.* (Moraes, 2000, p. 20)

Segundo os profissionais da área, a verba e o prazo estabelecem uma característica do processo de criação, e as possibilidades estão diretamente relacionadas ao resultado final do comercial:

> *Quando a agência estipula prazo e valor da produção, já está condicionando um tipo de resultado. Quando recebo um roteiro, preciso saber quanto o cliente quer gastar, para sentir que tipo de filme ele quer receber. Esta relação dinheiro e tempo é determinante. Publicidade tem muito dinheiro e pouco tempo; cinema tem muito tempo e pouco dinheiro; TV tem pouco de tudo. É a condição dada; basta saber trabalhar com isso.*
>
> *Um diretor menos experiente pode ter uma ideia brilhante. Já perdi filmes por orçamento; vi como ficaram em outras mãos e, algumas vezes, fui obrigado a reconhecer que as agências fizeram melhor negócio me preterindo. Com orçamentos mais baixos pode haver um desastre, mas já vi soluções muito melhores do que as que eu propunha. Com filme acontece isso.* (Meirelles, 2001, p. 25)

Ainda de acordo com Fernando Meirelles (2001, p. 26): "Fora verbas e prazo, todo o resto joga a nosso favor".

Em estudo realizado com diretores de criação e RTVC de grandes agências de propaganda brasileiras, pela Editora Meio&Mensagem, em *Produção publicitária* (2003, p. 11), abordam-se os aspectos importantes relacionados às questões de verba. Os editores consultados apontam um grande compromisso das produtoras em viabilizar e adequar as verbas aprovadas às produções cinematográficas:

> *Assim creem os profissionais de RTVCs, que também não poupam elogios às produtoras pelo contínuo exercício de criatividade aplicado à viabilização das produções a partir das minguadas verbas disponíveis.*
>
> *Não existe mais aquela coisa de "só faço com cinco diárias, ou em 35 mm". Agora, há que se pensar em outras alternativas. E esse exercício de criatividade é realmente necessário, pois a discussão dos custos de produção no Brasil torna-se cada dia mais aguda. Nos Estados Unidos, as verbas médias de produção chegam a US$ 300 mil; aqui, precisamos hoje fazer filmes com R$ 60 mil, R$ 70 mil. O que precisa acontecer de forma mais intensa é o correto entendimento, por parte dos diretores, dos briefings transmitidos pelas agências, e a perfeita coordenação de todas as fases do processo de produção, do recebimento do briefing à entrega das cópias no momento estipulado.*

Depois dos limites de *briefing*, roteiros, prazos e verbas, abordaremos o papel do *storyboard* e do *shooting board* que fecham ainda mais a criação. Veremos seus papéis primordiais.

Muitas vezes, dependendo do montante investido e da busca por uma decisão e análise mais adequadas, desenvolvem-se os *storyboards* que são apresentados, com os roteiros, aos clientes, com o claro objetivo de transformar a ideia do filme em imagens.

Isso ocorre antes mesmo das definições da produtora e do diretor e de suas respectivas interpretações visuais, com o propósito de facilitar esse momento de decisão quando a agência procura apresentar a visualização do filme para o cliente. Quando analisamos alguns *storyboards*, percebemos que são a primeira intersemiose do roteiro para as imagens que procuram nortear a interpretação do texto do roteiro em filme, é um momento tradutório. São ilustrações desenvolvidas nas agências ou realizadas por ilustradores *freelancers* que apresentam desenhos cujo propósito é ambientar a história e as expressões e os movimentos dos personagens, utilizando construções visuais que apontam para enquadramentos específicos (*closes*, *supercloses*, planos próximos etc.), com o intuito de facilitar e visualizar a compreensão da ideia.

> *O desenho de criação age como campo de investigação, ou seja, são registros de experimentação: hipóteses visuais são levantadas e vão sendo testadas e deixam transparecer a natureza indutiva da criação. Possibilidades de obras são testadas em esboços que são parte de um pensamento visual.* (Salles, 2006, p. 114)

O *storyboard* tem o papel de antecipar a construção do filme ao cliente e ilustrar o momento de apresentação da ideia. É um documento tradutório que busca sua expressão em forma de *frames* do filme ilustrado, que auxiliará na compreensão daquilo que a equipe da agência imaginou para o roteiro, no qual o diretor poderá aprimorar ou modificar de forma a colaborar com a ideia principal do filme. É como uma pauta, um direcionamento, uma interpretação, uma antecipação em cenas fragmentadas passível de modificação de suporte. Não é o mesmo que um *shooting board* que detalha quadro a quadro toda a interpretação visual de um filme pelo diretor, já que o *storyboard* apresenta um número menor de cenas. Normalmente, a ilustração de um *storyboard* é colorida, priorizada pelo movimento e mais atrativa visualmente, pois procura aprovar a ideia do filme perante o cliente e, num outro objetivo, apresentar a interpretação visual do filme pelo departamento de criação.

Os *storyboards* e *shooting boards* são desenhos de passagem, já carregados da futura obra: "Além de terem essa relação com o futuro, em termos de concretização em outra linguagem, desempenham uma função importante na coletividade, pois transmitem informações para os outros participantes da equipe" (Salles, 2006, p. 113).

Definição de diretor e produtora

Depois do desenvolvimento de vários roteiros e da aprovação de um deles pelo cliente, o passo seguinte é a definição da produtora que irá executar o filme.

Essa definição passa por diversas análises. Um dos mais importantes fatores é que a agência de propaganda prospecta alguns diretores pelos seus estilos cinematográficos.

Quem auxilia a agência nessa etapa são os RTVCs e os *art buyers* que buscam, em linhas gerais, a apresentação dos trabalhos dos diretores e dos novos diretores cinematográficos disponíveis no mercado. Alguns diretores se especializam e se tornam conhecidos em determinados tipos de comerciais, de produtos de beleza, alimentação, automóveis etc.

No Brasil, essa especialização não ocorre. Sobre esse assunto, Carlos Manga Junior (1998, p. 20) declara:

> *Lá fora o mercado é muito segmentado e tem essa coisa de especialista. Tem diretor que só faz produto e, nesta área, os caras só fazem cervejas e refrigerantes. É a especialização dentro da especialização. Aqui a realidade é outra. O mercado não comporta esse tipo de coisa. Todo mundo acaba fazendo um pouco de tudo.*

Fernando Meirelles (2001, p. 26) também declara:

> *Recebo roteiros de fora para orçar, mas evito fazê-los sistematicamente. Ali (nos Estados Unidos), o coitado do diretor é rotulado como especialista em um tipo de filme e fica condenado a fazer só isso. Aqui podemos pular da comédia para o filme poético, do fundo infinito para a historinha familiar. Nossa grande vantagem é termos agências que nos deixam criar. Lá fora, só o primeiro time escapa desta sina e tem alguma possibilidade de intervir.*

Após a definição de alguns nomes de diretores, a agência encaminha o roteiro, normalmente, para três produtoras, e são apresentadas algumas informações iniciais importantes para a possível construção de um orçamento: disponibilidades dos diretores sugeridos e cumprimento de prazos estipulados pela agência. Nessas informações, podem constar *storyboards* que demonstrem como a agência visualizou o comercial etc.:

> *Observações importantes podem ser apresentadas: uma descrição geral do comercial — ideias dos criadores acerca de set e locações, figurino, elenco e outros elementos. Essas observações registram tudo que os criadores, que conceberam o comercial, acham importante que a produtora e o diretor saibam para elaborar sua proposta. Além das observações dos criadores, o RTVC da agência também pode incluir outras observações, como a descrição de certos elementos e técnicas específicas que a agência tenha imaginado para a produção do comercial. Poucas vezes é fornecido um* storyboard. (Elin & Lapides, 2006, p. 194)

Normalmente, os criadores das agências procuram diretores que consigam captar a mensagem central do comercial e seu respectivo conceito criativo e que possam acrescentar, a partir dessa captação, uma contribuição intangível ao comercial.

De acordo com Elin & Lapides (2006, p. 193):

> Os criadores da agência estão sempre procurando por um diretor capaz de acrescentar um algo mais ao comercial, aquilo que é chamado de valor de produção de um comercial. Esse é um conceito de difícil descrição, e mais difícil ainda de se aferir em termos quantitativos. Em linhas gerais, vem a ser a soma de todos os esforços empreendidos durante o processo de filmagem, que tornam o comercial algo não só agradável de se assistir, mas também memorável. É aquela contribuição de um diretor que trabalha com capricho na composição, na iluminação das cenas, e que percebe quais são aquelas de que realmente precisa para contar a história. Existe muita discussão entre o cliente e a agência para a definição do diretor do filme. O cliente interfere diretamente nessa decisão. Isso também porque o investimento na produção de um filme e sua veiculação envolvem verbas consideradas muito altas.

Roy Schecter, diretor de marca da IBM, conta um episódio sobre quando não aprovou o primeiro diretor sugerido pela Ogilvy & Mather para os comerciais legendados da empresa (Ibidem, p. 192):

> A agência assistiu a várias fitas-demo (repertórios). A princípio, eles não tinham alguém especial em mente. O primeiro diretor que indicaram era um jovem inglês considerado a sensação do momento, que produzia muita coisa no estilo dark. Assistimos sua fita e dissemos: "Isso não é bem aquilo que estamos procurando". Não conseguimos ver nada no trabalho dele que pudesse ajudar a tornar a marca mais humana.

Em seguida, o diretor de criação da agência apresentou o trabalho de um diretor chamado Leslie Dektor, com o qual não havia trabalhado muito. Roy Schecter declara: "As imagens das fitas eram maravilhosas, e ele também foi altamente recomendado por algumas pessoas do ramo. Dissemos então que ele poderia ficar com o projeto" (Ibidem).

Sobre a direção de filmagem de um trabalho realizado pela Young & Rubicam para a Ford, Carlos Manga Junior (1998, p. 21) fala a respeito da busca do cliente pelo estilo do diretor para acrescentar aspectos visuais diferenciados na criação:

> Este foi o primeiro filme de carro que eu dirigi. Isso que o cliente fez foi muito legal. Ele sabia que iria ficar bom, e que seria feito de um ponto de vista novo. Eu acho que esse é o perfil. O diretor tem de ter uma mão própria, que dê identidade ao conjunto do seu trabalho. Seja fazendo filme de carro, de sorvete, de jeans, de cerveja, o que for. Ele não deve ser um especialista em nada, mas

> tem que ter uma identidade. É isso que eu estou tentando construir. A publicidade para o diretor é sinônimo de anonimato. Sem criar identidade você pode até trabalhar muito durante um período, mas não por definir um formato, uma área de consistência, uma forma de olhar, vai se perder, vai sumir.

Para reforçar a ideia da interpretação visual que um diretor apresenta na construção visual de um filme, podemos citar Fritz Lang:

> Seria uma experiência interessante se alguém dispusesse do dinheiro para dar o mesmo filme para Ford, Lubistch, Hawks, Lang e assim por diante, para verificar como as diferentes características de cada diretor afetariam o mesmo tema, as mesmas cenas. Provavelmente, as versões diferiam completamente entre si. Creio que, subconscientemente, todo diretor impõe seu caráter, seu modo de pensar, seu modo de vida, sua personalidade nos seus filmes. (Bogdanovich, 2000, p. 268)

Apresentação de propostas de orçamentos

Uma vez definido o roteiro e já aprovado pelo cliente, a agência procura definir (profissionais de criação e RTVC) quais diretores participarão da concorrência para a produção do filme, além de encaminhar roteiros para a produtora e, em poucos casos, o *storyboard*. A agência encaminha também alguns outros dados: a data-limite de envio das propostas e a data necessária para a entrega do filme, a descrição detalhada de tudo o que deve ser fornecido pela produtora, como figurinos, *set* da filmagem e tudo aquilo que envolve o processo de filmagem. A agência encaminha também amostras do produto, logotipos, logomarcas da empresa/produto, fontes tipográficas a serem utilizadas e o contato e nome de todos os profissionais da agência envolvidos no trabalho: o atendimento, o diretor de criação, o redator, o diretor de arte, os profissionais de RTVC.

Quanto mais informações a agência fornece, mais facilmente o diretor captará o objetivo do filme a ser criado. A agência envia então: o estilo, o tom, a emoção a ser transmitida, as sugestões do *set* e das locações, figurinos, elencos e outras informações necessárias para que o diretor e a produtora possam desenvolver o filme.

Observa-se a preocupação em procurar transmitir o máximo de elementos que auxiliem a comunicação do que se imaginou para o filme, fazendo que todos os elementos, além do roteiro, sejam transmitidos com esse objetivo.

Antes desses encaminhamentos, são discutidas prioritariamente as questões que envolvem os prazos de entrega e a possibilidade de os diretores estarem disponíveis para desenvolver o trabalho.

Quem apresenta a proposta de orçamento e representa a produtora na agência é o produtor executivo ou atendimento da produtora e cabe a ele verificar todas as atividades e necessidades que envolvem um orçamento para a produção do filme: de VT, pré-produção, cenografia/figurino/objetos, estúdio/locação, produção, transporte, equipe técnica, elenco, alimentação, equipamento, som e imagem. Nesse processo, é imprescindível que alguns aspectos sejam devidamente planejados: despesas com viagens e hospedagens, acessórios de filmagens, mão de obra e materiais necessários para a filmagem, equipamentos e materiais para a gravação; remuneração do diretor; despesas gerais e margem de lucro da produtora; despesas trabalhistas e previdenciárias; despesas com seguros; entre outros.

Além da proposta de orçamento, a produtora apresenta à agência também, em alguns casos, a descrição de como o diretor visualizou o filme e como planeja filmá-lo, o chamado *shooting board*, que é a interpretação do roteiro pelo diretor cinematográfico.

Em algumas entrevistas, o fator alto preço não inviabiliza a decisão de uma interessante proposta de direção de filme. Nesses casos, as empresas (agências e clientes) buscam negociações e redução de custos:

> *Se o produtor de um estúdio, com quem tivemos interesse em trabalhar, nos apresentar uma proposta muito cara, eu trabalharei com ele no sentido de reduzir custos. Nós fazemos de tudo para não perder o diretor ideal para o comercial.* (Elise Kleinman, produtor da Grey Worldwide, in Elin & Lapides, 2006, p. 197)

Essa forma de trabalho e consequente proposta de orçamento acontecem de forma diferenciada no Brasil em relação a outros países:

> *No Brasil, as propostas são voltadas para a produção total do filme comercial. Em geral, são divididas entre três empresas: a produtora, a produtora de som, e as produtoras de computação gráfica. Isso já não acontece em outros países, como nos Estados Unidos, por exemplo. Lá as propostas são voltadas apenas para a fase da filmagem ao vivo, embora possa haver certos projetos que apresentem uma proposta mais abrangente, que englobe todos os custos de efeitos especiais, de eventual animação, edição e até mesmo da trilha sonora. É a agência que determina a estrutura do projeto e suas respectivas etapas, assim como quem será responsável por cada etapa da produção. Essas responsabilidades são definidas no próprio pacote de informações fornecido para a apresentação das propostas, e também através dos contatos telefônicos feito com os concorrentes.* (Elin & Lapides, 2006, p. 197)

A criação coletiva

A construção de um comercial de TV, de início, já compreende profissionais de três empresas distintas para sua construção: a empresa do cliente, a agência de propaganda e a produtora, além, em muitos casos, do envolvimento de alguns profissionais *freelancers*.

Até o momento podemos observar o crescente e progressivo número de limitações. *Briefings*, roteiros, *shootings*, verbas e prazos procuram estabelecer, sob parâmetros muito fechados, a criação do filme. Além desses limites, o grande número de profissionais também pode ser comprovado. Já podemos partir do início de uma diversidade de profissionais atuando na construção da peça publicitária. Iremos observar, agora, essa construção ainda mais coletiva quando abordamos as relações com o diretor e a produtora.

Em todos os momentos, percebe-se nas pesquisas que a criação do filme deve "falar" a uma só voz para que todos compreendam seu primordial objetivo e, envolvidos, busquem soluções, em sua área de atuação específica, para que o produto final cumpra a busca inicial proposta. Trata-se de uma construção realizada por diversas mãos, que ocorre progressivamente dentro do processo até a finalização do filme.

Segundo Gage & Meyer (1985, p. 20):

> Todos trabalhando para atingir um objetivo comum. Por isso jamais podemos afirmar que o filme pertence a essa ou àquela pessoa. Pelo contrário: ele é o resultado de um trabalho em conjunto. E a sua autoria deve ser interpretada como pertencendo a um todo: briefing + planejamento + *criação* + produção + direção + acabamento + veiculação.

Nas declarações de alguns profissionais entrevistados, constatou-se a interdependência, um auxílio mútuo, uma coadjuvação recíproca entre eles. Esses profissionais identificam claramente a necessidade colaborativa dos profissionais cooperando na interpretação específica de alguns pontos no processo. Apresentamos, a seguir, alguns depoimentos de profissionais da agência, de produção, diretores e fotógrafos para comprovar esse fazer coletivo, e cabe lembrar o que Howard & Mabely (1996, p. 40) afirmam:

> O time todo é o autor: o escritor e o diretor, claro, mas também o produtor, o fotógrafo, o cenógrafo e os atores. O diretor obviamente é um jogador importante do time, mas sem o roteiro, sem os atores, sem câmera, som, cenários, figurinos — sem a produção toda — o diretor não serve para nada. Onde termina o trabalho de todos os demais e começa o do diretor? Embora o diretor seja, inegavelmente, o líder do time uma vez começado o jogo, não há jogo sem o escritor, e o diretor não tem muita chance de fazer grande coisa sem os outros membros da equipe.

> Mas, na maioria dos casos, o autor é a equipe, não um indivíduo em particular. E a variedade, a profundidade e o brilho de qualquer filme aumentam justamente pelos esforços desse pequeno grupo, onde cada qual contribui com sua especialidade.

De acordo com Tikhomiroff (2006, p. 13): "A parceria com a criação é fundamental. A publicidade não é de autoria, é de coautorias diversas. Um diretor de publicidade não pode pensar no projeto de um filme como sendo algo seu".

No processo de criação do filme, alguns criativos reforçam a característica da criação coletiva, quando afirmam que esperam contribuições para a realização que auxiliem a concepção inicial da ideia do filme, ora na visão da produtora, ora na visão do diretor do filme mais especificamente. Essas afirmações são fundamentais para confirmarmos a autoria coletiva, detectada na concepção de como "contar" a história a ser filmada.

O processo de construção de um filme é tão amplo e diversificado, e exige tantos saberes, especificidades de construções de linguagens e conhecimentos amplos que dificilmente um profissional único poderia dar conta de toda a complexidade da produção de um comercial. Nas pesquisas, percebe-se que o conhecimento e as informações necessárias a esses desenvolvimentos das etapas de processo exigem o compartilhamento de conhecimentos mútuos e diversos.

Alguns profissionais publicitários pesquisados ressaltam o trabalho criativo coletivo e confirmam a necessidade da participação de outros profissionais – principalmente do diretor cinematográfico. Destacam que a ideia inicial é de autoria coletiva, realizada por meio de duplas como um time criativo, mas que necessita de uma grande quantidade de profissionais que auxiliem na continuidade e na interpretação visual do que foi escrito pelos criativos durante o desenvolvimento do roteiro.

No roteiro, a ideia expressa a principal busca do cliente e o planejamento da comunicação. Ela é o centro que rege a contribuição de todos os profissionais em suas áreas específicas, contribuindo para a expressão melhor do comercial que está em construção. Nesse processo, o roteiro é fundamental, mas não sua exclusiva autoria na construção completa de um filme publicitário.

Fabiano Soares, criativo da Full Jazz, reforça a contribuição e o trabalho de participação do diretor e da equipe na produtora: "Gosto de receber contribuições que possam melhorar o resultado final. Para isso a parceria com o diretor do filme e demais colaboradores é essencial".

Francisco Ferrão, redator da McCann-Erickson, faz a seguinte declaração sobre o processo criativo do filme publicitário e sua expectativa com a direção de filmagem: "Eu espero que a produtora tenha contribuições que ajudem na ideia inicial. Nós temos algumas limitações em relação às possibilidades da linguagem cinematográfica... se eu usar esse ângulo, esse efeito, que resultado eu tenho? A produtora tem que ajudar".

Marcos Teixeira destaca a importância de sua relação de comunicação com o diretor do filme e, como dentro de seu processo de trabalho, a busca para transmitir corretamente a ideia do filme faz que ele utilize referências para comunicar aspectos da linguagem visual e sonora que acredita auxiliar na compreensão da ideia inicial. Tentando comunicar seu universo mental e individual para o coletivo, aponta também a fundamental importância da reunião de pré-produção para esclarecer ao máximo a ideia central pensada para ser construída no filme; notamos claramente a preocupação com a transformação dessa linguagem, dessa intersemiose e a preocupação em transmitir claramente a ideia do filme:

> *Mas acho que você tem um filme na cabeça. Às vezes ele bate com a visão do diretor e às vezes não, ficando completamente diferente do que você imaginou e botou no papel. Às vezes sai melhor e às vezes nem sempre para melhor; às vezes é um filme que não te agrada muito... mas enfim... isso é muito bem discutido em reunião de pré-produção, alguns clientes exigem storyboard, então o filme começa a se materializar com referências. Eu costumo levar referências para a produtora, ou seja, eu estou pensando em uma linguagem assim... uma luz assim. A mesma coisa para a produtora de áudio, você leva referências de músicas, então, você trabalha com um universo muito teu... ali na sua cabeça. Às vezes, se é uma coisa um pouco menos abstrata, fica mais fácil... agora se é um clima, uma coisa muito subjetiva, é tentar ao máximo escrever aquilo no papel e o diretor vai interpretar aquilo da maneira dele.*

André Arruda fala sobre o roteiro que imaginou e escreveu comparando o resultado com o filme pronto, reafirmando a imaginação da autoria individual na comparação com o produto final e a relação profissional com a produtora:

> *Muda. Muda muito. Você tem que ser compreensivo quando entrega esse material nas mãos de um profissional que é especializado nisso. Às vezes, você cria um filme na sua cabeça e, quando fica pronto, não é aquilo. Mas não que o filme que está na minha cabeça seja o melhor. Quando você está criando, é natural que você acabe imaginando.*

Constatou-se, em alguns depoimentos, a necessidade de os criadores de roteiros acompanharem, in loco, cada etapa da produção. Fizeram-se comparações com os resultados mais positivos de filmes internacionais, em que esse processo já acontece, e falou-se da ausência de tempo real para tal propósito: o filme, ele (o criador do roteiro) entrega na mão do RTVC e despreocupa-se:

> *Na minha opinião, a dupla ou o diretor de criação tem de acompanhar todo o processo de produção, se responsabilizar por tudo, desde a escolha do casting e da locação, até a edição e sonorização. É o que eles fazem, lá na Argentina, e é um processo muito mais próximo do que acontece nos EUA ou na Europa. [...] que boa parte do resultado, quase 50%, depende de quem criou aquilo acompanhar todo o processo.* (Ramos, 2007, p. 33)

Alguns ressaltaram a dificuldade em produzir os filmes:

Mas isso não é fácil, porque aqui, se você pega uma dupla de criativos, os caras não podem sair da agência para acompanharem a produção dos filmes que eles criaram porque tem mais de oito jobs, para "ontem", ali parados. (Lucas. 2007, p. 31).

Alguns profissionais destacaram a pressão do tempo na qualidade do desenvolvimento do comercial:

Acho que aí começa um ciclo vicioso: você não tem prazo, então acaba ligando para uma produtora que você já conhece, porque sabe que ela vai resolver seu problema com rapidez. Daí vai por água abaixo o trajeto que seria mais correto: ter um bom roteiro em mãos, pesquisar para encontrar a melhor produtora para filmá-lo. Já começa tudo errado. Lá fora, ficam acompanhando o filme, mas não deixam de fazer outros trabalhos. O cara, durante os intervalos das filmagens, trabalha num laptop, *em paralelo. Ele chega no hotel, à noite, e continua trabalhando. É assim porque ele escolheu ir para a filmagem, porque o filme é dele, ele é o responsável final, não o diretor. Em uma boa agência, nos EUA, o departamento de criação tem sempre só metade da equipe, pois sempre há gente acompanhando o que está sendo produzido.* (Ramos, 2007, p. 34-5)

> Cada vez menos acredito no modelo em que uma dupla fica trancada numa salinha, ou o diretor de arte monta um anúncio enquanto o redator faz um filme com fone no ouvido. Acho isso um desperdício de talento. (Lucas, 2007, p. 35)

Ramos (2007, p. 36) aponta para uma estrutura de trabalho que favorece a criação de outros tipos de mídia, que não favorece a criação publicitária dos filmes:

Por exemplo, na Ogilvy, onde acabo de chegar, olho para a criação e vejo que é uma estrutura completamente voltada para a mídia impressa, cheia de assistentes mergulhados no Photoshop. Isso é inteligente? Quem está na criação é para pensar, ter ideias, passar mais tempo quebrando a cabeça e menos tempo executando tarefas que o retocador da esquina resolveria. Acho que o lugar destinado à criação deve ser mais preservado.

Ramos (2007, p. 37) destaca ainda as características de profissionais que colaboram, e muito, para um processo de construção de comerciais que sejam facilitadores do processo coletivo:

> *Como já disse, acho que falta aqui a figura do* executive producer, *que existe lá fora e é poderosíssimo, é o braço direito do diretor de criação, é antenado com tudo que acontece e sabe se comportar numa filmagem. Sua atuação vai muito além do que faz no Brasil o RTVC. Ele pode ir com qualquer cliente a qualquer filmagem, entende de cinema, sabe olhar um roteiro e falar: "Esse roteiro aqui dá pra ser feito por tanto". Ele entende a linguagem de câmera, entende de produção, é um cara que toda a semana vai trazer para sua mesa uma pilha de DVDs de tudo quanto é diretor estranho que aparecer no planeta. Então, sem a figura do* producer, *acho complicado mudar qualquer coisa. Aliás, a gente já podia começar abolindo o nome desse cargo: RTVC. Os caras têm de ser chamados de produtores e ponto.*

Paula Junqueira, da Full Jazz, ressalta o trabalho em equipe, o que já apontamos anteriormente: "Penso na imagem, gosto de sugerir referências e acho muito importante receber sugestões da produtora, afinal, é um trabalho de equipe. Quanto a ficar satisfeita, vai depender de cada trabalho".

Dória (2007, p. 10) fala da contribuição de um diretor cinematográfico fora do Brasil e de sua forma de contribuir, e enfatiza a importância de um prazo maior para uma criação mais apurada:

> *É incrível o que os diretores de cena somam à ideia original. Muitas vezes, ele vira uma coisa completamente diferente, e melhor, depois do* treatment *de um diretor. Os roteiros hiperdescritivos que a gente escreve no Brasil, onde detalhamos até o tipo de lente que desejamos, aqui viram um parágrafo e aí jogamos na mão do diretor que vai transformar esse parágrafo em cinco páginas cheias de imaginação. O processo todo é mais longo. E, tendo tempo, você não toma decisões apressadas, as chances de se cometer erros ficam menores. Por outro lado, esses processos longos são também um dos pontos negativos de se trabalhar aqui. Porque são longos demais. Se você tiver uma ideia que não gosta muito e ela for aprovada pelo cliente, vai conviver com a ideia "meia-boca" pelos próximos seis meses.*

Aléxis Leiria, da Full Jazz, acrescenta: "Ela é minha fornecedora. Claro que conto com o *know-how* dela e aceito sugestões, mas a palavra final é sempre de quem criou".

Em entrevista, o diretor de filmes Jailson de Almeida refere-se ao caminho de se conceituar o filme com a equipe de criação e exemplifica:

Eu tinha um filme para a agência LageMagy, um filme para perfume, e era um filme assim: um cara de smoking com uma echarpe branca de madrugada esperando um elevador como se tivesse voltado de uma festa chique. Quando o elevador chega ele ouve passos, salto de uma mulher e, quando ele olha, vem vindo uma mulher lindíssima, muito bem vestida e ele gentilmente espera, abre a porta do elevador e, quando ela passa por ele, ela sente o perfume dele, aí, ao fechar a porta, ela tem uma visão erótica com esse cara dentro do elevador. Aí, quando pára o elevador no andar, é o que a traz para a realidade e o cara tá saindo, a porta fechando, ela corre para abrir e a porta fecha e aí corta para o packshot do produto. Minha pergunta com o diretor era: "Como é que é esse amasso? Rasga-se a roupa? Aparece o peito? Põe a mão na bunda? Como é que eu filmo isso? Como é que é pra vocês?". Aí fica todo mundo te olhando, eles não pensaram nisso, e eu tenho que pensar, porque eu tenho que produzir a imagem pra isso. Utilizo exemplos de filmes, explico as possibilidades das cenas e aí eles definem o que é aprovado.

Sobre a criação coletiva e a integração entre criador de roteiro e diretor de filmes ou produtora, as seguintes declarações são fundamentais.

O relacionamento entre escritor e diretor é tão forte que muita gente tenta fazer as duas coisas – e alguns conseguem. São as duas únicas pessoas envolvidas na produção de um filme que olham para ele quase que de maneira idêntica; ou seja, escritor e diretor veem a totalidade da história, como ela é contada ao espectador e como esse espectador vai vivenciar o filme e reagir à história. Ainda que o produtor veja o filme todo e se preocupe com a história e com a forma como é contada, desde os estágios iniciais até o lançamento e distribuição, sua visão está ocupada, em parte, por considerações de ordem prática para fazer o filme – orçamento, prazo, locações e tudo o mais. Mas escritor e diretor são, potencialmente, os maiores aliados um do outro porque esses dois trabalhos envolvem toda a trama e textura da história, o tecido de que é feita. Se estiverem os dois fazendo o mesmo filme – se estiverem os dois vendo o mesmo filme com os olhos da mente – a colaboração pode ser maravilhosamente enriquecedora. É por esse motivo que escritor e diretor devem trabalhar juntos na pré-produção, na sintonia fina do roteiro, até que estejam ambos vendo a mesma história, da mesma forma. (Howard & Mabley, 1996, p. 42)

Sinto que, na maioria das vezes, aqui no Brasil, a relação entre agência e produtora é de fornecedor, enquanto deveria ser de parceria. Eu ouço histórias assustadoras, de duplas que só perceberam que o filme ficou ruim no off-line, porque foi a primeira vez que viram o que foi produzido depois que aquilo deixou de ser apenas um roteiro. Ruim ou boa, eu nunca tive uma surpresa off-line, pois sempre estive no processo, junto com as produtoras, lado a lado. Nem sei quantas vezes ouvi o diretor do filme dizer: "Anselmo, senta aqui ao meu lado e codirija o filme comigo. Vamos fazer juntos isso aqui". E a gente discute os planos; se ele quiser, eu também converso com o ator; enfim, tudo é uma questão de transformar a produção em um processo colaborativo. (Ramos, 2007, p. 36)

> *Temos que incorporar a palavra colaboração ao processo criativo. Ter mais nomes na ficha técnica, como já disse, é um elogio à ideia. Significa que mais pessoas têm orgulho de estar envolvidas naquele projeto. O diretor de cena tem que ser parte do time que criou a ideia, assim como a dupla tem que codirigir o comercial junto com o diretor. Acabei de filmar um comercial de JCPenney com o Nicolai Fuglsig (o cara que dirigiu o comercial das bolinhas coloridas para a linha Bravia, da Sony) e a primeira coisa que ele fez, antes de começar a rodar, foi puxar uma cadeira para eu sentar ao lado dele. Isso, aqui nos EUA, é genial, e acho que falta no Brasil.* (Dória, 2007, p. 36)

A criação do comercial pode ser vista como um diálogo em que a criação, em alguns momentos, parece ser distinguível, mas não separável do diálogo do outro. É uma autoria de relações, nas interlocuções que vão construindo a rede de relações ao longo do processo. É um processo que somente se constrói na colaboratividade dos envolvidos. É um fazer junto, e, por tratar-se de um processo criativo que envolve buscas mercadológicas, podemos notar, nas declarações recolhidas, que o olhar de acompanhamento da equipe que desenvolveu o roteiro faz parte de todo o processo. Isso é imprescindível para que não se perca o foco do que foi criado inicialmente e do que está sendo produzido no filme. A comparação com processos de produção de outros países, como Estados Unidos e Argentina, aponta para uma tendência de acompanhamento desse método, segundo os entrevistados.

Podemos perceber que os comandos se estabelecem claramente na aprovação do *briefing* e dos roteiros pelo cliente e pelos publicitários. Na interpretação do roteiro para a construção do audiovisual da peça, existe pouca clareza nos comandos e nas decisões. O domínio da técnica permite que os diretores façam contribuições consistentes e decidam sobre muitos aspectos de pouco domínio do publicitário, que procura nortear a interpretação visual do seu texto para que a ideia criativa não se perca.

São decisões e comandos coletivos, são olhares e análises que devem ser construídos de forma integrada para que esses profissionais se sintam satisfeitos com o que está sendo criado. Todos os profissionais entrevistados apontam essa necessidade no processo e a responsabilidade pela qualidade do filme a ser criado.

Percebemos a criação em permanente construção, sempre em mobilidade, numa multiplicidade de relações, interações e diálogos. Esse processo de criação é claramente um processo de inferências, apresentando uma ligação entre um processo e outro. E a ação transformadora mostra que um elemento está atado a outro (Salles, 2006, p. 153).

A seguir, apresentamos algumas declarações de outros profissionais sobre a autoria coletiva, o trabalho em diálogo constante em intenso envolvimento e colaboração:

> *Eu não tenho a verdade de um filme. O filme verdadeiro é aquele que vai para o ar. É produto da troca de ideias, do diálogo entre as partes interessadas.* (Vanni, 2006, p. 12)

Sempre dou minha contribuição aos roteiros, mas a ideia—mãe, que me faz ter vontade de dirigir um filme, eu não posso alterar. (Mello, 2000)

E não existe filme simples. Quando você tem um bom roteiro — e existem roteiros excelentes —, nesse caso você precisa ser competente na realização para chegar a ter um bom filme. Mas existe também os roteiros que não são tão resolvidos, e aí o trabalho do diretor também é, juntamente com a criação, chegar a uma solução para ter um bom filme. Afinal, ideias com agências é uma parte importante. Também é fundamental a participação da equipe, pois sem uma boa equipe é impossível fazer um bom filme. (Waddington, 2000, p. 14)

Acho que cinema, publicitário ou não, é uma atividade de equipe. Aprendi o ofício numa condição "de grupo" no início dos anos 80, em Porto Alegre, cinema de ficção. Mas direção de cinema é algo que acaba sendo uma atividade individual. Quando um diretor realiza um filme ou campanha, imprime uma visão de mundo. As escolhas que faz durante o processo traduzem uma ótica, uma opinião, preferências e referências culturais... Em publicidade as variáveis são infinitas, não há fórmula fixa, cada situação é diferente, não há filme igual a outro. Cada novo trabalho requer um envolvimento único. (Amon, 2002, p. 14)

Além da equipe de publicitários e profissionais da produtora cinematográfica, devemos lembrar também o papel do cliente que reforça sua coautoria ao aprovar roteiros, *storyboards*, definição de produtora e diretor a serem contratados, acompanhamento do processo na agência, aprovação de *casting* e outras partes muito importantes do processo criativo dos filmes.

Quando falamos do cliente no processo criativo, devemos entendê-lo como parte integrante do trabalho coletivo. Ele é visto e reconhecido como um parceiro que também é pressionado pela agilidade de todo o processo, reconhece que o prazo é fator importante e apresenta sempre o olhar de quem busca o crescimento empresarial por meio do crescimento de mercado. A propaganda é uma ferramenta de *marketing* de alto investimento, envolve riscos na criatividade, na ousadia e na mensuração dos resultados. Essa corresponsabilidade entre cliente e equipe de publicitários acaba propiciando um relacionamento de verdadeira parceria na sugestão de estratégias inovadoras para auxiliar o crescimento do consumo, parceria considerada fundamental entre os profissionais. O olhar de aprovação do cliente aos roteiros, em linhas gerais, está também nas análises das tendências que norteiam o processo: o receptor, a persuasão, o filme inovador, o humor, o envolvimento emocional, a clareza de informação, o atendimento ao proposto no *briefing*, entre outros.

Temos assim a busca de uma decisão coletiva, as interpretações da dupla de criação (já discutidas com o diretor de criação), do diretor de criação, do atendimento e cliente oferecendo uma simultaneidade de diversas soluções. O cliente como decisor (Salles, 2006) deve estabelecer critérios de rejeição, de aceitação e de adequação como uma reversibilidade, feita de idas e vindas, e onde o processo de criação gerará a ruptura de alguns caminhos para que surjam outros ou apenas um único: o roteiro aprovado.

É novamente o momento de descontinuidade do processo em que não é a mesma pessoa que o continua, é outro profissional que dará continuidade a outro momento do percurso.

Para exemplificar esse desenvolvimento de descontinuidade ligado a um objetivo definido inicialmente, temos que lembrar que um pedido do cliente vai para as mãos de um planejador que desenvolve um *briefing*, que sai das mãos do planejamento e vai para a discussão pela equipe de publicitários, e depois é encaminhado para o departamento de criação, onde os roteiros são criados e desenvolvidos e vão para as mãos do cliente para aprovação. O roteiro escolhido/aprovado é, posteriormente, interpretado pelo diretor, que desenvolve as cenas do *shooting board* que voltam para a agência e cliente, e depois vão para as mãos dos produtores de suas áreas e, assim, sucessivamente, até a edição final. São outras pessoas que darão continuidade, mas sob a direção dos critérios ora do cliente, ora da criação, ora do diretor, ora da produção todos com buscas específicas, atendendo ao propósito comum e à orientação da equipe que discute o processo na reunião de pré-produção para compreensão dos objetivos deste. *Briefings*, roteiros, *storyboards*, *shooting boards*, plantas baixas, testes de VT etc. apresentam-se como documentos muito bem elaborados, pois não são privativos. Trata-se de documentos que devem ser lidos e compreendidos por outros, próprios da construção de um projeto coletivo (Ibidem). Processos esses que apresentam, como já citamos, a descontinuidade na continuidade do processo.

Antes de continuarmos a discussão sobre o processo criativo, cabe destacar um profissional muito importante no processo, o diretor cinematográfico, e suas características de trabalho na produção dos comerciais.

A direção de filmes

Nesta seção, apresentaremos alguns aspectos referentes ao papel do diretor: principais buscas, atividades, responsabilidades e participação na criação.

Normalmente, o diretor de um filme é aquele que

> determina o aspecto definitivo do comercial. Ele decide sobre questões como a iluminação, os ângulos de câmera, o foco da imagem, os efeitos especiais, as transições usadas durante o processo de edição, o ritmo do comercial. Participa da escolha do elenco, do figurino, da definição do aspecto geral do set. Escolhe cuidadosamente os elementos da linguagem visual e também do som. Procurará detectar a mensagem central do comercial que, em grande parte, atingirá o público-alvo em um nível mais emocional do que racional. (Elin & Lapides, 2006, p. 60).

O diretor interpreta e visualiza o conceito de criação que lhe é entregue pela agência. Ele deve apresentar ideias e sugestões à produção e discuti-las com a equipe de criação, até que todos cheguem a um acordo. Deve, sobretudo, demonstrar que entende o conceito básico desenvolvido pela agência, que sabe o que esta quer comunicar e que também sabe como fazer isso acontecer. O diretor descreve e redige um tratamento (forma) de como irá interpretar o conceito que lhe foi entregue pela agência. No Brasil, isso é, em geral, feito verbalmente, durante as reuniões de pré-produção e de produção.

Na direção dos filmes, esse profissional é o grande decisor de toda a equipe da produtora. Todos os profissionais se reportam, direta ou indiretamente, a ele, que decide, aprova e dá continuidade ao processo de criação.

Cabe lembrar que todo o seu planejamento visual foi já aprovado com grande número de detalhes pelo cliente e pela agência. O planejamento passa a ser uma antecipação de seu processo que oferece a ele a continuidade aprovada pelas outras empresas. É fundamental que o diretor conheça os objetivos da criação do comercial para que possa decidir como o processo ocorrerá.

Uma das principais habilidades que um diretor possui é a de projetar imagens mentais ou imaginação espacial. Ele é capaz de olhar para um roteiro ou *storyboard* e visualizar como pode construir, no espaço tridimensional, a imagem bidimensional. Além disso, ele trabalha o receptor ao ver as cenas e está ciente da tendência no processo do receptor de tentar extrair significados e sentidos das cenas que compõem o filme. Também imagina o que deve estar presente na cena, como a audiência irá entender isso, certificando-se do que pode aparecer na gravação.

É função do diretor orientar todos os profissionais no projeto (disposição de câmera, elenco, objetos etc.) de forma que a imagem produzida se assemelhe ao que foi aprovado no *shooting board*, criado por ele e aprovado pela agência e pelo cliente.

A orientação de como chegar à captura da imagem prevista nos *frames* é apresentada a toda a equipe por meio do *blocking* ou *blocking diagram*, que é uma espécie de esboço para demonstrar onde objetos, câmeras e elenco devem estar posicionados para conseguir as cenas desejadas.

> O diretor é responsável pela composição das cenas e define, para aprovação da agência e do cliente, o enquadramento, a angulação, o foco e o movimento.

O enquadramento define o foco de atenção do que precisa ser mostrado na cena e seu propósito para contar o filme. Os planos variam de mais abertos a mais fechados (planos gerais, de conjunto, médios, americano, próximo, *close-up*, *superclose* e plano detalhe). A sequência de enquadramentos é uma busca do diretor que se preocupa como cada cena conduzirá logicamente à cena seguinte de modo que o receptor compreenda o filme que está sendo contado pelas cenas.

Os ângulos de câmeras, o foco, o movimento e a iluminação são elementos que compõem também as especialidades da linguagem audiovisual, que o diretor utiliza para efetivar a intersemiose, a transformação da linguagem do roteiro para o filme, mesmo que muitas vezes a agência os faça também, por meio do *storyboard*, mas cabe lembrar que é um documento que pode ser mantido, descartado, aprimorado ou refeito pelo diretor.

De forma sucinta, os efeitos de sentido gerados por esses elementos da linguagem visual são descritos a seguir:

- Os ângulos de câmera são conhecidos como altos (*plongée*) ou baixos (contra-*plongée*) que oferecem percepções sutis de poder/exaltação e insignificância/fraqueza, respectivamente.
- O ângulo médio transmite o efeito de veracidade, normalidade.
- O foco refere-se à nitidez da imagem e dirige, por meio dele, o que queremos que seja visto pelo receptor.
- Os movimentos mais conhecidos são *pan, tilt, travelling, zoom, trucking shot*, plano de grua e câmera na mão. Elin & Lapides (2006, p. 300) explicam, de forma sintética, o funcionamento desses mecanismos:

    A movimentação de câmera pode se dar das seguintes maneiras:
    — Pan: *quando a câmera se desloca para os lados, como se virasse a cabeça no seu próprio eixo;*
    — Tilt: *como a própria palavra denota, é uma inclinação da câmera para cima e para baixo;*
    — Travelling: *nome dado ao carrinho utilizado para simples movimentação da câmera. A câmera se movimenta para frente e para trás, para mostrar o sujeito mais de perto, ou para se afastar dele. Não confundir esse movimento com o zoom, que pode ter um efeito semelhante, mas cujo aspecto é bem diferente;*
    — Zoom: *feito pela troca da profundidade focal das lentes;*
    — Trucking shot: *a câmera se movimenta para os lados;*
    — Plano de grua: *a câmera é levantada ou abaixada pelo braço da grua;*
    — Câmera na mão: *a câmera se movimenta junto com seu operador, que caminha, corre, ou se movimenta durante a cena, como se fosse parte integrante dela. Quando o operador não utiliza equipamentos especiais, normalmente isso causa um efeito tremulante, um estilo que começou com o documentário. Quando o operador utiliza uma* steadicam *— um equipamento que estabiliza a câmera, mesmo quando empurrada de um lado ao outro — essa movimentação com a câmera na mão fica suave como uma seda.*

Por causa da movimentação da câmera, o público toma consciência de seu envolvimento na ação do filme. A iluminação é responsável por oferecer clima à cena, cria-se a atmosfera. Em linhas gerais, o diretor sabe qual elemento da linguagem utilizar para criar o efeito desejado na cena, na continuidade delas e também no comercial como um todo.

Esse processo de criação entre a equipe criativa da agência e o diretor também é apresentado como uma fundamental necessidade no processo de criação entre os diretores pesquisados.

Nos relatos, constatamos que a primordial busca do diretor é entender a proposta do *briefing*, saber exatamente o que o filme precisa comunicar e realizar essa transformação em audiovisual, tornando a forma do filme bastante integrado à ideia proposta inicialmente. É clara a descontinuidade do processo na tendência, quando a forma do filme deve somar, sendo acompanhado pelo cliente e por publicitários nessa transformação que possa torná-lo memorável, persuasivo e inusitado aos olhos do receptor. É o olhar e a contribuição de um novo profissional que dominam o saber-fazer na sua área de conhecimento, interpretando o que intersemioticamente possa ser coerente com o que foi proposto inicialmente pela agência. O diretor, apesar do domínio da técnica no processo de criação, tramitará também para a vagueza, limitado pelo que já foi definido no roteiro. Para ele, também é a apresentação de um caminho a percorrer impulsionado pelo desafio e onde a rede de criação continua e amplia a busca coletiva com a chegada desse novo profissional atuando; ele procurará contribuir com suas especificidades de conhecimento, mantendo a criação nesse contexto de complexidade, ativando as relações (internas e externas) que mantêm a criação em rede como sistemas não isolados.

Podemos observar na criação, pela ótica do diretor, a necessidade de interação com a equipe, pois a criação do filme crescerá na diversidade de saberes e profissionais para o desenvolvimento de novos caminhos. Uma interação que gera novas possibilidades que podem continuar ou não. Percebemos que os diretores apresentam buscas e desejos específicos como uma nova rede de associações que passa a existir e que é ligada por tramas semióticas diferentes, somando-se a uma trama já existente e que pode ser desdobrada.

Percebemos que o *storyboard* e o *shooting board* são registros de experimentação: hipóteses visuais são levantadas e vão sendo testadas e deixam transparecer a natureza indutiva da criação (Salles, 2006). A visualização do filme é um diálogo em que a investigação é a reflexão, é o momento da opção. Trata-se de uma relação com o futuro, em que o *storyboard* e o *shooting board* apontam a futura obra e transmitem informações para a equipe, já que é um trabalho coletivo.

O papel do diretor é ser o coautor desse "todo" em sua atividade específica. Ele opera na construção do "todo" que ainda aparece de forma fragmentada. Nesse processo, é responsável por cuidar da transformação do roteiro criado pelos publicitários na materialização do comercial, articulando com a equipe todos os elementos que envolvem a tridimensionalidade do roteiro.

Pudemos observar que o trabalho de limitação imposta pela construção visual do *shooting board*, que pode parecer uma criação fechada, ainda conta com a possibilidade da criação no momento da captura da cena, em que se determinam a captura visual e seus elementos, mas também percebemos que o diretor procura criar nesse momento do processo.

Sergio Amon (2006, p. 21) aponta sua forma de trabalho afirmando que, apesar da criação definida num *shooting board*, procura também criar durante o seu processo: "O que me seduz num filme publicitário é poder colaborar e não apenas executar uma ideia. Preciso de liberdade e confiança com os profissionais das agências para poder criar e improvisar".

Quanto à liberdade no processo coletivo de criação, Carlos Manga Junior (1998, p. 19) faz o seguinte comentário:

> *Eu acho superimportante trabalhar com diretores de criação que são parceiros. Acho fundamental. Não sei pegar um roteiro, cumprir e acabou. Se o cara me der o roteiro, ele vai sair bacana, tem que sair. Mas eu preciso ter liberdade para sentar com meus parceiros e dizer: "Olha, eu ouvi uma música bacana, o que você acha? Tem a ver com o filme?". Tem que ter esse canal, porque o trabalho fica melhor. Sem dúvida nenhuma. Eu tenho esta linha de trabalho e procuro segui-la. Caso contrário, estarei sendo um mentiroso.*

Parceria reafirmada por Fernando Meirelles (2001, p. 25): "Eu prefiro um clima de parceria. Meus melhores trabalhos acontecem quando me sinto à vontade para participar da criação do filme".

Alguns diretores veem a agência como cliente, e, por isso, o trabalho de direção deve ter um objetivo claro de venda, de apelo comercial, de compromisso com o projeto de comunicação do processo:

> *O trabalho publicitário é feito por encomenda e, por isso, existe uma relação fundamental com a agência e o cliente. Você tem de entender o que o seu cliente precisa e o que a agência quer, para, a partir daí, dar tudo de si. Quando fazemos um comercial, nossa função é ajudar a vender um produto.* (Waddington, 2000, p. 19)

> *Cinema é pensar em público. É seu jeito de olhar. É a porta da percepção. Publicidade é uma peça audiovisual que existe para vender um produto. Quando eu faço cinema publicitário estou prestando um serviço. Quando faço um longa, estou exercitando minha paixão. Meu compromisso é com a minha necessidade de me relacionar com o mundo. Na publicidade eu me relaciono com os profissionais de criação, com as reuniões, com os compromissos da agência e do cliente.* (Brant, 2006, p. 14)

> *Sei que em publicidade o diretor é o fornecedor que presta serviços para seus clientes e suas agências.* (Manga Junior, 2006, p. 14)

Alguns diretores apontaram algumas características de como trabalhar a relação interpessoal no processo. É preciso ter clareza e confiança, e incentivar a equipe para que haja a colaboração, a interação e a sintonia da busca de forma constante e sem uma relação verticalizada na condução do processo:

> *Me esforço para ouvir e entender o que se espera do filme, e então faço um mix entre a expectativa da agência e a do cliente, que nem sempre é a mesma. Entendido isso, é só passar para a equipe com clareza e deixar que cada um faça sua parte. Uso as sugestões*

de todo o mundo, o tempo todo. Meu set é meio barulhento e bagunçado, mas este clima de gandaia deixa todo o mundo relaxado e as boas piadas sempre aparecem. Não deixar sua equipe pensar é um enorme desperdício. Esta relação de confiança é o truque. Se o cliente confia no taco da agência, a agência confia no taco do diretor e o diretor confia na equipe, é gol. Isso não é nenhuma novidade. O estilo de direção "I'm the boss" já está superado. Os diretores "geniais" da década de 80 não estão mais no mercado. Melhor assim. Acho que meus colegas agora têm os pés no chão. E é assim que deve ser. Convenhamos: somos apenas uns carinhas perdidos no Terceiro Mundo, no efêmero ano de 2001, fazendo uma pequena parte de um longo processo para vender coisas. Nem mais, nem menos. (Meirelles, 2001, p. 25)

O relacionamento com agências tem que ser assim: deixar os filmes pessoais, vaidades e competições de lado. Esse negócio de diretor maluco, artístico, egocêntrico, não é comigo. Meu processo de trabalho é democrático e até hoje isso tem dado certo. Todo mundo pode mexer nos meus filmes; eu deixo, sem maiores problemas. (Vanni, 2006, p. 12)

É importante que o diretor compreenda a especificidade da publicidade para não transformar o comercial em uma peça sem propósito publicitário. Alguns mencionam o cuidado em não interferir excessivamente no processo, dispersando seu objeto prioritário mercadológico:

Quando o filme já vem resolvido no papel, o cuidado que o diretor precisa saber não é estragar, é necessário ter humildade, muita calma nessa hora, não querer colocar a própria marca, essas coisas. É importante que quem lhe contratou e você se entendam, falem a mesma língua. As pessoas se reunirem e se entenderem. Aí depois é trabalhar. Porque também não adianta fazer um filme que todo mundo goste e não resolva o problema do cliente. (Carvalho, 2006, p. 15)

Um bom roteiro e uma ótima criação são um bom começo. Mas o importante de tudo é que o cliente, a agência e a produtora estejam em total sintonia. Um diretor de filmes publicitários precisa saber fazer cinema e entender sua linguagem. Ter talento. Mas também entender de propaganda, ser publicitário. (Taterka, 2006, p. 13)

Em estudo realizado com diretores de criação e profissionais de RTVC de grandes agências de propaganda brasileiras, pela Editora Meio&Mensagem, no especial *Produção publicitária* (2003, p. 8), são abordados os aspectos mais relevantes buscados nos diretores de comercial por agências e profissionais de criação:

> *A maioria quer um profissional "eficiente e cuidadoso" na execução de sua tarefa (54%), ou seja, com capacidade para dirigir atores, cuidadoso em todos os detalhes, organizado e rápido. Para isso, precisa ter "experiência e boa formação cinematográfica" (42%), ou seja, conhecer todo o processo e os equipamentos que irá utilizar, ser bem informado em todas as áreas que influenciam o seu trabalho. Além de ser "criativo e talentoso" (49%), ele deve ser pró-ativo (33%), fazendo uma releitura do roteiro para melhorá-lo. O diretor de filmes deve saber "transmitir corretamente o conteúdo do briefing" (33%), captando corretamente a ideia da criação. Deve ser pessoa de "fácil relacionamento com a equipe e o cliente" (19%), sabendo e tendo empatia com a criação.*

Alguns diretores falam de sua forma de perceber a criação do filme e de seus estilos cinematográficos:

> *A direção de um filme sempre é a interpretação de uma ideia; tem um lado que é o input artístico.* (Waddington, 2000, p. 14)

> *Acho que o oxigênio da propaganda é justamente a variedade; por isso sempre digo que sou diretor "sem-estilo" mesmo assim, posso dizer que boas ideias, originais, me motivam, me estimulam; e que também adoro dirigir filmes com produção grande, em que podemos utilizar todos os recursos técnicos com o objetivo de encantar o espectador, criando um espetáculo visual. Esses filmes são uma oportunidade para você mostrar o que de fato você sabe e consegue fazer em película.* (Tikhomiroff, 2006, p. 13)

> *Por isso, diz ele, em sua geração de diretores não há mais ninguém definido pela TV, cinema ou publicidade, porque a especialização não faz sentido. Todos estão mais para profissionais do audiovisual e misturam, em seu trabalho, elementos das três linguagens: do cinema eu trago o exercício da linguagem pura com a câmera, o plano, o contraplano, porque um filme é uma obra em que você precisa dominar uma cartilha. Na televisão também, mas é um exercício mais teatral, os atores trabalham em tempo real. E a edição é diferente, você corta de uma câmera para a outra. Já a publicidade é sinônimo de agilidade e também de perfeccionismo, porque cada detalhe é importante para destacar o produto, até o suor da embalagem. Embora nem sempre os prazos e verbas permitam que um comercial saia como se quer, mas eu sempre exijo uma equipe com cada pessoa no seu devido lugar. Não deixo ninguém acumular funções, porque isso afeta a qualidade final do trabalho e, se for assim, prefiro perder o dinheiro a perder o cliente.* (Hamburguer, 2000, p. 18)

Diante da complexidade de apresentar ou alinhar as diversas formas processuais da produção de filmes de alguns diretores, cabe apresentarmos algumas dessas variações:

> *Todo filme tem seu ritmo, e é preciso entrar nesse ritmo desde o início. Veja, primeiro faço o filme junto com o roteirista; depois sento-me com o arquiteto e converso sobre os* sets *e sobre como eles devem ser decorados; depois quando me sento sozinho na minha escrivaninha, faço o filme outra vez, do ponto de vista da câmera, do diretor. Além disso, sempre dedico tempo aos atores.* (Lang apud Bogdanovich, 2000, p. 240)

Fica claro, nas próximas declarações, que parte do processo conta com o imprevisto, com a criação no momento da filmagem:

> *Em geral, eu uso o texto da agência como um guia; o texto final dos filmes que faço acaba sempre sendo modificado. Evidente que a intenção da criação deve ficar lá, mas um cara numa sala branca, diante de um computador, não pode ter os mesmos insights que acontecem quando o ator já está no cenário, com a faca e o queijo na mão. Às vezes, aparece um cliente em reunião de aprovação que pega o texto para checar se todas as palavras que ele comprou estão lá. Morte lenta a este tipo de cliente!* (Meirelles, 2001, p. 24)

> *O que me entusiasma no trabalho atrás das câmeras é a possibilidade de explorar.* (Borelli, 2006, p. 20)

Alguns definem caminhos como tendências para a continuidade de seu processo: uma equipe determinada, um planejamento bem detalhado antes da filmagem e a facilidade de visualizar os planos de um filme.

> *Para trabalhar escolho um fotógrafo, um cenógrafo e uma trilha. São o meu tripé, os profissionais em que me apóio, que me garantem em pé. O resto quem produz é a produção.* (Vanni, 2006, p. 12)

> *Costumo planejar muito o filme na pré-produção: faço* shooting board, *busco referências, planejo detalhadamente. Costumo marcar objetivamente todos os planos com o diretor de fotografia, para que ele fique livre para fotografar, e não apenas para iluminar uma cena. Isto permite que esteja relaxado para poder inventar, buscar o inesperado, viajar em novas ideias, além daquilo que está no roteiro mas sem o risco de perder o sentido original da história. Sem planejamento, durante a filmagem você fica preso, preocupado em apenas ter um filme e não consegue buscar o inesperado. E é o inesperado que vai fazer com que o filme cresça. Costumam dizer que sou bem-humorado no set, que crio um clima bom entre equipe e atores. Realmente não sou de gritar em* sets; *trabalho com parceria, cumplicidade, troca de ideias. O clima de trabalho em um set é muito importante. E prefiro não ter uma equipe técnica muito fixa, alternando entre alguns profissionais, uma pequena variação entre poucos, pois acredito que a variedade acrescenta, a mútua troca de influências é saudável, benéfica.* (Tikhomiroff, 2006, p. 13)

> *Eu desenvolvo o* shooting board *para o planejamento do filme porque é muito interessante quando você entra para o estúdio e a equipe sabe o que ela está fazendo. Então você gruda na parede, fala: "Ó, gente, nós vamos começar pelo fim porque é onde tem o pai, a mãe, as duas crianças e o cachorro". Aí elimina e só fico com a mãe e a empregada que é o resto do filme! Então você libera o resto, você tem um plano, uma logística para filmar, depende muito do jeito de cada diretor trabalhar, eu, por exemplo, eu mal sei desenhar, mas eu faço tudo para eu não me perder, eu estudo muito quando eu entro para filmar, eu sei exatamente onde eu quero a câmera e tal, isso não significa que eu não vou improvisar, porque às vezes você muda um pouco mais pra cá, mais pra lá, opa, isso aqui é melhor. Muitas vezes eu faço um* shooting board *e faço algumas alternativas no momento da filmagem.*
>
> *Brinco sempre que sou uma espécie de médium ou coisa que o valha: quando leio um roteiro de filme "baixa" plano a plano. Meus assistentes brincam perguntando se eu já dei o* download. *Tenho facilidade para visualizar um comercial, em detalhes, plano a plano, semanas antes da filmagem. Acredito que essa maneira de "ver" é resultado da experiência e algum talento.* (Moraes, 2000, p. 15)

Outros reforçam a dificuldade e o desafio que os estimulam a criar:

> *Publicidade é algo que não permite muito estilo: existe o estilo que serve a cada ideia. Desde tendências de moda a técnicas narrativas clássicas, você lida com várias possibilidades. E o grande interesse que tenho em publicidade é justamente testar essas possibilidades, resolver da melhor forma possível. A ideia proposta pela criação, ajudar a tornar aquela ideia um filme bacana. Eu simplesmente realizo trabalho a trabalho: cada filme é um filme novo, é um desafio. Cada um cada um.* (Waddington, 2000, p. 14)

> *Também gosto de pegar um roteiro difícil, com soluções de enredo ou visuais difíceis; um filme que, quando você lê o roteiro, você acha que pode ficar estranho. Adoro pegar roteiros "caroços" e tentar realizá-los em um filme legal.* (Carvalho, 2006, p. 15)

> *Um grande filme é sempre o resultado do que se pensou e se fez antes dele, mas também de não abrir mão de manter os canais abertos, sensíveis aos estímulos do set, para poder na hora "H" da filmagem, criar, inventar, reinventar. Tenho tido felicidade de poder fazer filmes que, de um modo ou outro, sempre representam novos desafios. Não somente em aspectos técnicos (recentemente fiz muitas peças com trucagens complicadas), mas também a oportunidade de colaborar com os criativos, adequando ideias a formatos narrativos originais.* (Amon, 2006, p. 14)

Vários diretores consideram importante trabalhar com uma equipe fixa, pois sentem-se mais à vontade para criar. Segundo eles, é fundamental a sintonia entre os profissionais da mesma equipe.

> *Quando recebo um roteiro, a primeira coisa que penso é o que posso fazer para que a história seja compreendida pelo maior número possível de pessoas. Existem alguns filmes lindos no ar que, no final, não deixam nenhum resíduo de compreensão: servem apenas para engrossar o rolo das finalizadoras. Mas é preciso ter em mente que, independentemente do tamanho do cliente, com ou sem um grande orçamento, é possível fazer um grande filme. Também acho fundamental filmar variando pouco a minha equipe, com um número reduzido de profissionais versáteis que possam me acompanhar sempre que possível.* (Mello, 2006, p. 14)

> *Monto minha equipe com gente de bom caráter, legal; isso é o mais importante. Em seguida vem o critério "competência naquilo que faz". E minha equipe é um time que muda muito pouco, é um time meio fixo. Sou tímido, e para trabalhar preciso estar à vontade, me sentir em casa. É normal no set um momento em que você não precisa saber exatamente o que fazer, precisa parar para pensar. E a confiança que a equipe deposita em mim é algo que me faz muito bem.* (Carvalho, 2006, p. 15)

> *Tento conciliar em minha equipe qualidade humana e profissional: passamos grande parte da vida trabalhando e é fundamental escolher a companhia. E gosto de envolver as pessoas; acho que sei delegar, mesmo porque o trabalho de um diretor de cinema é fazer com que seus colaboradores realizem o que ele idealizou, de preferência com o mesmo entusiasmo e comprometimento. Um diretor de cinema não faz nada sozinho: ele só comunica sua visão aos que realmente fazem.* (Moraes, 2000, p. 15)

> *E gosto de filmes com atmosfera, clima, densidade. O filme pode ter diálogos ou não, mas precisa ter narrativa, dramaticidade. Casting verdadeiro, autêntico; o tratamento da imagem também. A câmera precisa ser sua aliada, seu instrumento, cada enquadramento precisa ter um porquê. Uma característica minha é que a imensa maioria dos meus filmes não utilizará pós-produção. O que me fascina é a imagem resolvida no set, por lentes, negativos, figurino, direção de arte, cor, textura.* (Manga Junior, 2006, p. 14)

> *E trabalho com assistentes fixos, uma espécie de kit de profissionais próximos, para cada uma dessas funções, além de um diretor de arte excepcional, o Billy Castilho (atuamos há muito tempo juntos), aliás, estou há anos com a mesma equipe. Antes de serem excelentes profissionais, devem ser pessoas que gosto. Acredito na sinergia que isto gera: a afinidade encurta o trânsito de informação.* (Amon, 2006, p. 14)

Pré-produção

Reunião de pré-produção

A reunião de pré-produção é a fase de planejamento de produção do comercial, quando se apresentam tarefas que são desenvolvidas pelas empresas responsáveis e envolvidas na produção. Nessa etapa, o orçamento já foi aprovado, e os responsáveis pela criação do roteiro do filme devem apresentar, de forma muito detalhada, a ideia. É fundamental que todos os profissionais presentes à reunião tenham clareza sobre a criação e o foco da ideia principal. A criação precisa apresentar a marcação do roteiro e do *storyboard*, e deve também ressaltar aspectos importantes de como apresentar o produto, a marca e o *slogan*. É considerada, pelos profissionais, a etapa que reflete melhor a execução de um bom comercial. Uma reunião bem elaborada resulta em uma produção eficiente. Isso porque, na produção do filme, há atividades desenvolvidas por profissionais de empresas diferentes que trabalham juntos num único produto.

Nesse momento, um grande e diversificado número de profissionais se reúne para compreender os aspectos primordiais da ideia do filme, que será posteriormente construída pelos integrantes da agência e da produtora e pelo cliente.

Nessa etapa, todos os elementos pertinentes à execução do filme são apresentados por todos os responsáveis, com o objetivo de se olhar antecipadamente o filme, como ele será realizado. Esse é o objetivo da reunião. Parece ser o momento de alinhamento de todas as perspectivas do projeto, quando os profissionais que desenvolvem o roteiro e o diretor já visualizam o projeto, discutem-no, fazem as checagens necessárias e apresentam sugestões, procurando apontar todas as necessidades para alavancar um único projeto com objetivo único: um filme criativo e persuasivo. Esse momento de acerto de perspectivas é fundamental para gerar a continuidade do processo, nas diversas habilidades dos envolvidos. Trata-se de um momento em que vários fatores serão determinados, quando se sabe que haverá mais indeterminações na sequência e quando se estreita a relação entre tendência, procedimentos e matérias-primas do processo. É quando se decidem caminhos em conjunto. Todos apresentam suas visões e atividades do processo para que cada envolvido possa compreendê-lo, colaborar para que o resultado seja bom, fazer apontamentos e levantar questionamentos. Todos podem interferir. É um momento intensamente coletivo; é o conceito de rede novamente revelando suas complexidades, interconectividade de relações, definições particulares que são apresentadas à equipe. É o momento de propiciar novos caminhos, apontamentos, possíveis associações. Os elementos que pareciam desconectados encontram nessa etapa a apresentação da conectividade entre as áreas, tudo o que será realizado está, nessa fase, sendo contado, apresentado, compartilhado; todas as ideias espalhadas pelo percurso são filtradas para seus acertos e posterior continuidade, buscando continuar o processo sem encontrar muitos acasos que possam dificultar sua execução em termos de aproveitamento de tempo. Estamos em condições de inacabamento, menos inacabamento do que no momento de aprovação ainda do roteiro, na multiplicidade de interações e na tensão entre tendência e acaso.

A proposta é avançar para a etapa seguinte com uma grande roteirização do que será desenvolvido no trabalho dos profissionais da produtora, ampliando, já em muitos aspectos, as definições do comercial. Trata-se de um processo desgastante e muito importante na execução do projeto e na continuidade de um trabalho que necessita de clareza de objetivos, de papéis profissionais, responsabilidades e sintonia para que o projeto não perca seu foco primordial de construção, mesmo com essa diversidade de profissionais e empresas envolvidos.

Essas reuniões costumam ser longas, pois o detalhamento de tudo o que deve ser realizado precisa ser esgotado e esclarecido por todos da equipe.

> *Já participei de reuniões com cerca de 8 horas, mas o meu mínimo foram 5 horas. Já tive reuniões de pré com 3 dias, só para discutir um efeito visual. Éramos 12 pessoas e, no final, o cliente não teria como pagar o custo da cena que durava uns 6 segundos.*
> (Eliana Silva, 2006)

As responsabilidades de cada atividade são definidas em um documento com muitos tópicos. É nessa fase que o planejamento, a programação e a coordenação da filmagem são apresentados e discutidos com todos os profissionais envolvidos, que mostram, nessa reunião, suas atividades e respectivas responsabilidades. Ao final do processo, todos os detalhes relacionados à produção do filme devem ter sido relatados. Os detalhes de quem, como, quando e onde todos os aspectos da produção acontecerão serão distribuídos para todos os participantes do comercial num documento aprovado e planejado previamente, desenvolvido pelo coordenador de produção e pelo assistente de direção da produtora, documento este resultante de uma reunião de pré-produção.

Apresentamos, na sequência, algumas partes de uma reunião como essa. Em análise comparativa ao documento "plano de filmagem", que está mais à frente, percebemos uma roteirização e apresentação das locações, dos atores, das sequências, dos figurinos de cada personagem, cenografia, locações etc.

Todas essas definições direcionadas anteriormente pelo *shooting board* têm como objetivo estabelecer os aspectos relacionados à execução de cada cena. Em cada relatório, há o desenho da cena esboçada, a sua localização no filme e tudo o que está relacionado à sua execução.

Esse documento é um imenso *checklist* em que algumas das informações ainda estão em definição. O cliente e a agência conhecerão e analisarão todas as diversidades das áreas, sendo o diretor cinematográfico o principal responsável por direcionar essas atuações fragmentadas da equipe da produtora e o coautor de todo o processo. Todos aprovarão ou não as áreas envolvidas e suas contribuições antes do processo de filmagem. É o encontro que antecipa o momento da produção, da filmagem, quando a administração do tempo é muito importante e se está definindo todos os elementos de construção da tridimensionalidade para a captação de cada cena. É o olhar coletivo de futuro na construção do projeto, com as buscas direcionadas pelo *shooting board*, conhecendo-se a contribuição de cada profissional envolvido para a construção do filme no momento da filmagem.

Numa primeira reunião de pré-produção, no Brasil, apresentam-se o roteiro, a equipe técnica e uma sugestão de cronograma. Em outros países, as produtoras apresentam um relatório de produção mais elaborado, com roteiros e *storyboards*, calendário de produção, programação de pós-produção, contatos da agência e do anunciante, da equipe de filmagem, do elenco e dos seus respectivos empresários, dos fornecedores, informações de restaurantes, hotéis, mapas e localizações para se chegar a estúdios e locações, serviços de transporte e até mesmo agências bancárias — todas as pessoas que necessitam ser encontradas e suas respectivas atividades e responsabilidades são informadas.

Essa reunião de pré-produção é uma reunião técnica quando todos os aspectos da produção são discutidos em detalhes.

> *Normalmente estão presentes a criação, o atendimento, o RTVC; pela produtora: o produtor executivo, o diretor, o assistente, o cenógrafo (quando necessário), o produtor principal e o produtor de elenco. Se houver ênfase nos objetos, como nos comerciais de produtos alimentícios, o produtor de objetos é convocado. Se houver a combinação com desenho animado ou computação gráfica, o estúdio também participa. Há ainda a inclusão da produtora de áudio. Como exemplo, quando se produz um comercial com produtos alimentícios, o "culinarista" passa a ser a chave do processo; além de ser criteriosamente escolhido, ele deve participar da reunião, ainda mais levando-se em conta que nem sempre o prato marcado no roteiro resulta numa boa imagem. Em outros casos, é o técnico em efeitos especiais que pode ser a vedete da equipe.* (Eliana Silva, 2006)

Cada filme necessita dos mais variados tipos de profissionais, de acordo com a ideia e o roteiro a serem executados: por exemplo, quando se utilizam animais, os treinadores específicos fazem parte da reunião. E assim a variação de profissionais envolvidos é muito ampla e direcionada pela ideia do filme.

O processo de criação do filme publicitário 151

Campanha Amesp Medial

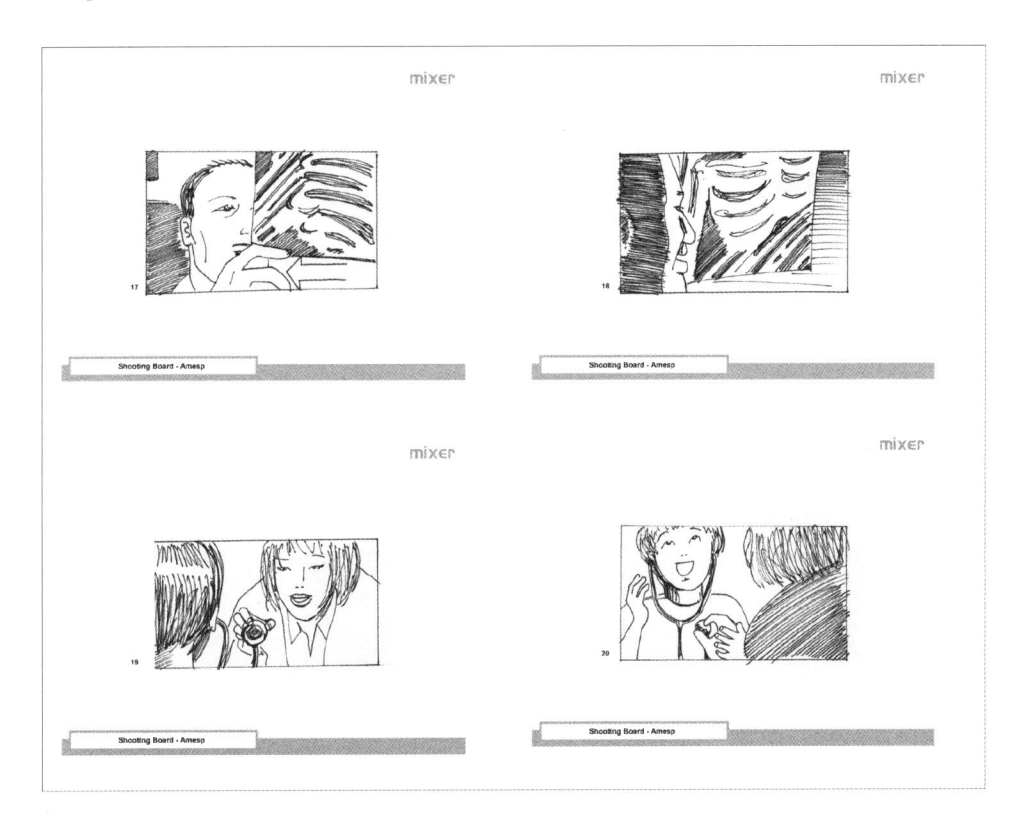

152 *Criação em filmes publicitários*

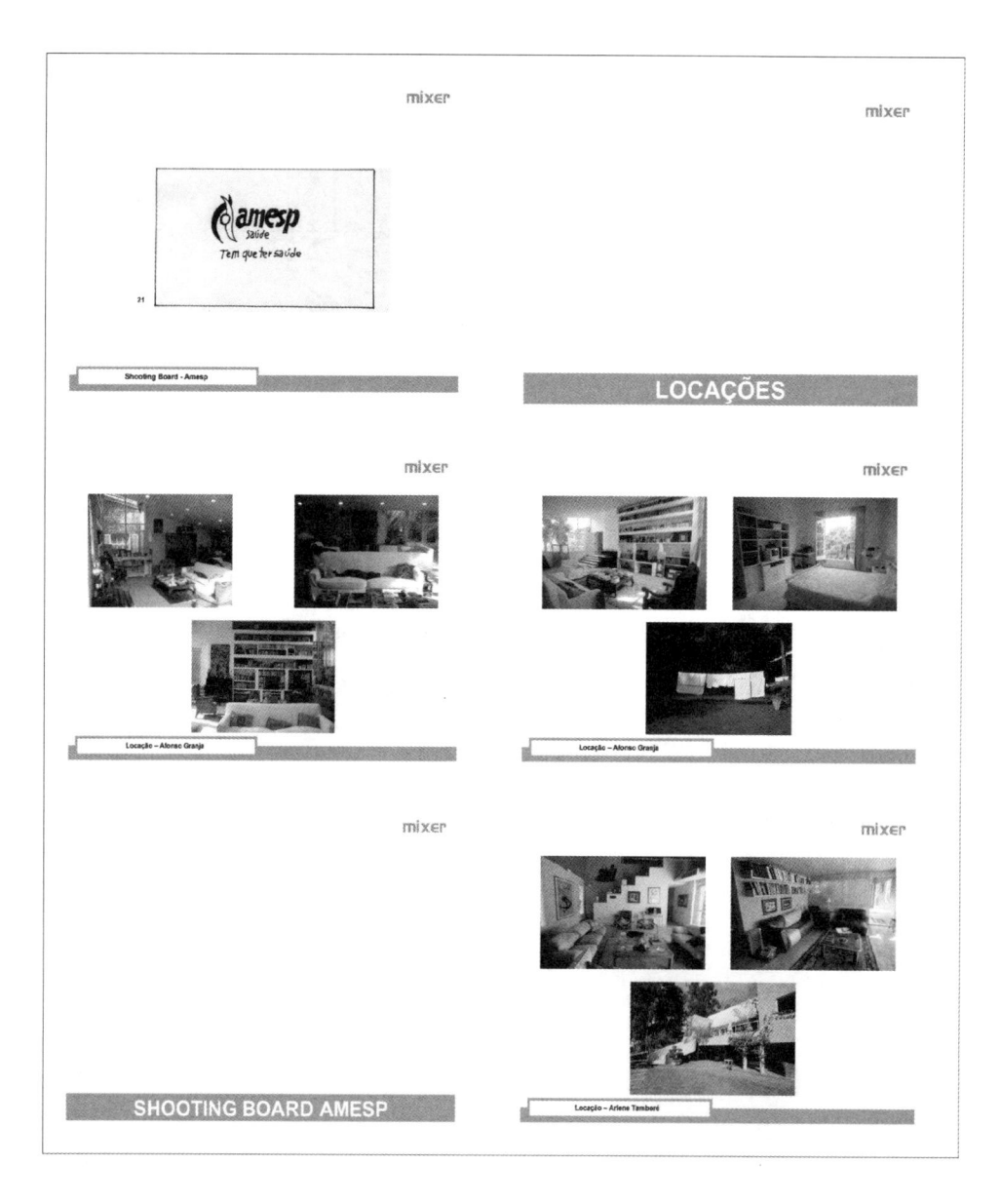

O processo de criação do filme publicitário 153

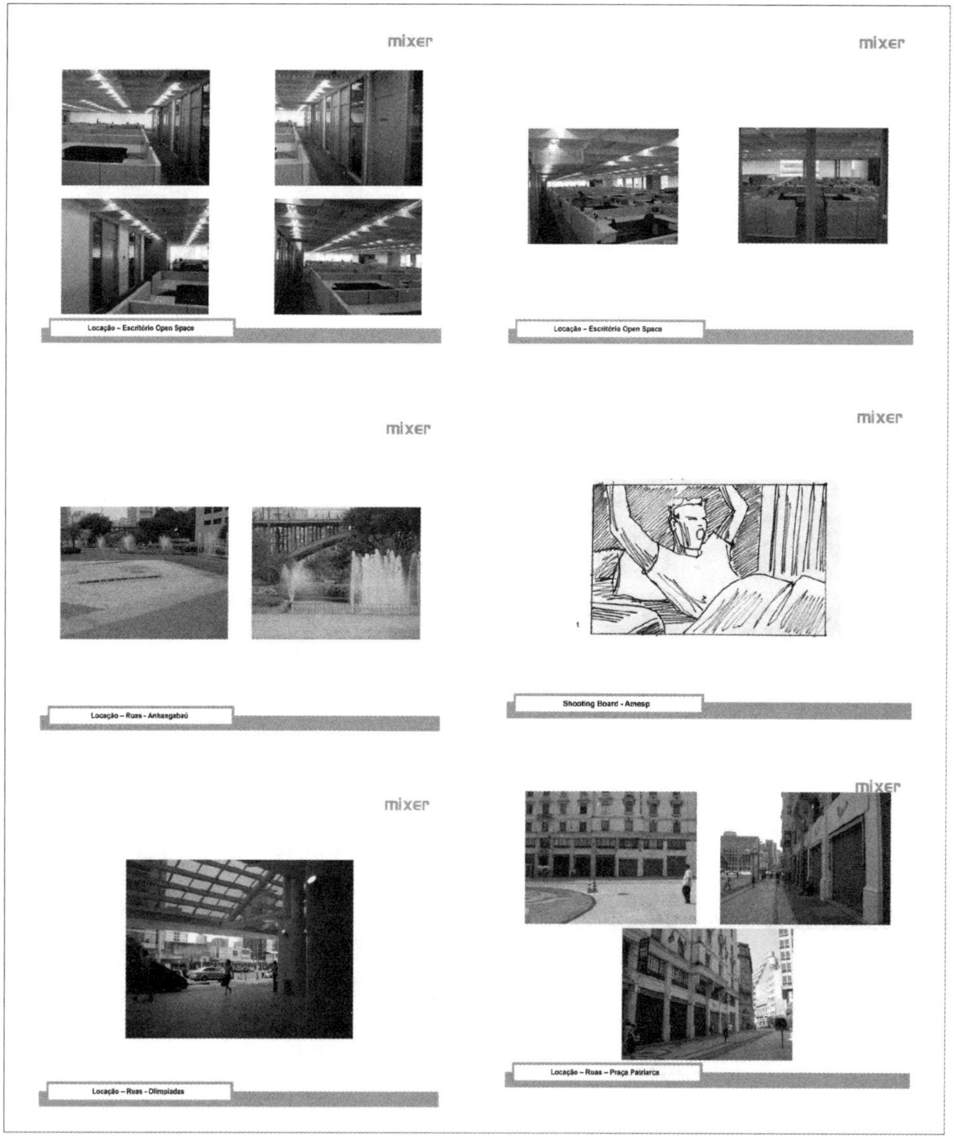
mixer
Locação – Escritório Open Space
mixer
Locação – Escritório Open Space
mixer
Locação – Ruas - Anhangabaú
mixer
1
Shooting Board - Amesp
mixer
Locação – Ruas - Olimpiadas
mixer
Locação – Ruas – Praça Patriarca

O processo de criação do filme publicitário **155**

mixer   mixer

Locação – Ruas – Vila Maria Zelia   Locação – Escadarias – João Adolfo

mixer   mixer

Locação – Escadarias – Líbero Badaró   **DIREÇÃO DE ARTE**

mixer   mixer

Referência - Despertador   Referência - Ônibus

158 *Criação em filmes publicitários*

FIGURINO

Referência - Ônibus

Shooting Board - Amesp

Figurino - Criança

Figurino - Engenheiro

Figurino - Médico

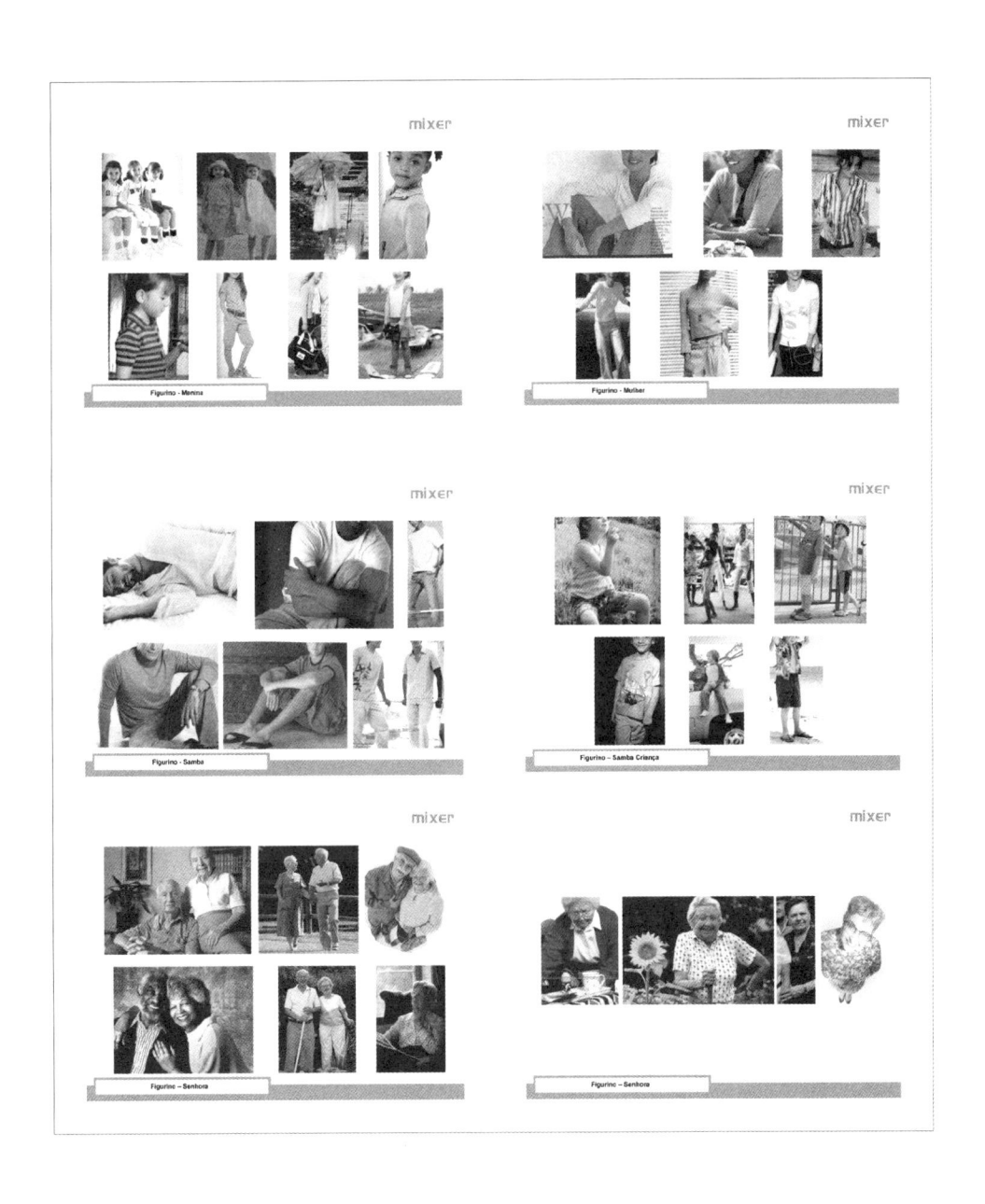

O processo de criação do filme publicitário 157

158 *Criação em filmes publicitários*

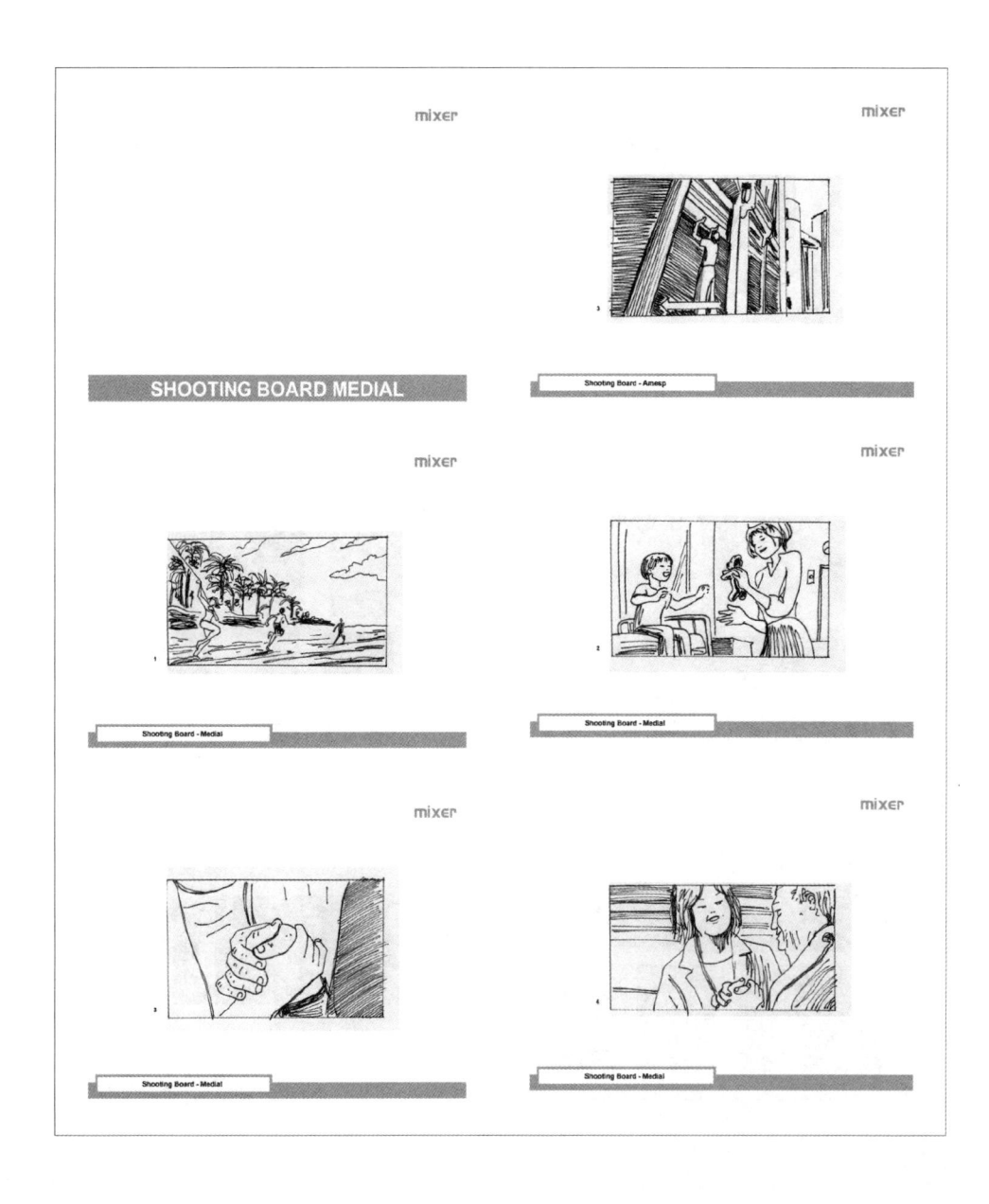

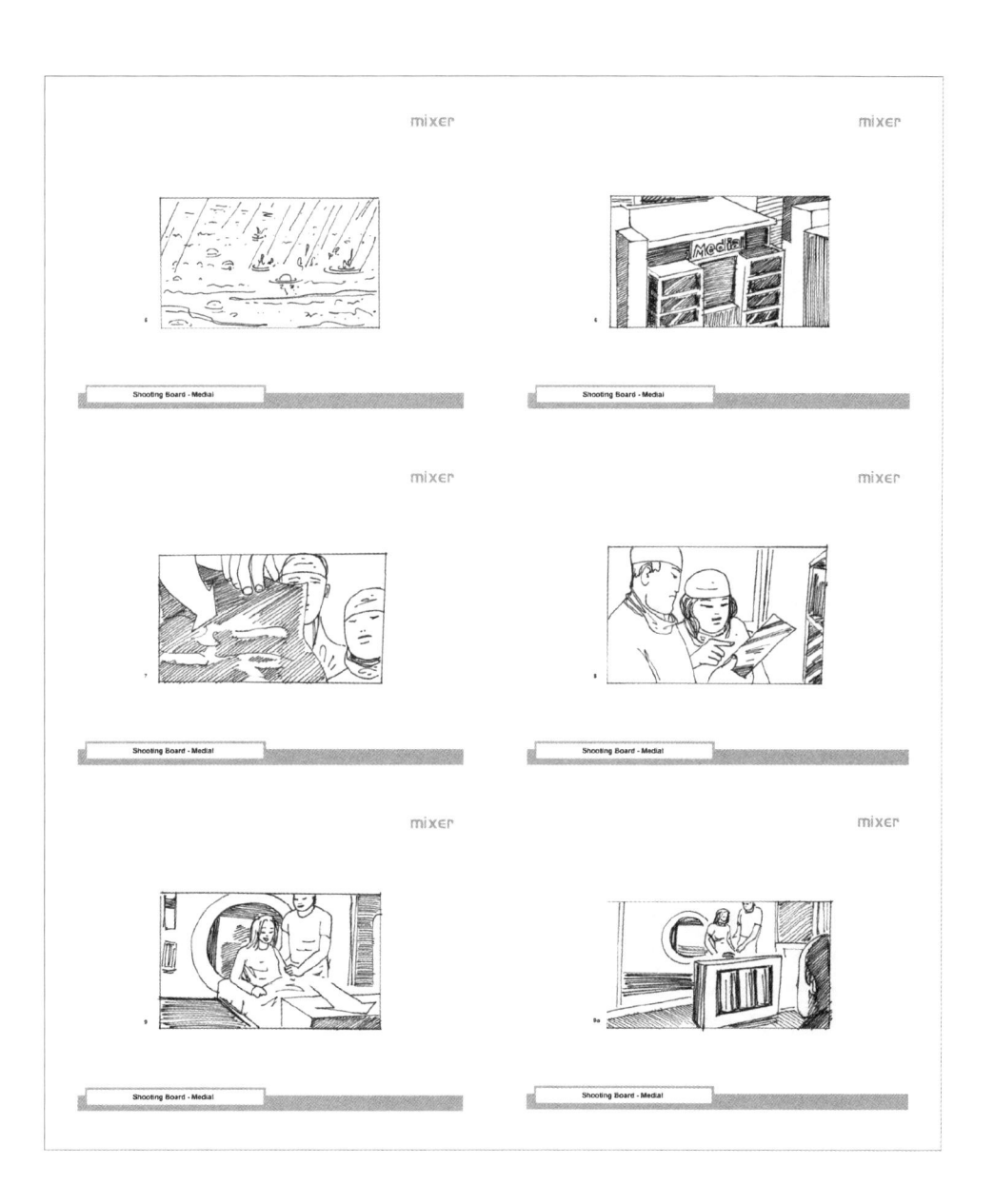

O processo de criação do filme publicitário **159**

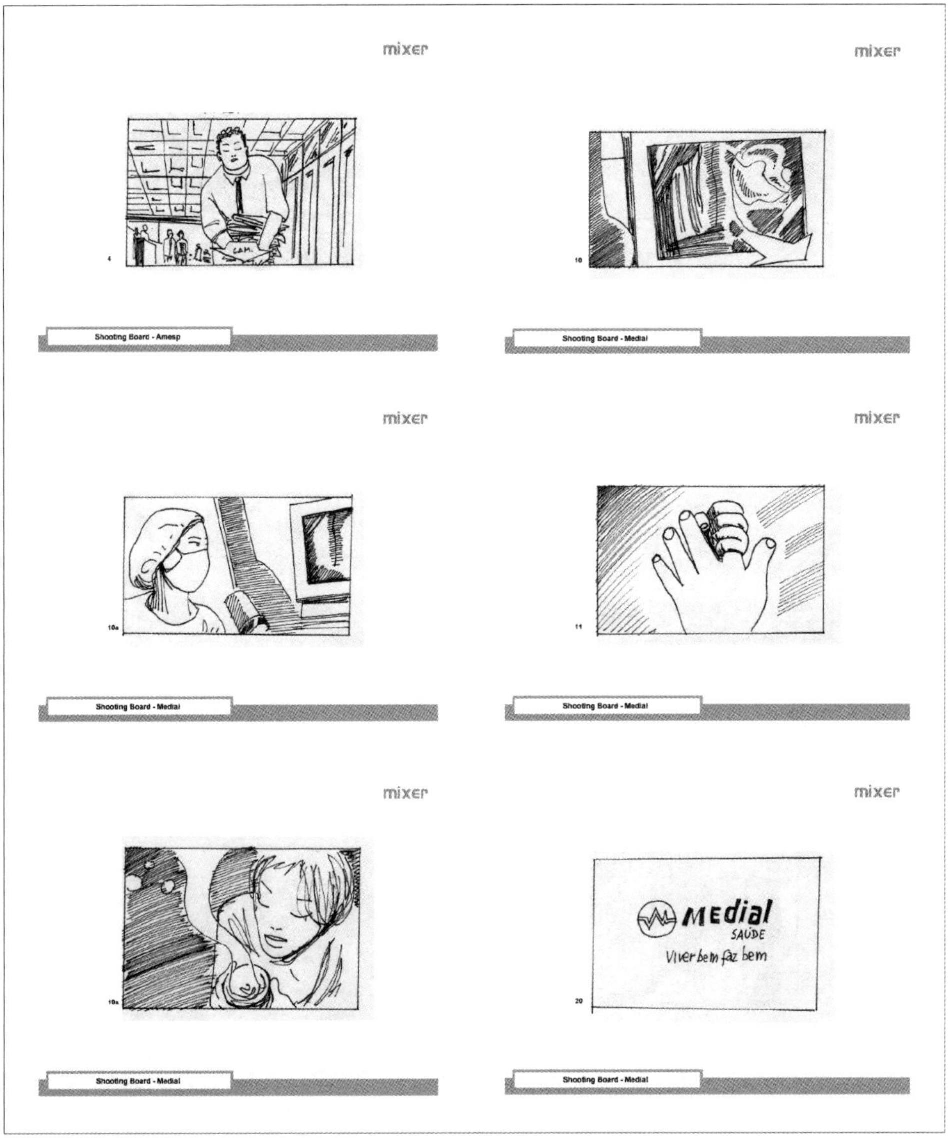
mixer
4
CAM.
Shooting Board - Amesp
mixer
Shooting Board - Medial
mixer
10a
Shooting Board - Medial
mixer
11
Shooting Board - Medial
mixer
10a
Shooting Board - Medial
mixer
Medial
SAÚDE
Viver bem faz bem
20
Shooting Board - Medial

O processo de criação do filme publicitário 161

FIGURINO

Shooting Board - Medial

Shooting Board - Medial

Figurino - Senhor

Figurino - Bebê

Figurino - Criança

162 *Criação em filmes publicitários*

O processo de criação do filme publicitário **163**

Apresentamos aqui alguns exemplos do desenho de um *frame* do *shooting board* inspirado no *frame* do clipe (que não pode ser apresentado), a pesquisa da locação e o *frame* final produzido pelos profissionais. A seguir, mostramos a pesquisa de figurino na construção do *frame*.

164 *Criação em filmes publicitários*

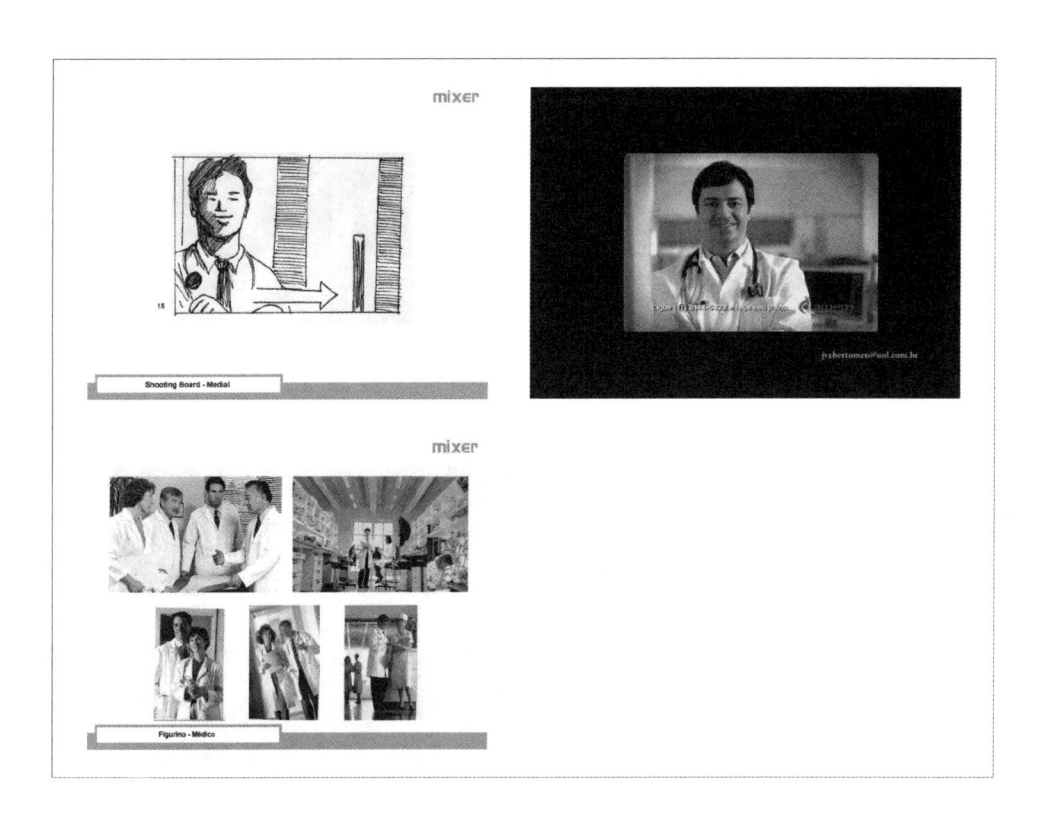

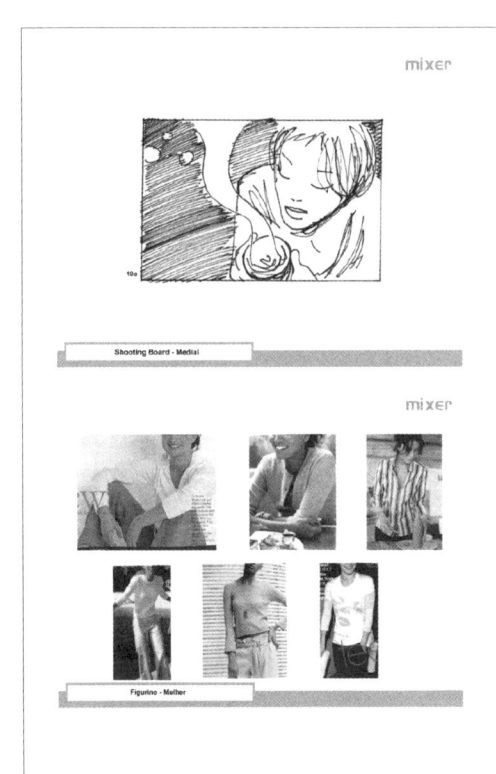

O processo de criação do filme publicitário **165**

Apresentamos aqui outro exemplo do desenho de um *frame* do *shooting board* inspirado também numa pesquisa de clipe (que não pode ser apresentado), a pesquisa de figurino e o *frame* final produzido pelos profissionais. Cabe ressaltar a criação elaborada exatamente como o previsto no *shooting* inicial.

A construção visual é realizada de forma análoga ao projetado inicialmente e, é importante ressaltar, inspirada por pesquisas em bancos de *clippings* de imagens em movimento.

Elin & Lapides (2006, p. 268) apresentam os tópicos presentes em uma reunião de pré-produção:

- discussões sobre o propósito do comercial – qual seu objetivo;
- revisão de questões relacionadas ao *storyboard* ou *shooting board* e uma discussão de cenas de filmagem;
- revisão do roteiro.
- resumo das autorizações e licenças legais, e também, quando necessário, das declarações de veracidade e comprovações das alegações feitas no comercial, que precisam ser obtidas para a filmagem e a quem cabe a responsabilidade de obtê-las;
- aprovação das locações e do projeto de construção do *set* e confirmação das autorizações necessárias;
- revisão e distribuição dos papéis dos atores;
- recapitulação de questões relativas a figurino e acessórios;
- checagem da disponibilidade do produto do anunciante a ser usado e da aprovação da embalagem;
- aprovação do cronograma de produção;
- discussão sobre as demais pendências eventualmente existentes.

É importante que a reunião de pré-produção aconteça com um prazo de reajuste, caso necessário, antes da realização da produção. Toda a equipe é então afinada para o desenvolvimento do trabalho e parte para a produção da etapa seguinte.

Mostramos, ao lado, um relatório redigido após uma reunião de pré-produção, chamado de relatório de pré-produção. Podemos observar que algumas definições estão em aberto e devem ser solucionadas antes do momento da filmagem.

Apontaremos agora o detalhamento de algumas das atividades profissionais, formas de atuação e responsabilidades definidas na pré-produção e executadas nas fases de filmagem, pós-produção e acabamento.

Cabe ressaltar que procuramos exemplificar o comando do diretor com toda a diversidade de profissionais envolvidos nessas etapas do processo.

É clara a coautoria do diretor discutindo, decidindo e aprovando uma imensa diversidade de atividades com profissionais extremamente colaborativos que sabem sua importância no resultado final do processo.

Citamos uma série deles e cabe ressaltar os comandos decisórios, diretos ou indiretos, do diretor em relação a todos os profissionais. Iniciamos pelo coordenador de produção, passando pelos profissionais que fazem parte do processo até a edição final.

Pela grande quantidade de profissionais e atividades, procuramos descrever algumas etapas encontradas na criação, apontando as funções dos envolvidos em relação ao diretor e abordando suas diversidades de decisões durante a criação.

Planejador, coordenador ou diretor de produção

Esse profissional elabora um plano-mestre para a produção, por meio de uma lista diária de tarefas com os pontos mais importantes e os prazos a serem cumpridos. Nesse plano, constam os nomes de todos os profissionais envolvidos.

- O planejador programa e organiza a viagem da equipe de produção (reserva voos, hotéis e transportes), dos profissionais da agência e, em alguns casos, do cliente que supervisionará os trabalhos.
- Verifica documentações, passaportes e vistos, por exemplo.
- Fornece a cada profissional as informações completas sobre as respectivas atividades e certifica-se de que todos estão cumprindo suas tarefas.
- Contrata os profissionais da equipe de filmagem, orientado inicialmente pelo diretor (funções principais), e a produtora se encarrega de indicar os profissionais mais indicados para as demais atividades.
- Contrata o seguro que garanta a cobertura do projeto de filmagem (possíveis acidentes, roubos, propriedades danificadas, entre outros).
- Cuida da correção cromática de todo o produto oferecido pelo cliente para utilização na filmagem, com o objetivo de conseguir uma melhor reprodução da imagem.
- Com o diretor do filme, coordena a aprovação de figurinos dos atores. Certifica-se de que estes experimentaram as roupas e que os ajustes necessários foram realizados.
- Providencia as autorizações para filmagens em locais públicos, a interdição de vias públicas, a interferência em sinais de trânsito etc.
- Firma o contrato entre atores, produtora, agência e cliente.

> *O produtor é responsável por muita coisa, desde o controle do orçamento até o resultado final. As tarefas se acumulam, mas, ao mesmo tempo, ele não pode ser apenas um executor de tarefas: tem que conhecer um pouco de imagem, ter sensibilidade para avaliar um resultado e senso crítico para chegar ao ideal.* (Tanugi, 2000)

Segundo Isabelle Tanugi (2000), a atividade do produtor apresenta pouca expressividade no Brasil, contrariamente ao que acontece em outros países. Aponta, também, a escassez de prazos e verbas, o estresse do trabalho, a carência de mão de obra e os cachês baixos.

Profissionais contratados

- *Produtor de elenco/de casting*: trabalha sob a supervisão do coordenador de produção, procura e seleciona atores, modelos e figurantes para filmagens específicas (detalhes de pés, mãos, entre outros). Depois de captadas as imagens nos chamados testes de VT, o elenco passa por aprovações nesta ordem: diretor de filme, RTVC, criação da agência e cliente. O produtor marca entrevistas dos atores com o diretor, quando necessário (*call back*), realiza as contratações e informa-os sobre a agenda dos dias de trabalho.

Andréa Musatti (2000) faz *casting* há mais de dez anos e relaciona seu trabalho ao garimpo, já que é necessária muita observação. Segundo Musatti, seu objetivo é encontrar pessoas com a "cara" do filme que está sendo criado. Prefere trabalhar com pessoas comuns (não atores) que tenham as características exigidas pelo filme. De acordo com essa profissional, o *casting* é a alma do filme, e pessoas comuns e não conhecidas pelo espectador agregam mais veracidade ao trabalho. Acredita que é mais importante uma pessoa mostrar suas reais características, seu jeito, sua personalidade, do que dizer bem um texto: "Porque, falando para a câmera sobre o que fazem na vida real, eles se sentem mais seguros e a mensagem ganha mais força" (Musatti, 2000, p. 15). Reconhece ainda que alguns profissionais se utilizam mais de atores pela facilidade e agilidade, já que o fator tempo é um empecilho no processo de criação:

> Prefiro fotos caseiras, no jardim, com aparelho nos dentes, sem batom, com o cabelo despenteado, o mais natural possível. É isso que a gente busca, aquele menino com cara de quem apronta, aquela menina de óculos que ri e tapa a boca. E está sempre tendo surpresas. Às vezes, a pessoa parece feita para o filme, mas sorri e mostra a cárie. Outras, você acha que ela é brava e ela é tímida, uma gracinha. Mas, na maioria das vezes, eu bato o olho e digo: é aquele. E é mesmo. (Musatti, 2000, p. 15)

- *Produtor de locações*: a partir de critérios fornecidos, procura os locais para a filmagem, fotografa-os e apresenta para o diretor do filme. Em uma segunda etapa, obtém as autorizações necessárias para a filmagem. Muitas vezes, a produtora apresenta um arquivo de *sets* de filmagens e cuida dessa procura diretamente, não necessitando desse profissional. Além da aparência da locação, outros aspectos são analisados: acesso ao local, áreas vizinhas, poluição sonora, acústica, espaço e estacionamento, entre outros. Para que determinada locação seja utilizada, deve-se obter autorização do proprietário do imóvel, das administrações regionais, das subprefeituras, da Companhia de Engenharia de Tráfego etc.

- *Diretor de arte da produtora ou cenógrafo*: desenvolve diversos projetos para a construção e decoração do *set* de filmagem. Deve planejar tudo o que irá aparecer nas cenas, ou melhor, no *set* em si, incluindo a decoração e os acessórios utilizados pelos atores. Em projetos maiores, o cenógrafo pode trabalhar diretamente sob o comando do diretor de arte.
- *Produtores de objetos*: são os responsáveis pela aquisição ou locação de peças e acessórios para a decoração do *set* de filmagem, sempre tomando cuidado com os produtos protegidos por *copyright* (marcas em roupas, em peças, logotipos, marcas de automóveis etc.).
- *Produtor de figurino/figurinista*: o figurino pode ser desenhado, criado, adquirido e até alugado. O produtor de figurino é orientado pelo diretor do filme. Desenvolve figurinos que podem dominar a cena, ser adequados mas discretos, que somem ao conceito principal. Analisa estilos, época, tamanhos etc. Seu trabalho é aprovado também pela agência e, muitas vezes, pelo anunciante.
- *Produtora de som (empresa)*: as produtoras de som se apresentam para as produtoras, o diretor do filme, os diretores de criação da agência e o cliente. O processo de seleção é idêntico ao utilizado no caso de atores. Podem ser contratados locutores ou dubladores, de acordo com a necessidade do comercial.

Produção

- *Maquinista*: é o profissional que movimenta *dollies* e gruas que exigem precisão e delicadeza. É preciso saber o tempo correto para fazer o movimento com a *dolly*, por exemplo, porque o diretor está com o cronômetro na mão.

> *É claro que existe um ensaio, antes, mas ensaio é ensaio. É na hora do vamos ver que as coisas têm que funcionar e você não pode tremer, não pode ir depressa nem devagar demais, senão dá errado, a tomada tem que ser feita novamente e fica mal para o maquinista. Com gruas é ainda mais complicado. Em cenas movimentadas ou de muitos detalhes, o movimento tem que ser permanente. Então é preciso controlar direito o equipamento, colocando e tirando pesos o tempo todo, para ele baixar e levantar. E tomar um cuidado muito grande com o fotógrafo e com a câmera, porque de repente aquilo pode virar uma catapulta. Isso quando o diretor não pede coisas de última hora.* (Albiol, 2000, p. 18)

- *Maquiador e cabeleireiro*: num filme, a maquiagem depende de uma série de fatores, desde o tipo de iluminação, se a cena é mais escura ou mais clara, até a distância da câmera, se é um primeiro ou segundo plano. É um trabalho que se faz muito em conjunto com o diretor do filme.

Jean Canova (2000, p. 19) comenta sua criação com o diretor:

Então, você precisa conversar com ele, falar da personagem, fazer um laboratório, ficar íntimo dele e aí o trabalho decola. Mas desgraça total é pegar figurantes sem experiência em atuação, que não têm interesse em se maquiar. Ou que simplesmente não agüentam a maquiagem no rosto.

Maquiagem é um trabalho de criação, não só de técnica. Muitas vezes, num roteiro, a agência fornece apenas um pedaço da ideia e é preciso complementá-la:

O roteiro pode pedir um monstro, mas dificilmente vai explicar que monstro é esse e quem vai criá-lo é o maquiador. E, dentro de certos limites, do contrário a maquiagem rouba a cena do produto. É, também, um trabalho de pesquisa. Se, num filme de ação, alguém leva um tiro, é preciso saber que calibre é esse tiro, de que distância foi dado, em que posição a vítima estava, há quanto tempo ele o levou. Em cada situação, você tem um tipo de estrago. Se o tiro é recente ou se passaram dois dias, a tonalidade do sangue secou e a vítima fica apenas com um hematoma. E você tem de saber tudo isso, porque o roteiro só diz que a pessoa levou um tiro. Além disso, é um trabalho que muda sempre. Cada ator é um e, mesmo que o maquiador faça suas caracterizações do mesmo tipo como uma bruxa, cada atriz tem um rosto para se trabalhar, sem falar nas diferenças entre os roteiros e as interpretações, tudo isso dando vida à maquiagem. O computador está entrando em cena, nessa área, mas alguém precisa alimentá-lo. Mesmo num trabalho de distorção de imagem, como a criação de certos monstros, é preciso filmar quadro a quadro antes de finalizar. E, antes de filmar, o maquiador está lá. Por isso, o maquiador é um profissional insubstituível, por menor que seja a produção, a menos que o diretor coloque a tia dele para fazer esse trabalho. (Canova, 2000, p.19)

- *Técnico de som direto*: segundo o técnico Egídio Conde (2000, p. 71),

[...] o trabalho do técnico de som está diretamente ligado ao do diretor, e as concepções surgem de muito diálogo sobre os resultados a serem alcançados. O diretor tem sua visão do filme. E a tarefa do técnico de som é traduzi-la da maneira mais adequada, com os recursos que tem à disposição. Hoje, o som tem muito mais recurso do que tinha poucos anos atrás. Principalmente microfones de última geração, extremamente sensíveis, cuja contribuição para a qualidade dos trabalhos chega a ser mais importante do que a dos próprios gravadores. Isso porque o grande segredo do som é saber lidar com os microfones.

A seguir, serão apresentadas as etapas da filmagem. Por sua complexidade e diversidade, abordaremos aspectos relacionados aos objetivos de cada profissional e às suas formas de trabalho e contribuições entre a equipe durante esse processo.

Gravação do comercial

Na fase de produção, há os aspectos mais diretos relacionados à filmagem do comercial. Efetiva-se a contratação de toda a equipe e fazem-se as reuniões para definir todas as datas que envolvem montagem, filmagem, sonorização e finalização. Normalmente, essa etapa é dividida em preparação do *set* e da iluminação, dias de gravação, desmontagem do *set*, sonorização e finalização do filme. Segundo Eliana Silva (2006):

> *Neste processo há os documentos que a produtora envia para a agência e os que ela produz internamente. São várias as formas de controle e cada membro da equipe tem as suas planilhas. Uma coisa extremamente importante é que as informações estejam disponíveis para todos os membros da equipe. Tudo é anotado e registrado. Por exemplo, quando se tem um comercial com muitas traquitanas, pontes e plataformas (equipamentos para auxiliar nos movimentos de câmeras), é imprescindível o acompanhamento técnico do "maquinista" e, como se trabalha com fornecedores para locação de equipamentos, é preciso estar atento para o detalhamento dos itens a serem utilizados, marcar as datas de locação e obter a confirmação da locadora, tanto em termos de equipamentos e acessórios, quanto dos prazos, custos e formas de pagamento.*

Existe também a etapa chamada de apresentação da produção que acontece para o cliente e a agência. Nessa etapa, a produtora já está com a produção pronta, e participam dessa fase os responsáveis das áreas envolvidas. É apresentado todo o detalhamento da produção para aprovação definitiva, pois o objetivo é mostrar ao cliente, pela primeira vez, todos os elementos que farão parte do processo total do filme. O intuito dessa etapa é receber a confirmação do cliente e da agência e oferecer à produtora uma certa garantia para que, nos dias das filmagens, não haja mudanças ou alterações que comprometam todos os trabalhos envolvidos.

A gravação do comercial, em linhas gerais, normalmente segue o plano já traçado pela reunião de pré-produção. Nela, toda a equipe colabora com suas funções e talentos específicos para a gravação e sabem que precisam apresentar flexibilidade nos imprevistos que podem acontecer.

Existe uma série de acasos que podem ocorrer, a equipe precisa estar atenta e prever todos eles ao máximo: mudanças de tempo, problemas de barulho, tráfego, aglomeração de pessoas e diversas outras questões que possam surgir inesperadamente.

Mostramos, a seguir, a solicitação da previsão do tempo em um local específico de filmagem externa para exemplificar a antecipação da informação e o planejamento de questões referentes às diversidades e à incerteza do clima.

Pesquisa Climatempo, Campanha Bradesco Tiago Pereira

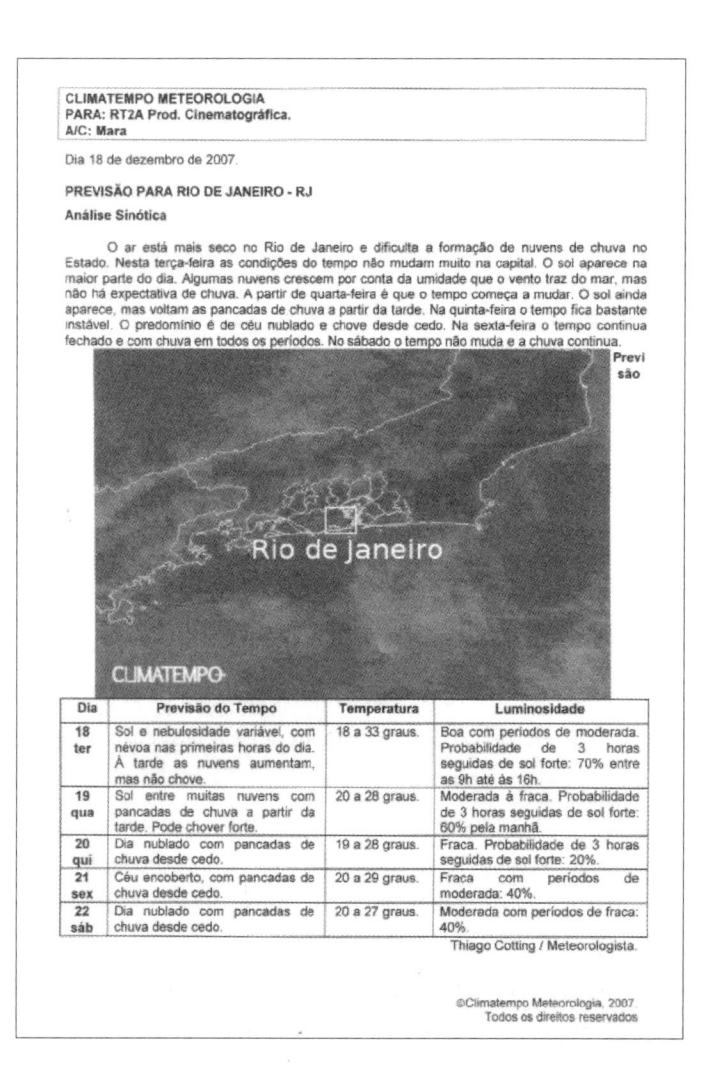

CLIMATEMPO METEOROLOGIA
PARA: RT2A Prod. Cinematográfica.
A/C: Mara

Dia 18 de dezembro de 2007.

PREVISÃO PARA RIO DE JANEIRO - RJ

Análise Sinótica

O ar está mais seco no Rio de Janeiro e dificulta a formação de nuvens de chuva no Estado. Nesta terça-feira as condições do tempo não mudam muito na capital. O sol aparece na maior parte do dia. Algumas nuvens crescem por conta da umidade que o vento traz do mar, mas não há expectativa de chuva. A partir de quarta-feira é que o tempo começa a mudar. O sol ainda aparece, mas voltam as pancadas de chuva a partir da tarde. Na quinta-feira o tempo fica bastante instável. O predomínio é de céu nublado e chove desde cedo. Na sexta-feira o tempo continua fechado e com chuva em todos os períodos. No sábado o tempo não muda e a chuva continua.

Previsão

CLIMATEMPO

Dia	Previsão do Tempo	Temperatura	Luminosidade
18 ter	Sol e nebulosidade variável, com névoa nas primeiras horas do dia. À tarde as nuvens aumentam, mas não chove.	18 a 33 graus.	Boa com períodos de moderada. Probabilidade de 3 horas seguidas de sol forte: 70% entre as 9h até às 16h.
19 qua	Sol entre muitas nuvens com pancadas de chuva a partir da tarde. Pode chover forte.	20 a 28 graus.	Moderada à fraca. Probabilidade de 3 horas seguidas de sol forte: 60% pela manhã.
20 qui	Dia nublado com pancadas de chuva desde cedo.	19 a 28 graus.	Fraca. Probabilidade de 3 horas seguidas de sol forte: 20%.
21 sex	Céu encoberto, com pancadas de chuva desde cedo.	20 a 29 graus.	Fraca com períodos de moderada: 40%.
22 sáb	Dia nublado com pancadas de chuva desde cedo.	20 a 27 graus.	Moderada com períodos de fraca: 40%.

Thiago Cotting / Meteorologista.

©Climatempo Meteorologia, 2007
Todos os direitos reservados

A gravação de um filme segue, em geral, algumas regras gerais: preparação do *set* e da iluminação, ensaio de luz e produção, dias da gravação e desmontagem.

Na preparação do *set*, algumas providências já foram tomadas na fase de pré-produção: locações são escolhidas e contratadas, autorizações obtidas, estúdios locados, *set* projetado e construído, a decoração do set, elenco selecionado e contratado, equipamento locado e checado, filmes comprados e equipe contratada – relacionamos aqui os pontos que são necessários nos casos mais convencionais de produção de comerciais.

Na primeira fase, a preparação do *set*, carpinteiros e pintores desenvolvem aquilo que foi definido em plantas e croquis pelo diretor de arte da produtora ou cenógrafo. Após essa etapa, o diretor planeja a filmagem – posições, localização e movimento de câmeras – e determina onde devem ficar os atores e a iluminação de cada cena.

Normalmente, o *blocking diagram* apresenta a colocação das câmeras no *set* de filmagem, é definido pelo diretor e é o que direciona a construção do *set*.

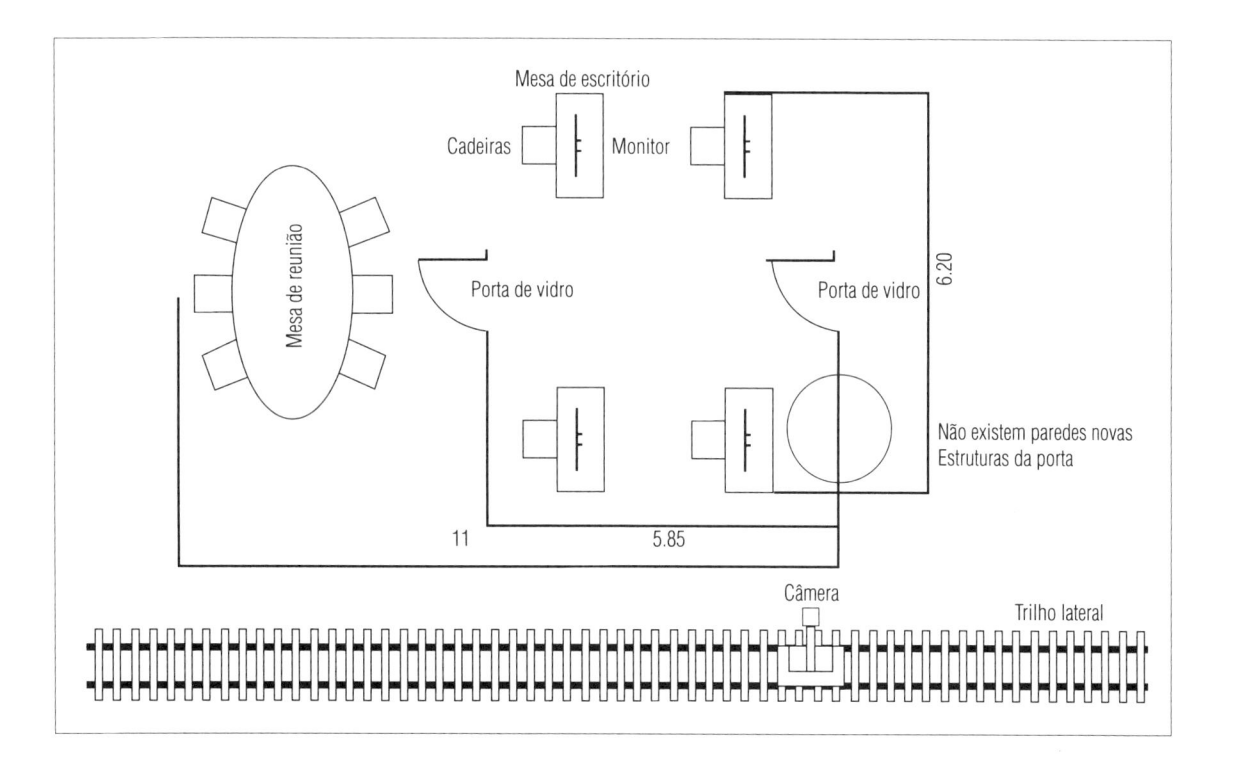

O diretor de fotografia e os eletricistas cuidam da iluminação de cada cena definida para os dias da gravação. Como fator principal de administração do tempo, as definições de luz acontecem antes de toda a equipe e o elenco estarem no *set*. O restante da equipe não precisa estar nesse momento nos locais de filmagem.

Existe também a inspeção da iluminação e do *set* em relação às imagens e tomadas planejadas (Elin & Lapides, 2006). Reserva-se tempo também para a decoração do *set*, como montagens de cozinhas, ambientações específicas, paisagismos e criação do ambiente planejado pelo cenógrafo e diretor de arte, passando pela orientação e aprovação do diretor e, posteriormente, da agência e do cliente. Muitas vezes, em ambientes externos, busca-se a limpeza visual do local – retiram-se placas, lavam-se ruas e estradas, pintam-se fachadas etc. O embelezamento feito é próprio da construção visual esperada na publicidade. Gelos de acrílico e alguns líquidos são substituídos por outros, como refrigerante por água e ecoline, leite por cal e água, para efeitos visuais melhores, embelezamento de tudo o que está previsto na cena, utilizações de *mockups* e técnicas para melhorar o aspecto do produto.

Trataremos agora do processo de criação do diretor de fotografia, do diretor de arte/cenógrafo e dos eletricistas. De acordo com as declarações obtidas, a atuação desses profissionais é fundamental na construção visual esboçada pelo diretor no *shooting board*. Eles são direcionados por esse documento, mas sabem que podem ter ideias que possam aprimorar aquela do *frame* já previsto.

Sobre seu papel na criação de filemes, Darran Tiernan (2007, p. 27), diretor de fotografia, afirma:

> *São as imagens que dão corpo aos comerciais. E, se as imagens não forem interessantes, cativantes, não vendem. Cada* frame *tem que contar uma história. O filme é sempre a visão que o diretor cria para aquela história. Mas o papel do diretor de fotografia é garantir que essa visão aconteça.*

Sobre o seu processo de trabalho como diretor, Tiernan (2007, p. 28-9) aponta para uma troca de informações entre eles, direcionada pela definição dos *frames*, e exemplifica o processo de criação:

> *Eu e o diretor de cena conversamos bastante antes das filmagens. Na pré-produção visito as locações e imagino o que pode ser feito, tenho ideias. Procuro não ler muito os* scripts *que as agências nos passam, a menos que sejam muito específicos. Mas leio o* treatment *do diretor e tento sugerir coisas. Juntos, avaliamos o quanto o trabalho será difícil ou não. E aí vem a parte da burocracia, quando somos informados sobre o que poderemos ou não fazer, se teremos dinheiro ou não. Essas respostas quem nos dá é o* producer *(o produtor de RTVC, na Europa e nos Estados Unidos). Ele nos diz sim ou não. Quando as filmagens têm início, os criativos da agência acompanham e contribuem com novos* inputs. *Aqui, na Europa, os diretores filmam, editam, fazem a correção de cor e a*

> pós-produção. Eu gostaria de participar mais do processo, depois das filmagens, mas nem sempre posso. Já nos EUA, as coisas são diferentes. Lá os diretores filmam, mas é a agência que acompanha a correção e a finalização. [...] A superexposição é sempre um risco, pois, ao superexpor alguma cena, você não consegue reverter isso. Na indústria da propaganda há um medo terrível do escuro, e eu amo a falta de luz. É o escuro que faz com que a imagem ganhe vida. O grande desafio é iluminar o escuro, entende? Nunca cometi um erro de caso pensado, mas aconteceu de superexpor além da conta e das pessoas envolvidas naquele trabalho não ficarem muito felizes ao descobrir isso. Mas outra coisa muito difícil, num trabalho, é quando o diretor de cena não explica corretamente o que quer. Quando é assim, você provavelmente vai entregar um trabalho que não era o que ele esperava. E não estou num negócio onde possa dar às pessoas o que elas não querem. Mas isso às vezes acontece. Esse não é um erro meu, propriamente dito, mas uma consequência. Contudo, a maior parte dos diretores com que eu trabalho tem muita clareza do que querem. Os melhores profissionais sempre sabem o que querem. Os ruins não. E quando não se sabe o que quer, ir na tentativa e erro é muito caro. Você desperdiça tempo e dinheiro, e isso não é bom para ninguém.

Sobre suas referências para criar: "Compro muitos livros de fotografia e vejo muitos longas. Também leio histórias em quadrinhos, que são excelentes fontes de ideias para filmagens" (Ibidem, p. 28).

Para também exemplificar o processo da criação na fotografia de comerciais, Zé Bob (*Special Report*, 2000, p. 20), que está nessa profissão há mais de vinte anos, afirma que o trabalho em publicidade é estressante por causa do ritmo de produção:

> Muitas vezes, eu sou obrigado a filmar e telecinar no mesmo dia, porque não houve planejamento. Outras, o orçamento é tão espremido que as coisas têm que ser feitas de um dia para o outro. É um exercício bacana, porque você aprende a ser flexível, a ser rápido nas decisões.

O processo de aprendizado no mercado tradicional é o assistente de fotografia se transformar posteriormente num diretor de filmes. Apesar das escolas, afirma-se que o aprendizado se dá na prática, na atuação de um mestre e um discípulo: "Isso é uma coisa mundial. Quando a gente lê a ficha técnica de um longa, ali tem uma coisa de família, com os pais passando o ofício para os filhos. Eu mesmo tive os meus mestres, tenho meus discípulos" (Ibidem).

Zé Bob afirma também que o cinema depende do entusiasmo e da disposição de aperfeiçoamento próprio. Ele desenvolve trabalhos com produtoras internacionais e busca suas reciclagens no mercado publicitário.

A respeito do filme publicitário, o diretor de fotografia Lúcio Kodato (2000, p. 30) aborda alguns aspectos relevantes na busca específica da imagem na criação e afirma:

> Na publicidade a imagem é cada vez mais padronizada e isso simplifica bastante o trabalho do fotógrafo, porque basta copiar o que todos já fizeram. Só que, do Rio de Janeiro para cima, a luz brasileira vai ficando cada vez mais zenital e não permite sequer uma boa cópia. Então, o fotógrafo tem de procurar outras soluções, que não as comuns. No cinema, talvez o Walter Carvalho, por exemplo, tenha conseguido isso nas sequências de Central do Brasil. Não se trata de nacionalismo: é uma questão de perceber que cada país tem sua paisagem, sua luz e que ela precisa ser fotografada de maneira correta. Mas, enquanto os criadores tiverem suas referências em Cannes, será complicado discutir esse problema. E a luz europeia exigida, na falta de condições ideais, continuará sendo criada no computador, que cada vez mais faz o trabalho do fotógrafo.

Kodato explica que o processo de telecinagem faz que os defeitos na fotografia de um filme se acentuem e acabem perdendo a profundidade de campo. Para conhecer bastante o processo, ele utiliza as referências dos mestres do preto e branco na fotografia e no cinema, como Ansel Adams e Gregg Toland, e cita também os grandes mestres da pintura, como Caravaggio e Johannes Vermeer, que, além das sombras, utilizavam o jogo das cores: "Pode parecer heresia, mas em um filme de margarina, a cena tem muito a ver com as de Vermeer: aquela luz entrando pela janela, banhando as pessoas e aquela coisa de reunião à mesa, mostrando como se desenrola o cotidiano de uma família" (Ibidem).

Diretor de arte e cenógrafo

O profissional Alexandre Toro (2000) diferencia alguns trabalhos que desenvolve no teatro e os compara à direção de arte na publicidade: "No palco, a cenografia é essencial para materializar o conceito expresso pelo texto. Na publicidade, a produção é tão frenética que as coisas envelhecem depressa demais".

Na publicidade, Toro vê no computador um caminho, o futuro, desenvolvendo projetos inteiros de cenografia a um custo e a um tempo muito menores. Mas nunca substituindo um diretor de arte, porque cada filme tem seu objetivo, sua intenção.

Muitas vezes, ao analisar o roteiro, o diretor de arte pode trabalhar com algumas dificuldades, como roteiros minuciosos demais para se criar ou vagos demais para se trabalhar. Toro (2000, p. 32) exemplifica esses processos:

> Quando se trata de um filme de margarina, por exemplo, o roteiro já traz a indicação do cenário, da luz, das personagens, e o único trabalho do diretor de arte é executar iconografias já estabelecidas, com pouco espaço de interpretação. Em outros casos, o roteiro não diz praticamente nada e, para sair alguma coisa, é preciso praticamente inventar um conceito. Aí, o diretor de arte trabalha em

conjunto com o diretor, e passa a ser um auxiliar dele na concepção do filme, porque é um abacaxi que alguém tem que ajudá-lo a descascar. Acontece que os detalhes são extremamente importantes para se colocar um produto em evidência, não só o ator como cenário. Na verdade, o que dá uma cara para o produto é aquilo que o rodeia. Quanto mais a direção de arte se aprofunda, mais força dá para ele, mais densidade dá para o filme, mais eficácia dá para a mensagem.

Eletricista

De acordo com Jamelão (cf. *Special Report*, 2000):

O eletricista é quem cuida da parte técnica da iluminação. O diretor de fotografia diz qual vai ser o clima da luz. E, entre as dezenas de refletores que existem à disposição, eu tenho que indicar os mais adequados para o que ele quer. Ele é o artista e o meu trabalho é viabilizar os sonhos dele.

Segundo Jamelão, os eletricistas também enfrentam a burocracia da equipe. Nas produções estrangeiras, cada um cuida da sua área, de acordo com um planejamento, e, se errar, responde por isso, porque teve autonomia para decidir. No Brasil, ninguém tem poder para decidir nada. O único que faz isso é o diretor, é ele quem dá a palavra final sobre tudo:

Você entra às sete da manhã, faz uma série de coisas, mas é ele quem vai resolver. Então ele chega mais tarde, muda a cor do cenário, a luz; manda o figurinista trocar as roupas, porque não gostou de nenhuma, e você perde todas essas horas de trabalho. É a maneira mais cara de se fazer um filme. Para ele, isso não é um problema do diretor, mas de toda uma estrutura que não funciona, nas produções brasileiras. (Special Report, 2000)

Jamelão diz isso baseado na experiência que teve em produções de outros países, onde a produtividade é muito maior:

Eu fiz um comercial para a American Airlines e tínhamos que filmar no Flamengo, no Leblon e em Parati no mesmo dia. Eu olhei para aquilo e disse: "Isto aqui é incumprível". Mas foi tudo feito, sem atrasos, porque não se perdeu tempo modificando o que cada profissional, especialista em sua área, achou melhor. (Ibidem)

É impressionante a enorme quantidade de equipamentos existentes num *set*: câmera, câmera reserva, lentes diversas, luzes, suportes, aparelhos de vídeos para assistir em *replay* instantâneo a uma cena que acabou de ser filmada (*video assist*), estabilizadores, câmeras de mão (*steadicam*), guindastes para suspender as câmeras em diversas tomadas (gruas), equipamentos com braços móveis, *dollies*, carros, *trailers* (para atores infantis, maquiagem, alimentação, troca de roupas etc.), tendas (simulando pequenos escritórios ou para outras possíveis utilizações), equipamentos específicos para montagem de câmeras em fios suspensos ou carrinhos pequenos para tomadas de ângulos muito baixos e uma infinidade de materiais e equipamentos que não poderíamos listar aqui em razão da diversidade e quantidade.

O número de profissionais envolvidos sempre é expressivo e proporcional ao orçamento. Na pesquisa realizada, percebemos que o diretor e a produtora evitam que os profissionais acumulem funções diversas para obter qualidade no processo de produção do comercial. Em geral, trabalha-se de oito a dez horas diárias. No entanto, há casos em que esse período chega a 16 horas, por causa de gravações externas e para aproveitar ao máximo as condições de luz natural. Normalmente, esses fatores são observados numa previsão orçamentária, pois a própria característica do filme já prevê tais condições. Alguns contratos estabelecem intervalos menores de descanso quando as refeições são servidas no próprio *set*, o que evita a dispersão do ritmo de trabalho.

Os profissionais presentes na montagem do *set*, além do diretor, do produtor executivo, são: o assistente de diretor, o diretor de fotografia, o primeiro assistente de câmera, o eletricista-chefe, o maquinista, o diretor de arte, o cenógrafo e o produtor de objeto. Alguns profissionais podem ser previstos de acordo com o comercial, como: coreógrafos, dublês, artistas gráficos, profissionais especializados em pirotecnia, treinadores de animais etc.

Assistência médica, ambulâncias, seguros e contratação de seguranças são necessários quando as filmagens envolvem mais riscos e exposição dos profissionais envolvidos e quando os equipamentos exigem também acompanhamentos e cuidados.

O controle do dia da gravação está sob a direção do assistente de direção, que é quem desenvolve o documento chamado plano de filmagem, apresentado a seguir:

O processo de criação do filme publicitário 179

Plano de filmagem Amesp Medial

mixer plano de filmagem

Hora	Storyboard	Locação	Elenco	Figurino	Dir Arte/Objetos	Câm/Luz/Maq	Produção/Produto
08:00 Às 13:00 hs	AMESP	Jardim da casa	Vanda Santo / Sara	Menina Grama / Senhora	----	Câmera no praticável	JANELA: FULL

13:00hs - deslocamento para o centro
13:30 às 14:30hs - almoço

Hora	Storyboard	Locação	Elenco	Figurino	Dir Arte/Objetos	Câm/Luz/Maq	Produção/Produto
14:30 Às 15:00 hs	AMESP	Vale do Anhangabaú	Pai: Edinel / Filho: Marcos	Filho: Casula		steady	JANELA: FULL
15:30 as 16:00 hs	AMESP	Praça do Patriarca			Pasta e jornal	steady movimento de perspectiva.	JANELA: FULL Abre a primeira porta. fechar o toldo da loja ao lado
16:30 as 17:00 hs	AMESP	Escadaria João Adolfo	Oswaldo Eugênio / Irmãs gêmeas: Barbara e Nathalia Rosa	As meninas não devem estar vestidas iguais		steady	JANELA: FULL

mixer plano de filmagem

Hora	Storyboard	Locação	Elenco	Figurino	Dir Arte/Objetos	Câm/Luz/Maq	Produção/Produto
17:30 Às 18:30 hs	AMESP	Ônibus - Na rua Líbero Badaró	Rafael Markes / Cida Augusto + todos figs	Senhora:	----		JANELA: FULL as luzes do ônibus devem estar todas acesas
17:30 Às 18:30 hs	MEDIAL	Ônibus - Na rua Líbero Badaró	Isabela Boton / Geovana Magalhães		------		JANELA: 16:9

18:30hs - deslocamento para a quadra - Barra Funda

Hora	Storyboard	Locação	Elenco	Figurino	Dir Arte/Objetos	Câm/Luz/Maq	Produção/Produto
20:00 Às 21:00 hs	AMESP	Quadra	Jackson / Diego / Thiago / Luiz + todos os figs	Garoto: estar com uma calça tipo de capoeira e um tênis bem batido. Homem: Calça jeans e camiseta	Bancos, instrumentos musicais, bandeirinhas	steady	JANELA: FULL playback

180 *Criação em filmes publicitários*

mixer plano de filmagem

Filme	Viver Bem/Samba	Produto	Institucional	Agência	Matos Grey	Cliente	Amesp/Medial
Data de filmagem	27/10/2007	Local da filmagem	locações	Direção	Michel	Fotógrafo	Monte

05:45hs- Chegada da produção / objeto
06:30hs- Chegada da equipe / elenco /maquiagem / figurino /assistentes de direção / câmera
06:45hs - Chegada Rodrigo Monte
07:30hs-Chegada Michel
08:00hs - Início da filmagem

Hora	Storyboard	Locação	Elenco	Figurino	Dir Arte/Objetos	Câm/Luz/Maqui	Produção/Produto
08:00 Às 13:00 hs	AMESP	Casa - quarto casal	Caio Torrado	Camiseta hering	Cama de solteiro, cabeceira, lençol (não pode ser verde) despertador digital marcando 5hs. abajour. Ter toalhas no fundo do banheiro	No banheiro - vamos falsear com uma bacia ele jogando água no rosto.	JANELA: FULL
08:00 Às 13:00 hs	MEDIAL	Casa - quarto do filho	Patrick Oliveira / Ivy Haddad ou Bruna	Patrick: camiseta e shorts e bebê: roupinha florida	O quarto tem q ser característico do irmão. Então, temos que ter objetos q condizem a um menino de 8/9 anos	steady	JANELA: 16:9
08:00 Às 13:00 hs	MEDIAL	Varanda da sala	Roberta de Moraes	casual	Mesa de café da manhã, xícara	steady	JANELA: 16:9
08:00 Às 13:00 hs	MEDIAL	Entrada da casa	Enzo E João Pedro	Uniforme escolar - verde	Mochilas	steady	JANELA: 16:9

mixer plano de filmagem

Hora	Storyboard	Locação	Elenco	Figurino	Dir Arte/Objetos	Câm/Luz/Maq	Produção/Produto
08:00 Às 13:00 hs	AMESP	Jardim da casa	Vanda Santo / Sara	Menina Grama / Senhora	----	Câmera no praticável	JANELA: FULL

13:00hs - deslocamento para o centro
13:30 às 14:30hs - almoço

14:30 Às 15:00 hs	AMESP	Vale do Anhamgabaú	Pai: Edinei / Filho: Marcos	Filho: Casula	----	steady	JANELA: FULL
15:30 as 16:00 hs	AMESP	Praça do Patriarca			Pasta e jornal	steady movimento de perspectiva.	JANELA: FULL Abre a primeira porta. Fechar o toldo da loja ao lado
16:30 às 17:00 hs	AMESP	Escadaria João Adolfo	Oswaldo Eugênio / Irmãs gêmeas: Barbara e Nathalia Rosa	As meninas não devem estar vestidas iguais		steady	JANELA: FULL

O processo de criação do filme publicitário **181**

mixer — plano de filmagem

Filme	Viver Bem/Samba	Produto	Institucional	Agência	Matos Grey	Cliente	Amesp/Medial
Data de filmagem	27/10/2007	Local da filmagem	locações	Direção	Michel	Fotógrafo	Monte

05:45hs- Chegada da produção / objeto
06:30hs- Chegada da equipe / elenco /maquiagem / figurino /assistentes de direção / câmera
06:45hs - Chegada Rodrigo Monte
07:30hs-Chegada Michel
08:00hs - Inicio da filmagem

Hora	Storyboard	Locação	Elenco	Figurino	Dir Arte/Objetos	Câm/Luz/Maqui	Produção/Produto
08:00 Às 13:00 hs	AMESP	Casa - quarto casal	Caio Torrado	Camiseta hering	Cama de solteiro, cabeceira, lençol (não pode ser verde) despertador digital marcando 6hs. abajour. Ter toalhas no fundo do banheiro	No banheiro - vamos falsear com uma bacia ele jogando água no rosto.	JANELA: FULL
08:00 Às 13:00 hs	MEDIAL	Casa - quarto do filho	Patrick Oliveira / Ivy Haddad ou Bruna	Patrick: camiseta e shorts e bebê: roupinha florida	O quarto tem q ser caracteristico do irmão. Então, temos que ter objetos q condizem a um menino de 8/9 anos	steady	JANELA: 16:9
08:00 Às 13:00 hs	MEDIAL	Varanda da sala	Roberta de Moraes	casual	Mesa de café da manhã, xícara	steady	JANELA: 16:9
08:00 Às 13:00 hs	MEDIAL	Entrada da casa	Enzo E João Pedro	Uniforme escolar - verde	Mochilas	steady	JANELA: 16:9

mixer — plano de filmagem

Hora	Storyboard	Locação	Elenco	Figurino	Dir Arte/Objetos	Câm/Luz/Maq	Produção/Produto
17:30 Às 18:30 hs	AMESP	Ônibus - Na rua Libero Badaró	Rafael Markes / Cida Augusto + todos figs	Senhora:	-----		JANELA: FULL / as luzes do ônibus deverm estar todas acesas
17:30 Às 18:30 hs	MEDIAL	Ônibus - Na rua Libero Badaró	Isabela Boton / Geovana Magalhães		-----		JANELA: 16:9

18:30hs - deslocamento para a quadra - Barra Funda

Hora	Storyboard	Locação	Elenco	Figurino	Dir Arte/Objetos	Câm/Luz/Maq	Produção/Produto
20:00 Às 21:00 hs	AMESP	Quadra	Jackson / Diego / Thiago / Luiz + todos os figs	Garoto: estar com uma calça tipo de capoeira e um tênis bem batido. / Homem: Calça jeans e camiseta	Bancos, instrumentos musicais, bandeirinhas	steady	JANELA: FULL / playback

Podemos observar um grande detalhamento do que envolverá a filmagem: hora da filmagem de cada cena, *shooting board*, identificação da locação, elenco, detalhes do figurino, direção de arte e objetivos, tipo de câmera, luz e maquinista, tipo de captação de cena. Identificam-se também o nome do filme, sua característica (produto) institucional etc., agência solicitante, nome do cliente, data de filmagem, local de filmagem, nome do diretor e do fotógrafo. Além dessas informações, define-se o horário de chegada dos profissionais:

5h45 – chegada da produção/objeto;
6h30 – chegada da equipe/elenco/maquiagem/figurino/assistentes de direção/câmera;
6h45 – chegada Rodrigo Monte;
7h30 – chegada Michel;
8h00 – início da filmagem.

Em geral, o diretor desenvolve um plano de filmagem em que se define a sequência das cenas e aplica-se tudo aquilo que ficou acertado na fase de pré-produção. O plano de filmagem serve como guia para o assistente de direção. Enquanto ele repassa com a equipe todos os detalhes necessários, verificam-se montagem e posicionamento de equipamentos, preparo de câmeras, iluminação, objetos e decoração do *set*, e tudo é definido para a gravação da primeira cena. O diretor repassa cenas com o elenco enquanto os atores se vestem e são maquiados. Quando estiver tudo pronto, faz-se o primeiro ensaio. Inicialmente, ensaiam-se as cenas com os atores infantis e depois com os demais. Acertados todos os pontos, então a cena é rodada, o diretor grita "ação" e a primeira cena é filmada e filmada novamente. A proporção do material que é filmado é sempre da ordem de: para a televisão, de 3 a 4 vezes mais que a duração do programa, e num longa-metragem, de 8 a 12 vezes mais (Elin & Lapides, 2006). Essa quantidade de material produzido justifica-se pelo apuro e pela perfeição de cada *frame* como uma busca primordial na publicidade. No momento da edição, uma maior quantidade de produto filmado auxilia numa maior flexibilidade de opções, e é importante também lembrar que o custo diário estimado de preparação e montagem de um *set* para gravação de uma produção, considerada de grande porte em publicidade, varia entre US$ 75 mil e 125 mil.

Num *set* de filmagem, o diretor demonstra e exerce seu conhecimento da tecnologia, sua liderança com a equipe e domínio da linguagem visual. Durante o processo de gravação, o diretor realiza centenas de pequenas decisões relacionadas à câmera e à iluminação, buscando preencher cada quadro com significados precisos para o filme.

Num processo de filmagem, um diretor já planejou quais são suas buscas e seus objetivos específicos, mais o comprometimento com o desafio. Continua questionador e as dúvidas o fazem buscar ainda mais aprimoramento que é um papel fundamental para intensificar a rede de relações e associações criativas. Apesar de parecer dessa forma, essa fase não é um processo burocrático em que se deve cumprir o que já foi proposto, existem ainda as limitações estabelecidas pelo próprio processo, mas há também novas possibilidades a serem descobertas. A característica de um planejamento muito bem realizado parece fazer que o diretor possa se despreocupar mais com o processo burocrático e criar novas possibilidades no momento da filmagem.

Estamos num fluxo de continuidade em que o olhar retroativo e as avaliações geram uma rede de possibilidades. O diretor está na incerteza do processo, menos incerto que no início, podemos dizer. Ele enfrenta a possibilidade do erro e da variação. Quando isso acontece, aciona determinadas avaliações que o levam a definir por substituições e cortes, adicionar, modificar de forma não linear. Trata-se de julgamentos desenvolvidos numa autocorreção criativa surgida pela incerteza, instabilidade e angústia (Salles, 2006).

Há também os momentos de contribuição de toda a equipe, alguns diretores afirmam que nunca fizeram um filme que não contasse com toques importantes de todos:

> *Tive maquiador que se preocupava em sujar de pó um interruptor de luz para que ele não aparecesse muito limpo no filme. Retocava ao redor das maçanetas, dizendo que nenhuma casa de verdade tinha maçanetas limpas. Tive um diretor de fotografia que dava toques no texto. Adoro poder manipular elementos dentro de um set, fazer os outros participarem, desde o casting e iluminação até a montagem final.* (Amon, 2006, p. 21)

> *Como diretor, quero tirar o máximo de resultados dos integrantes de uma equipe. Jogo o ego pela janela, para ser o mais humilde do time e para que todos se sintam participantes. Nesse aspecto, sou um diretor de cine antigo. Trabalho com diretor de fotografia, com diretor de arte... poderia fazer a luz. Poderia fazer a direção de arte, mas creio que, se começo a fazer essas coisas, posso perder o mais importante, que é ser o diretor. Formo uma cúpula com o diretor de fotografia, com o diretor de arte, com o primeiro assistente de direção e com o diretor ou chefe de produção. Sou bastante socialista neste aspecto.* (Ricagni, 1998, p. 27)

O diretor controla tudo no *set* como um pintor domina seus pincéis. Alguns diretores reforçam o trabalho em equipe e a interatividade entre ela como forma de encontrar novas ideias durante o processo: "O que me atrai no trabalho atrás das câmeras é a manipulação da realidade. A criação de mundos paralelos. É como um menino com um papel branco, um pincel e um guache na mão" (Mangai, 1998, p. 18).

O diretor parte de elementos bidimensionais (*shooting board*) e vai para os tridimensionais (*set*, atores, objetos, luz), transformando-os num novo objeto bidimensional: a cena. O diretor também controla o movimento, o tempo e o som do filme.

Quando todas as cenas de um determinado *set* são realizadas, a equipe faz os ajustes necessários para a produção da próxima cena. Esse processo se repete pelo resto do tempo de gravação, interrompido apenas pelos intervalos de descanso e alimentação, até o final do dia.

Quando se observa um *set*, tem-se a impressão de que ali não há um trabalho de fato, pois as pessoas estão sempre sentadas, esperando. Na verdade, todos os profissionais aguardam as definições do diretor: figurinos, maquiagem, iluminação e câmeras. Tudo deve estar funcionando para ser acionado nos momentos solicitados. Os profissionais cuidam de reposições e atendem a todas as solicitações, em qualquer momento. Não pode haver algo que não funcione durante o dia da filmagem, pois, caso contrário, todo o processo será interrompido. Reunir toda essa diversidade de profissionais é custoso e uma das características da produção visual. Todos os profissionais juntos produzindo o filme é um processo que demanda muito planejamento e trabalho de todos os envolvidos. Tudo deve acontecer sem nenhum tipo de dificuldade, sem interrupções. Cada área deve executar seu trabalho e interferir em setores alheios.

O momento de filmagem para o diretor é um percurso de experimentação e também um movimento tradutório. Já esboçado, experimentado num *shooting board* e efetivado nesse momento, em cenas, que também podem sofrer alterações e pequenos ajustes. Podemos até pensar numa simultaneidade de esboços intersemióticos sendo realizados "ao vivo". Ao passar da construção visual de uma cena esboçada no papel para uma tridimensão (a montagem do *set* com todos os elementos que compõem a cena) e posteriormente para duas dimensões (o *frame* do filme), o diretor sabe que pode alterar, aprimorar, ajustar e modificar. Esse momento muito importante de registro cinematográfico é um esboço se efetivando em cenas, em rascunhos do filme, que só pode ser considerado filme com a reunião de todos os *frames*. Temos aí um bom exemplo de movimento tradutório, a intersemiose, até chegar às cenas gravadas. A sintonia e o tempo com o trabalho de equipe possibilitam as alterações imediatas que, uma vez definidas, iniciam a mudança pela complexa rede de profissionais envolvidos, cada um em sua responsabilidade, procurando atender ao que foi solicitado.

Alguns diretores reconhecem que fazer comerciais é um grande laboratório experimental, e é preciso ter domínio da técnica cinematográfica. Para alguns deles, fazer filmes publicitários auxilia no domínio da técnica cinematográfica, pois realizam projetos com tempo menor e com recursos e investimentos que possibilitam uma prática diversificada pelos diferentes desafios e a exploração de pesquisas e novas possibilidades: lidar com a matéria-prima, a produção audiovisual como materialidade final, modos de transformação na potencialidade de exploração e de limitação, domínio das especificidades (Salles, 2006).

> *A publicidade apura a sua estética. Ela lapida sua mão o tempo todo, e trabalha muito a narrativa do diretor. São só 30 segundos. Ela exige que você seja objetivo. Você treina o olhar para encontrar o lado mais bonito. E cria uma relação de extrema intimidade com a câmera, porque entre diretor e câmera não pode ter segredo. Não dá para vacilar. Por isso ela é uma grande escola. Te dá um conhecimento muito grande. O certo é que, na hora em que você quiser colocar para fora suas histórias, o recurso técnico já vai estar lá. O cinema também tem um bê-a-bá que você tem que saber. A lente não está ali à toa. Existe uma gramática. Se o diretor não sabe escrever usando essa gramática, ninguém vai conseguir entender a história.* (Manga Junior, 1998, p. 19)

> *O exercício do cinema em 30 segundos ajuda a desenvolver este rigor de saber valorizar em cada fotograma as chances de comunicação que se tem.* (Fernando Meirelles in *About*, 2006, p. 19)

> *O formato de 30 segundos implica um talento específico, que é o da concisão. Diretores de publicidade precisam saber contar uma história, e bem, dentro desses 30 segundos.* (Tikhomiroff, 2006, p. 13)

> *A publicidade me ensinou, fundamentalmente, a lidar com câmera e com equipe. Me considero tanto diretor de cinema quanto de publicidade, e estou certo de que uma atividade contribui para o melhor desempenho da outra. Estamos falando de produtos que,*

apesar de serem meios de produção audiovisual completamente diferentes, andam juntos e jamais se excluem. (Waddington, 2000, p. 19)

A maneira como filmo aprendi em grande parte na publicidade. Uso de lentes, movimentos, montagem, mixagem. Foi minha melhor escola. (Meirelles, 2002, p. 15)

Os diretores apontam algumas características dos problemas da crise da criatividade brasileira em relação aos comerciais. Abordam o excesso de controle pelo cliente, a falta de ousadia e inovação durante o processo, roteiros sem nenhum conceito criativo desenvolvido, profissionais inadequados, clientes que não querem inovação, falta de bagagem, falta de informações e falta de referência de profissionais na aprovação das ideias e dos comerciais: "Me parece que os novos diretores estão chegando ao mercado prisioneiros de soluções já feitas. Está tudo muito igual e não há vontade de arriscar coisas novas" (Amon, 2006, p. 21)

Meirelles (in *About*, 2006, p. 19), ao referir-se às áreas de *marketing* dos clientes, declara: "Eles estão cada vez mais mandões. Tendem a fazer da criação publicitária algo estritamente científico, mensurável em pesquisas e explicado com aquelas palavras em inglês que adoram usar". E aponta o caminho para uma propaganda mais criativa: "Correr riscos e sair do trilho é a única arma para aparecer".

Carlos Manga Junior (1998, p. 21) fala da necessidade de filmes com narrativa:

Eu tenho recebido bons roteiros, mas sinto muita falta do filme com narrativa, que conte alguma coisa, e não seja apenas um bombardeamento de imagens e grafismos. Tem muito clipão sendo feito por aí. Sem narrativa o filme fica perdido, sem alma, sem conteúdo, descartável demais. Existe uma corrente que acredita que o brasileiro não tem a mesma formação que o europeu, e por isso a gente tem que medir a mão. Mas esta é uma visão muito simplista. Eu não acredito nisso. As pessoas gostam do que é bonito, bem feito, inteligente.

E exemplifica a propaganda inglesa como sinônimo de criatividade:

A publicidade inglesa é genial exatamente porque tem sempre uma ideia que é muito sólida, muito criativa. E o filme em cima dessa ideia tem uma puta narrativa, sendo que o produto só aparece no final. Essa construção eu acho ideal. A publicidade inglesa é exemplar.

Fernando Meirelles (2001, p. 26) aponta para a falta de ousadia do cliente em aprovar ideias inovadoras, indica uma série de aspectos negativos e responsabilidades dos profissionais envolvidos, do cliente ao RTVC até o diretor do filme:

> *Vamos ser objetivos: quantos anunciantes querem um filme ousado e inovador? Ligue a TV e vá vendo cada filme que passa e me faça uma lista: quais daqueles anunciantes teriam topado uma renovação de linguagem? O de xampu? O de automóvel? O de sabão em pó com microtextura? O mercado recebe o que encomenda, compatível com o gosto, a verba e o prazo desta encomenda. Escolher o diretor adequado para cada tipo de projeto é a chave para não se sentir frustrado no final. Este é o trabalho mais importante do RTVC. E é claro que sempre haverá insatisfação, um filme pode ficar ruim por uma série de fatores. Os diretores também recebem criações meia-boca das agências, só que não podemos dizer isso por razões óbvias.*

Alguns afirmam que os comerciais criativos estão na ideia ou no conceito criativo, aliados a uma cinematografia que permite transmitir as características primordiais da mensagem do filme:

> *A melhor fórmula para se fazer um bom filme é trilhar o caminho da simplicidade. Não que isso implique soluções pobres; nada disso. Mas os filmes que se tornarão inesquecíveis daqui a alguns anos serão aqueles que possam ser compreendidos sem necessidade de maiores explicações. A cinematografia deve sempre estar a serviço da história, e não o contrário. Se um momento de câmera não acrescentar nada ao entendimento de um filme, então é melhor que ela fique parada.* (Mello, 2006, p. 14)

Quando falamos em texto, referimo-nos aos bons conceitos criativos como elemento mais importante que apenas o audiovisual. De acordo com Leo Ricagni (1998, p. 27), diretor de filmes publicitários:

> *Meu ideal é quando se consegue colocar visual e conceitual juntos. Assim saem as campanhas do Tony Kaye, da Levis, da Nike, do Tarsem. Sempre me neguei a fazer filmes fortes conceitualmente e débeis visualmente, porque isso me parece que qualquer um pode filmar, até o diretor de criação. O difícil é fazer um filme e dar-lhe cinematografia, mesmo que dure apenas 30 segundos. Começo agora a dar mais importância ao conceito, ao significado da imagem.*

Alguns autores expressam a primordial importância de a ideia criativa ser a chave fundamental para o caminho de um ótimo comercial:

> *Os profissionais da área, no entanto, concordam em um ponto: um grande conceito pode ser melhorado por uma boa produção, mas nem a mais incrível das produções é capaz de dar jeito em um conceito fraco ou medíocre. É isso que torna o conceito de criação desenvolvido pela agência algo de importância crucial.* (Elin & Lapides, 2006, p. 192)

João Daniel Tikhomiroff (2006, p. 20) reafirma que os resultados criativos em filmes publicitários são possíveis quando apresentam bons conceitos: "Me interesso em continuar filmando para a publicidade a fim de contar histórias com ousadia e originalidade, que apresentam conceitos fortes que as sustentem".

De acordo com alguns profissionais, é imprescindível que o cliente tenha mais contato com a área da linguagem visual e que receba mais informações. Por meio dessa interação, ele será capaz de compreender que a inovação necessária para a criação publicitária exige conhecimento mais aprofundado de linguagens diversificadas e reconhecer qual narrativa visual pode contribuir para a criação e o aprimoramento da ideia criativa.

> *Primeiro faria um trabalho de educação, de informação. As agências deveriam informar seus clientes. Que vejam cinema, que escutem música, que leiam revistas, que estejam informados sobre as coisas que movem o mundo. Não apenas sobre o ponto de vista criativo. Por que a Inglaterra tem a melhor publicidade do mundo? Porque tem os clientes mais informados e criativos do mundo. Há uma diferença enorme entre estar em uma reunião de pré-produção com um cliente que saiba de referências visuais, de som, fotografia, que consuma todo tipo de informação e não te olhe como se estivesse falando chinês...* (Ricagni, 1998, p. 28)

> *Mas o grande segredo do ofício, no fundo, não é conhecer as ferramentas narrativas do cinema nem suas novas técnicas, ainda que isso seja fundamental e anda até em falta. O "pulo do gato" é saber selecionar e combinar aquelas que construam a mensagem, o verbo. Aliás, "no princípio era o verbo". Em propaganda, o princípio é a ideia.* (Amon, 2006, p. 14)

O autor interage com seu meio, e o processo de criação alimenta-se do outro de forma bastante ampla. No processo de criação, os diretores inspiram-se na vida real, nas novidades e evoluções tecnológicas, em filmes, no fotojornalismo, na música. Como já apontado por Salles (2006), a rua vai para o escritório de trabalho.

> *Minha grande referência é a rua, a vida real com seus encantos e peculiaridades, só assim acredito ser possível fazer, sem caricaturas, um retrato mais fiel da vida e do cotidiano. O filme perfeito não é aquele ao qual não temos mais nada a acrescentar, é aquele do qual não temos mais nada para subtrair.* (Mello, 2006, p. 19)

> *Para isso, tento manter as antenas ligadas e buscar fora da propaganda novos ingredientes quando necessário. E me manter informado: novidades e evoluções nas técnicas cinematográficas é o que não falta.* (Amon, 2006, p. 14)

> *Trabalho de forma intuitiva. Dificilmente uso referências; quando é o caso busco no cinema, mais do que em outros comerciais. Assisto filmes que me inspirem, mas dificilmente uma cena específica.* (Moraes, 2000, p. 15)

> *Me inspiro em fotojornalismo, Avedon, Man-Ray, Cartier Bresson, em música, em alguns livros e em muitos, muitos filmes, que chamo de "filmes de cabeceira": Chaplin, que é um gênio, Cassavettes, Kieslowski, Jamursch. Em publicidade tem um cara que eu acho genial, o Jonathan Glazer. Por quê? Porque todos os filmes dele são densos, têm corpo, não têm nada de plástico.* (Manga Junior, 1998, p. 14)

Produção e diretor

No mercado internacional, o produtor não é apenas um executor de tarefa, mas um profissional que contribui para a criação do filme. De acordo com Isabelle Tanugi (2000, p. 28), que já trabalhou com diretores como Michael Redfor, John Woo, Jean-Baptiste Mondino, Hugh Johnson, Michel Shapiro, Sean Tomson, Murilo Salles e Ricardo Van Steen, a produção é peça fundamental na elaboração de um filme:

> *São pessoas que abrem um storyboard, falam de seus sentimentos em relação ao filme, dão uma verdadeira aula de cinema e constroem o trabalho junto com a gente. É com eles que continuo aprendendo, não só a produzir um filme, mas a ver como esta profissão é fascinante.*

Num *set*, a comunicação interpessoal obedece a um protocolo: RTVC e diretor de criação da agência discutem suas dúvidas e solicitam ao diretor informações de acompanhamento de cada fase. Existe sempre a necessidade da presença dos representantes da agência e do cliente no processo, pois o acaso está presente no decorrer da filmagem. O diretor prevê uma série de opções no seu planejamento de filmagem, mas a produção não é um simples cumprimento linear conduzido sem reflexão. O diretor pode querer fazer uma alteração que possa melhorar o filme durante a filmagem, é comum acontecerem alterações nos dias de gravação. Qualquer necessidade de alteração discutida entre eles e que poderá alterar o processo já estabelecido e discutido anteriormente envolve questões de orçamento. Então todas as mudanças são apresentadas ao cliente, que aprovará ou não a nova situação e alteração do que já estava preestabelecido. O restante do pessoal da agência se comunica com o diretor pelo RTVC.

O diretor, por sua vez, orienta seu assistente, que conversa com o restante da equipe e com o diretor de fotografia e também pode, muitas vezes, dirigir os atores.

Cada profissional de nível mais elevado conversa com seus assistentes, criando uma rede vertical de orientações e solicitações. Isso cria uma mecânica organizacional para que não ocorra desorganização e para que as pessoas responsáveis estejam incluídas no fluxo de informação. Dessa forma, podem decidir, e assim não haverá o caos em processo como esse, altamente complexo.

No final do dia da gravação, o filme é levado a um laboratório para revelação, e produz-se um copião, com marcações de luz. Atualmente, esse negativo é transferido para um videoteipe, chamado de telecinagem, e esse teipe é chamado de material bruto, ou fitas do telecine ou fitas telecinadas. Normalmente, a qualidade desse material é checada pelo diretor de fotografia e pelo finalizador, e somente depois levado ao diretor. Nessa etapa, os principais envolvidos assistem a esse material bruto (diretor, assistente de diretor, atendimento da produtora, diretor de fotografia e montador) e verificam se existe alguma necessidade de refilmagem. Geralmente, esses materiais brutos são vistos no dia seguinte, pela manhã, antes da desmontagem do *set*. É a checagem do processo, e, após a aprovação da equipe, continua-se a desmontar os *sets*. Essa checagem permite refilmagens em tempo hábil. As diversidades de elementos, a busca pela alta qualidade da imagem, o apuro técnico, o alto custo das diárias de filmagem e os problemas com o filme utilizado exigem esse controle de qualidade e confirmação da efetividade do processo para que possa ser continuado.

A desmontagem do *set* acontece depois que todas as fitas telecinadas foram assistidas e aprovadas. A produtora então inicia a desmontagem e retirada dos equipamentos do *set*. Os produtores cuidam da devolução sistemática e burocrática dos objetos que fizeram parte da gravação do comercial. A equipe de filmagem, o elenco, os fornecedores e os *freelancers* são remunerados, e os negativos são entregues ao finalizador, que cuida desse material até que o diretor e o montador possam assistir a tudo e iniciar a fase de pós-produção (Elin & Lapides, 2006).

Efeitos especiais

Em geral, as imagens realizadas ou produzidas por computação gráfica não podem ser gravadas na realidade, como animais falando, simulação de incêndios, dinossauros, pessoas voando, cenas com multidões e milhões de outros exemplos que permeiam a fantasia. A computação gráfica simula perfeitamente a realidade.

A criação em computação gráfica é desenvolvida por estúdios especializados ou no departamento de pós-produção de uma produtora que tenha equipamentos de computação específicos – normalmente numa produtora são realizadas animações mais simples ou apenas de *letterings* ou tipografias.

Uma animação feita por computação gráfica passa por algumas etapas: criação do objeto bi ou tridimensional, animação do objeto, iluminação e textura do objeto, renderização dos *frames* e finalização. Em geral, o diretor e a agência direcionam e acompanham as etapas desse processo.

Na pré-produção, definem-se a necessidade de efeitos especiais e suas especificidades, que são submetidas à aprovação geral. O processo pode ser desenvolvido antes da filmagem para ser acrescentado na fase de pós-produção ou se deve aguardar a filmagem para, baseado nos *takes* realizados, iniciar o processo de criação e desenvolvimento.

Os efeitos especiais possibilitam o desenvolvimento de muitas ideias difíceis de ser executadas. O avanço dessa tecnologia propicia uma infinidade de possibilidades que podem ser exploradas e executadas, mas deve-se estar atento ao orçamento.

É um recurso criativo que abre muitas possibilidades de efetivação da imaginação e fantasia, apresenta-nos a técnica que auxilia o fazer dos criadores, chegando mais perto da proposta da criação.

> *Antigamente você tinha no set um diretor, um diretor de fotografia e um diretor de arte. Hoje você também tem o diretor de efeitos especiais, ou o* special effects designer, *trabalhando em conjunto. Ele acaba tendo que estudar fotografia, cor, estética. E a gente tem que estar se atualizando em relação às possibilidades da pós-produção.* (Manga Junior, 1998, p. 20)

Trilha sonora

Existem três elementos que podem fazer parte da trilha sonora: o diálogo ou a locução, a música e os efeitos sonoros. Na filmagem, podem ser captados os sons e utilizados durante a edição ou podem ser substituídos pela dublagem posterior.

Normalmente, a utilização das músicas é negociada em função dos direitos autorais ou se contratam compositor/arranjador que criam uma nova música para os comerciais. Os efeitos especiais podem ser pesquisados em bancos de arquivos especializados ou bibliotecas de arquivos sonoros em CD ou *on-line*. O som é responsável pela transmissão de conceitos emocionais e até de elementos transculturais; pode agregar ainda mais expressividade ao filme. Pode-se necessitar de variedades de músicas e cantores para a execução das músicas. Na maioria dos casos, a trilha é executada depois da gravação do comercial. A moderna tecnologia digital possibilita que um único arranjador/compositor possa criar uma música que pareça ser tocada por uma enorme variedade de músicos, inclusive com letras. Depois de pronta, apresenta-se a música ou trilha ao diretor, à agência e ao cliente, que, após aprovação, contrata todos os músicos e cantores para gravá-la.

Em estudo realizado com diretores de criação e profissionais de RTVC de grandes agências de propaganda brasileiras, pela Editora Meio&Mensagem, no especial *Produção publicitária* (2003, p. 8), abordam-se os aspectos mais relevantes no profissional responsável pela produção sonora de um comercial:

> *"Cultura musical" (62%), isto é, o profissional precisar ter bom conhecimento de música e de estilos musicais e saber produzir trilhas modernas, atuais. Mas a trilha deve estar em sintonia com o* briefing *(36%), ou seja, deve estar adequada à linguagem do comercial, não se sobrepondo a ele. A eficiência na execução (24%) traduz-se em fazer um trabalho de qualidade, encontrando a solução rapidamente. O talento e a criatividade (40%) são indispensáveis para alcançar excelência na produção de trilhas.*

Alguns diretores ressaltam sua participação intensa nas decisões e seleções de trilhas e aspectos sonoros dos filmes: "Adoro sentar ao lado do Luciano Kurban, na Voices (produtora de som), e ficar puxando ruídos e trilhas de lá pra cá, criando silêncio" (Meirelles, 2001, p. 25).

Outros abordam sua forma de criar iniciando pela base sonora:

> *Eu sou muito ligado à música, tudo o que eu faço é ligado à música. Eu me inspiro na música, eu decupo em cima da música. Muitas vezes eu faço o inverso do usual: eu penso na música para depois criar a imagem. Por isso é que eu preciso trabalhar com parceiros. Eu gosto muito de mostrar exemplos, de trabalhar com referências, de pegar um violão e mostrar uma melodia.* (Manga Junior, 1998, p. 20)

Na visão de alguns diretores, a criação e o envolvimento do som na comunicação audiovisual têm importância significativa:

> *O papel da música é de 50%, mas não apenas a música, senão todo o desenho de som. Pode também não haver som nenhum, o silêncio. Mas segue representando 50%. No meu caso, pelo menos. Lamentavelmente, nos esquemas publicitários, muitas vezes, a agência contrata antecipadamente a música, sem saber como vai ser o filme e às vezes sem saber quem vai ser o diretor. Daí nos deparamos com uma trilha que não calça, não funciona. Música para um lado, para onde o cliente a mandou, e o filme seguindo outro caminho. É como trabalhar na Idade da Pedra.* (Ricagni, 1998, p. 26)

Acho que o cinema sem a música não é nada. E a pior coisa são aqueles filmes em que a música não casa. É como assistir Tubarão ouvindo a trilha sonora de Os Flinstones. (Manga Junior, 1998, p. 20)

Pós-produção

Nessa fase do desenvolvimento do comercial, todos os elementos audiovisuais foram gravados em filme, vídeo, animados ou gerados por computador, e irão passar pelos processos de edição, mixagem, sincronização e composição, finalizando assim o filme publicitário. Podem-se, nessa etapa, acrescentar efeitos especiais e elementos gráficos. As cenas podem passar por tratamento de cores ou ser manipuladas digitalmente, modificando-as quando comparadas ao filme original.

Hoje, a pós-produção é 50% do filme. Ela ganhou um espaço absurdo. Mas, por outro lado, acho que a tendência é retroceder um pouco. Ou seja, quando a cabeça bate no teto, é hora de voltar. É como aconteceu com as trilhas. Na década de 80 os sintetizadores começaram a ganhar um espaço enorme, todo mundo estava deslumbrado com aquela máquina que podia reproduzir digitalmente o som de quase todos os instrumentos. Hoje, o músico está de volta ao estúdio. São ciclos, e isso é normal. Você avança muito e volta um pouco porque não pode descartar a base. No caso da música, a base é o instrumento. E a mesma coisa vale para a pós-produção. Sem dúvida nenhuma ela resolve problemas de orçamento, e você consegue realizar coisas que seriam inviáveis até pouco tempo. Tudo é possível em pós-produção. O que eu, pessoalmente, estou procurando fazer é usar a pós-produção como uma escada para a narrativa. Não quero que assistam meus filmes e digam: "Olha que efeito". Acho que toda esta tecnologia tem que fazer pano de fundo. Procuro resolver o filme no set, o mais que eu puder. Evito retocar a imagem, recriar a imagem. E opto sempre que possível pelo telecine, porque tudo o que você trabalha no telecine, e tudo o que você trabalha no set, é sobre a película. Quando vai para o computador, tudo é digitalizado. E isso dá uma diferença. Você cria universos fantásticos, no frame ou no Henry, mas é tudo fantasia. Eu prefiro que esses efeitos, que conceitualmente são fantasias, fiquem o mais palpável possível. (Manga Junior, 1998, p. 20)

Acho que atualmente a publicidade anda na frente do cinema de longa-metragem em termos de linguagem. Ela começou a utilizar recursos de pós-produção uma década antes do cinema. Hoje é o cinema que vem buscar ferramentas de linguagem na publicidade e videoclipes. A publicidade deixou de ser limpinha e estereotipada, ao menos a boa publicidade, e é aí que estão as experiências mais ousadas de tratamento de imagens e composição eletrônica. Estes recursos, que às vezes são chamados de maneirismos de publicitários, para mim são apenas ferramentas de linguagem e ainda estão sendo incorporados à gramática do cinema. (Meirelles, 2001, p. 23)

No meu trabalho, diria que a pós-produção passa pelo telecine, pela colorização do filme. Não por truques e efeitos especiais. Passa por imprimir no negativo o look *desejado, com sua dose de veneno. Na pós-produção o que faço é alcançar a cor exata. Ou branco e preto. Não gosto quando deixam um aspecto artificial, de silicone, sem naturalidade. Para mim, o colorista, atualmente, é tão importante como o fotógrafo. Com a agravante de que há muitos fotógrafos maravilhosos e pouquíssimos coloristas.* (Ricagni, 1998, p. 27)

Na pós-produção, a edição do comercial recebe sua forma, organizam-se as cenas, e finalmente surge o filme completo. É um momento de grande experimentação, envolve seleção e apropriação, partes são coladas, justapostas, superpostas, fundidas. Os criadores (diretor e montador) resolvem quais tomadas serão incluídas no filme e em que ordem isso será feito, decidem também o ritmo dessas tomadas e quais transições serão adotadas para ligar uma à outra.

Nessa etapa, o diretor orienta os editores que estão à frente de mais algumas limitações: podem apenas trabalhar com o material produzido, o *shooting board*, que foi a primeira visão do diretor antes da produção, e o tempo do comercial definido. Dentro dessas possibilidades, podem criar centenas. Normalmente, as tendências no processo de edição passam por sequência de cenas, noção de tempo e emoção. Na sequência, as cenas devem ser apresentadas de uma forma diferente do convencional estabelecido, para que a expectativa do receptor em relação ao desenvolvimento da história possa ser fora do padrão esperado. Na noção de tempo, podem-se suprimir cenas que seriam facilmente presumidas pelo receptor. Ao contar a história, cenas, ritmos e transições se associam e podem ser controlados, respectivamente, a emoção, acelerar ou suavizar cenas durante as frequências. Einsenstein (1958) enfatiza que a força da montagem está no fato de que ela inclui no processo criativo a emoção e a mente do receptor, o que nos remete à criação como ato comunicativo.

Na prática, a grande maioria de comerciais é atualmente concluída nas chamadas finalizadoras ou casas de finalização, que possuem equipamentos sofisticados e profissionais com capacidade para a função. Hoje, a pós-produção é digital. (Produzimos um quadro que compara o processo antigo e o atual para demonstrar quais foram as etapas absorvidas no processo digital.)

O processo se inicia com o material filmado sendo digitalizado, quando cada *frame* é transformado em códigos binários. Nessa formatação, o filme (como também as trilhas produzidas) pode ser reconhecido como um arquivo digital e processado, editado, logado ou escaneado de volta para o formato de filme (caso tenha que ser projetado em salas de cinema). Nesse processo, além da maior agilidade, não há perda de qualidade de imagem e som.

Uma vez recebidos todos os arquivos digitalizados – filmagem, efeitos especiais gerados no computador, sons (diálogos, músicas, efeitos sonoros) e outros efeitos visuais –, inicia-se o processo de edição. Esses arquivos podem ser modificados caso seja necessário. Por exemplo, pode haver necessidade de correções ou alterações de cores nas imagens que podem ser efetuadas.

A edição não linear é desenvolvida na edição digital de última geração, como o Avid Media Composer, e se inicia a edição *off-line*, que significa um esboço ainda da edição final, chamada de *on-line*. A *off-line* é caracterizada como uma edição não viável para transmissão, mas possível de ser avaliada antes da chamada edição *on-line* (final).

A edição consta na avaliação dos melhores *takes* de imagem estabelecidos e colocados numa sequência, no *timeline* que aparece no *software*. Os arquivos podem receber uma variedade de filtros e efeitos que podem inverter a sequência de cenas até deixá-las em tons de sépia, por exemplo. A sequência será feita de acordo com o estabelecido no *shooting board* pelo diretor, e também é possível criar melhores opções durante o processo. O termo não linear caracteriza a flexibilidade e a diversidade de opções possíveis para retirar sequências de cenas de qualquer linha do *timeline* – anteriormente interferia em todo o processo já realizado para alterar uma parte do filme.

Na edição não linear, o tempo também é colocado da mesma forma. Podem-se acrescentar trilhas e efeitos variados apenas somando ou cortando partes ou trazendo novos arquivos sem grandes dificuldades técnicas num espaço de tempo muito pequeno. É possível alterar volume, frequência, reverberação etc. A edição não linear pode gerar facilmente uma série de opções e versões de um comercial. Trata-se de um outro momento de experimentação que ganhou a facilidade de realizar milhões de novas possibilidades graças à edição pelo processo digital. O processo analógico também possibilitava as experimentações, mas não com essa redução de tempo e facilidade processual atual. A edição exige cortes do que foi filmado, e, muitas vezes, é percebida a dificuldade da escolha pelo diretor. A experimentação é o momento no qual se convive com muitas possibilidades, mas alguns caminhos são escolhidos e outros não. A necessidade de eliminação para que a construção seja possível é sempre lembrada como um dos momentos que provocam mais dificuldades para os criadores. O corte é sempre visto como inevitável porque, na fase da filmagem, registra-se obviamente apenas o que se acredita ser necessário para o trabalho. É inevitável, mas doloroso.

Quando os editores (ou o editor) sentem que atenderam às solicitações da edição *off-line*, apresentam-na aos seus editores para análise geral e fazem alguma alteração quando solicitado, e assim a primeira versão pode ser mostrada à agência.

A agência pode sugerir alterações e posteriormente apresentar ao cliente. Depois de aprovado o *off-line*, o editor pode realizar uma versão *on-line*, sujeita a alterações e ajustes. Após a aprovação do *off-line*, a versão final é transferida para uma mídia própria para a distribuição.

Na agência, o profissional de RTVC entrega o comercial ao mídia, que fará a distribuição e se encarrega de uma lista de tarefas solicitadas pela produtora: revisão e aprovação de faturas finais de serviços terceirizados além da produtora, checagem de ordens de compra, autorizações, contratos de *copyright*, contratos de elenco, liberação de pagamentos, checagem de correção e alterações do orçamento final da produtora, entre outras atividades.

A PUBLICIDADE NO MERCADO GLOBALIZADO

CAPÍTULO

CINCO

EMPRESAS GLOBAIS

PROPAGANDA GLOBAL

OS ANUNCIANTES GLOBAIS E AS AGÊNCIAS DE PROPAGANDA

SEMIOSFERA, CULTURA, MEMÓRIA E CRIAÇÃO

O PROCESSO DE CRIAÇÃO NAS EMPRESAS E AGÊNCIAS QUE BUSCAM OS FILMES GLOBAIS

Introdução

Entre os estudos dos filmes publicitários selecionados, observamos a construção de dois *briefings* de criação que apresentaram os pedidos dos clientes para campanhas que buscavam atingir o mercado global: Coca-Cola (McCann-Erickson) e Pepsi (AlmapBBDO).

Diante dos questionamentos para a construção da criação de uma campanha que pudesse abarcar o mercado global, procuramos ampliar então nossos estudos, buscando também compreender o processo criativo para as características de campanhas globais.

Abordamos os principais conceitos que envolvem as empresas globais, a propaganda global, os profissionais envolvidos e também a complexidade ainda maior de uma criação coletiva quando alcança patamares de buscas persuasivas de porte mundial.

Nosso objetivo, neste estudo, é ampliar a compreensão da criação coletiva atravessando fronteiras nos mercados mundiais e o processo criativo dos profissionais das agências e dos clientes na criação publicitária global.

Empresas globais

Historicamente, o comércio entre países data de tempos remotos, porém, após a Segunda Guerra Mundial, os relacionamentos comerciais entre eles se incrementaram, crescendo as grandes empresas multinacionais, um dos sinais da expansão capitalista.

Avanços científicos e tecnológicos nas áreas de comunicação e transporte, bem como acordos comerciais entre países, contribuíram para a sofisticação das operações multinacionais e a facilidade de fluxo de informação, de bens e de capital. As empresas começaram a encarar o mundo todo como um só mercado, e a concorrência tornou-se global dentro de algumas indústrias.

A utilização da propaganda global ficou evidente a partir do crescimento elevado na integração de mercados. Algumas indústrias lideradas por corporações que operam mundialmente caracterizam seus diversos mercados de diferentes nacionalidades como sendo um só, o que chamamos de *mercado global*.

Uma das confusões mais comuns é identificar empresas multinacionais como empresas globais, já que elas atuam de forma diferenciada.

No ambiente comercial mundial de empresas, classificam-se grupos e categorias diferentes com base no espaço geográfico ocupado pelos mercados-alvo: companhias nacionais, internacionais, multinacionais e globais (Huszagh, 1986, p. 32).

As empresas denominadas nacionais atuam exclusivamente nos limites do mercado doméstico. Uma companhia internacional opera no mercado doméstico e também no não doméstico, as estratégias comerciais para esses mercados não se diferenciam. A empresa multinacional dedica-se a mercados domésticos ou do exterior, que são importantes e suas estratégias comerciais podem ser diferenciadas. A companhia global também atua nos mercados domésticos e não domésticos, e, entre eles, existe grande compatibilidade, interligação e coordenação, permitindo a estandardização de processos e programas de maneira parcial ou total; enfim, o conjunto de mercados em que as empresas atuam constitui um único mercado global. É esse perfil de empresa que interessa discutir neste estudo.

Para diferenciarmos uma corporação global de uma corporação multinacional, relacionamos alguns autores que têm se dedicado a esclarecer teoricamente as diferenças dessas corporações.

De acordo com Theodore Levitt (1983), professor da Harvard Business School:

> [...] a corporação multinacional opera em vários países e ajusta seus produtos e práticas em cada um deles – a um custo relativo alto. A corporação global opera com decidida constância – a um custo relativo baixo – como se o mundo inteiro (ou grandes regiões dele) fosse uma entidade única, vendesse as mesmas coisas, da mesma maneira em todas as partes. [...] a corporação multinacional conhece muito sobre um grande número de países e se adapta às supostas diferenças. Ao contrário, a corporação global conhece tudo sobre uma grande coisa. Sabe da absoluta necessidade de ser tanto mundialmente quanto nacionalmente competitiva. Trata o mundo como se estivesse composto por poucos mercados estandardizados em lugar de muitos mercados individualizados.

Quando se comparam as companhias multinacionais e globais, constatam-se diversos fatores com aspectos bem diferentes, como custo, questões de "padronização/estandardização" e "individualização", informações sobre o ambiente, arranjos organizacionais, grau de autonomia das unidades de negócios, decisões financeiras, alocação de recursos, cultura organizacional. O Quadro 2 apresenta essas diferenças.

Quadro 2 – Diferenças entre empresas multinacionas e globais

FATOR CUSTO

MULTINACIONAL	GLOBAL
A ênfase nas particularidades de cada mercado faz com que exista um maior dispêndio de recursos-dinheiro, tempo de trabalho gerencial.	A ênfase menos acentuada nas especificidades dos diferentes mercados locais, e a consideração básica da existência de similaridade entre os diversos mercados faz com que o dispêndio de recursos seja para uso mais geral do que particular, portanto, o custo resulta menor.

FATORES "PADRONIZAÇÃO" OU "ESTANDARDIZAÇÃO" E "INDIVIDUALIZAÇÃO"

MULTINACIONAL	GLOBAL
Práticas administrativas e os produtos finais procuram se adaptar a cada mercado ao máximo, abordagem individualizada.	A intenção é padronizar ao máximo os processos, programas e produtos visando satisfazer uma demanda considerada homogênea.

MULTINACIONAL, A INFORMAÇÃO SOBRE O AMBIENTE

MULTINACIONAL	GLOBAL
A firma pode produzir o mesmo produto básico em diferentes mercados nacionais, porém tendo organizações separadas, diferentes design de produtos, abordagens mercadológicas e sistema de produção. Várias divisões nacionais podem operar como se fossem companhias separadas.	Produz um produto de design único vendido em vários mercados nacionais. Os componentes, por exemplo, podem ser produzidos em diferentes países e montados perto dos pontos de venda. Uma firma com perspectiva global é totalmente integrada, com forte controle sobre várias unidades. Todas as decisões operacionais-chave são centralizadas na matriz. Todas as decisões estratégicas são centralizadas.

REFERÊNCIA AO GRAU DE AUTONOMIA DAS UNIDADES DE NEGÓCIO

MULTINACIONAL	GLOBAL
Evidentemente, existem áreas funcionais mais suscetíveis de serem objeto de maior centralização e controle, como é o caso de decisões financeiras, fato que parece ocorrer com similar frequência na corporação multinacional.	É muito limitada na corporação global. Por outro lado, encontramos a distribuição de atividades organizacionais (produção, montagem, entre outras) em países diversos, prática própria das corporações globais. É importante salientar que a corporação global observa, analisa e decide com base nas vantagens estratégicas que cada país ou região do mundo possui e oferece em termos de investimento. Desse modo, por exemplo, a corporação pode investir em fabricar produtos que requeiram força de trabalho intensiva em países onde a mão de obra diminua o peso do fator trabalho na estrutura e custos da empresa. O tipo de organização, centralizada ou descentralizada, respeito à maneira como é exercido o controle, dada a necessidade de coordenar operações mundiais, enquanto a corporação multinacional enfatiza a autonomia local.

ALOCAÇÃO DE RECURSOS

MULTINACIONAL	GLOBAL
A corporação multinacional, com estratégicas locais, de designar recursos, com base no relativo sucesso de cada unidade estratégica de negócio. Para a corporação global, o fato de uma unidade de negócio de um país em particular estar obtendo um retorno sobre o investimento superior em relação ao risco pode ser irrelevante para a contribuição que um investimento pode representar para os resultados mundiais a longo prazo da empresa.	Cada unidade de negócio representa para a corporação global um esforço que pode não ter um resultado, em aparência, adequado, mas visto em função do alcance dos objetivos mundiais, poderia significar uma contribuição, isto é, os resultados locais não devem ser a principal medida de quão bem os resultados planejados estão sendo atingidos.

CULTURA ORGANIZACIONAL

MULTINACIONAL	GLOBAL
Estilo colonial dos anos 1960 e 1970. Dominada pelo dogma da matriz, ambiente organizacional voltado à matriz. Dão ênfase às diferenças locais, não conseguindo maior vantagem, ou mesmo a possibilidade de desfrutarem de eficiência e economias de escala em vários aspectos funcionais.	É fundamentalmente diferente do estilo colonial das multinacionais dos anos 1960 e 1970. Ela serve aos consumidores em todos os mercados-chave com igual dedicação. Seu sistema de valor é universal, não denominado pelo dogma da matriz, e se aplica em todas as partes. A ideia da universalidade dos valores dentro da corporação global contribui à criação de um ambiente organizacional interno "desnacionalizado" e, portanto, a predominância de um horizonte no qual são os objetivos mundiais os que norteiam os esforços "locais". A corporação global aproveita a curva de experiência em todas as áreas funcionais e se beneficia das economias de escala permitidas por uma demanda mundial passível de ser considerada homogênea. Tanto que as corporações multinacionais, ao darem ênfase às diferenças locais, não conseguem maior vantagem, ou mesmo a possibilidade de desfrutarem de eficiência e economias e escala em vários aspectos funcionais.

Numa corporação global, a consideração básica da existência de similaridade entre diversos mercados faz que o custo investido seja menor, a padronização de produtos cria demandas homogêneas, produtos de design único estão presentes em vários mercados, as decisões estratégicas principais são centralizadas, cada unidade de negócio se representa pelos objetivos mundiais e não locais, e, na cultura organizacional, são os objetivos globais que norteiam um ambiente desnacionalizado.

Essas características empresariais estão entrelaçadas nas estratégias que envolvem o *marketing* global e, consequentemente, a comunicação estratégica, e, no caso deste estudo, a propaganda. Daí a importância de deixarmos claras essas conceituações da empresa global.

Outra forma de classificação que é importante refere-se à abordagem sobre o perfil EPRG (etnocentrismo, policentrimo, regiocentrismo, geocentrismo), que permite também classificar as empresas que operam no mercado externo. Esse perfil foi desenvolvido por Howard Perlmutter, professor da Wharton School of Business e da Universidade da Pensilvânia, que considera a existência de graus de multinacionalidade. Não basta apenas considerar se as subsidiárias têm 100% de capital da corporação, mas também analisar como os executivos pensam sobre fazer negócios no mundo. Nessa classificação, o professor Perlmutter caracteriza empresas por atitudes etnocentristas ou orientadas ao país-base; policentristas ou orientadas aos países não base; regiocentristas ou orientadas à região; e geocentristas, com orientação global.

Figura 1 – Áreas funcionais e atitudes empresariais

ÁREA FUNCIONAL	ETNOCÊNTRICO	POLICÊNTRICO	REGIOCÊNTRICO	GEOCÊNTRICO
MARKETING				
Planejamento do produto	Desenvolvimento do produto determinado principalmente pelas necessidades dos consumidores do país da sede	Desenvolvimento do produto no mercado local, baseado nas necessidades locais	Estandardizado dentro da região, não entre regiões	Produto global com variações locais
Decisões do *mix* mercadológico	Tomadas na sede	Tomadas em cada país	Tomadas regionalmente	Tomadas conjuntamente através de consulta mútua

Fonte: CHALRAVARTHY, B. & PERLMUTTER, H. "Strategic Planning for a Global Business", 1985.

Nessa classificação, podemos identificar a companhia multinacional apresentando um perfil policentrista, e a global com perfis regiocentrista e geocentrista. A corporação global corresponde, em sua forma teórica pura, ao perfil geocentrista, mas, na prática, parece ser mais frequente o perfil regiocentrista, pois acontece a decomposição do centro corporativo em vários centros regionais. Como exemplo, citamos a Procter & Gamble: "[...] de fato, a Procter & Gamble, algumas vezes, aborda os mercados não domésticos, mais de uma maneira regional do que global. Muitos dos seus produtos – inclusive os centrais – são mudados para se ajustar aos diversos mercados [...]" (Chalravarthy & Perlmutter, 1985, p. 6).

Algumas empresas, apesar de serem definidas como globais na classificação geral, podem desenvolver uma pequena parcela de características de estratégias multinacionais. Devemos considerar essas variações estratégicas que, mesmo desenvolvendo estratégias parciais, como as citadas, não retiram o aspecto global da instituição.

Dentre as áreas de corporação até aqui abordadas, precisamos ressaltar os aspectos complexos para definir uma estratégia de mercado global que direciona a área de propaganda, que é o ponto primordial de nosso estudo.

Uma das áreas funcionais das corporações que apresentam maiores dificuldades de implantar uma estratégia global é a mercadológica, que posteriormente define a utilização da comunicação estratégica, tanto que costuma ser a função estandardizada por último, porque essa área é primordialmente a mais vulnerável ao meio ambiente. Além do meio ambiente dos países envolvidos, são múltiplos e variados os elementos que costumam ser considerados antes de uma estratégia de *marketing* global: a natureza do produto, o mercado-alvo, aspectos organizacionais e da concorrência (Quelch & Hoff, 1986).

Nas análises em relação ao meio ambiente, para citarmos como exemplo, é preciso verificar os elementos legais, políticos, sociais, culturais, econômicos e de infraestrutura de *marketing*, pois esses aspectos representam os obstáculos ou as oportunidades reais e não aparentes, que impedem ou não a estandardização de estratégias mercadológicas.

Na natureza do produto, por exemplo, verifica-se o aproveitamento das economias de escala. De acordo com alguns autores, os produtos industriais são menos sensíveis ao ambiente do que aqueles de consumo de massa, o que exige maior variação em suas necessidades e desejos, produzindo uma heterogeneidade da demanda e requerendo, portanto, maior adaptação mercadológica. Paradoxalmente, os mais frequentes exemplos de produtos globais são da categoria de não duráveis:

> [...] a aplicabilidade de uma abordagem universal para bens de consumo de massa parece estar limitada a produtos que reúnem certas características, tais como reconhecimento universal do nome de marca, mínimos requerimentos de conhecimento do produto para uso do consumidor e propaganda que demande um baixo conteúdo informativo. Claramente Coca-Cola, o creme dental Colgate, McDonald's e Jeans Levi's seguem essas linhas [...]. (Kim & Mauborene, 1987, p. 30)

No mercado-alvo, a corporação precisa avaliar, por exemplo, se é mais conveniente se fazer agrupamentos de países por sua proximidade geográfica ou por grau de desenvolvimento econômico ou de consumidores para identificar segmentos a serem servidos.

Na concorrência, a forma como o concorrente direto opera é, em geral, o que define a estratégia. E, por último, os fatores organizacionais da corporação possibilitam maiores ou menores oportunidades para a implantação da prática da estratégia global.

Para implementar o *marketing* global com programas estandardizados, é preciso grande controle, centralização e fluxo de informações, coordenando as unidades corporativas a fim de garantir o controle do processo decisório.

Warren Keegan (1973) classificou cinco estratégias para implantação do *marketing* internacional, tomando como base os elementos produto e comunicação:

- mesmo produto, mesma mensagem mundial;
- mesmo produto, diferentes comunicações;
- diferentes produtos, mesmas comunicações;
- diferentes produtos, diferentes comunicações;
- invenção do produto.

"Mesmo produto, mesma mensagem mundial" é a classificação do *marketing* global e em seu estado teórico puro: "[...] essa abordagem envolve o oferecimento de exatamente o mesmo produto com os mesmos apelos publicitários nos diferentes mercados nacionais. Trata-se da estratégia de produto internacional de mais baixo custo" (Keegan, 1973, p. 198).

Retomando a definição básica de *marketing* (Kotler & Armstrong, 1993), temos: "detectar e atender as necessidades e desejos dos consumidores, através da análise dos reconhecidos quatro 'Ps' – produto, preço, praça e promoção". Evoluindo para a definição de *marketing* global, temos: "[...] o uso de produto, preço, distribuição e programa de promoção comuns no mundo" (Jain, 1989, p. 72).

Devemos considerar o "p" de promoção como qualquer ação de comunicação estratégica. É o que se denomina *mix* mercadológico com total uniformidade ou definido, detectado e analisado com graus de uniformidade.

Segundo Quelch & Hoff (1986), deve-se considerar o grau de adaptação e estandardização – total ou parcial – do programa de *marketing*. Esses autores citam os casos da Nestlé e Coca-Cola, e ressaltam a variação existente entre eles. Na comparação entre as empresas, observam que são estandardizadas as decisões de desenho de produto, nome da marca e embalagem. A distribuição, a promoção de vendas e o serviço ao consumidor são adaptados. Já o preço, o posicionamento do produto, o tema e o texto publicitário diferem de uma para outra companhia – a tendência da Coca-Cola é optar mais pela estandardização.

O Quadro 3 apresenta uma comparação das duas marcas.

Quadro 3 – Matriz de planejamento do *marketing* global

		ADAPTAÇÃO		ESTANDARDIZAÇÃO	
		Total	Parcial	Total	Parcial
Elementos do *marketing mix*	Design do produto			Nestlé	Coca-Cola
	Nome da marca			Nestlé	Coca-Cola
	Posicionamento do produto		Nestlé		Coca-Cola
	Embalagem		Nestlé	Coca-Cola	
			Nestlé	Coca-Cola	
	Tema publicitário		Nestlé		Coca-Cola
	Preço		Nestlé	Coca-Cola	
	Texto publicitário	Nestlé			Coca-Cola
	Distribuição	Nestlé	Coca-Cola		
	Promoção de vendas	Nestlé	Coca-Cola		
	Serviço ao consumidor	Nestlé	Coca-Cola		

Nestlé (escuro) / Coca-Cola (claro)

Fonte: Quelch, J. & Holf, E. "Customizing Global Marketing", p. 61.

Quadro 4 – Matriz de planejamento do marketing global

Elementos do marketing mix		Informação	Persuasão	Coordenação	Aprovação	Direção
	Design do produto	Coca-Cola / Nestlé	Coca-Cola / Nestlé	Coca-Cola / Nestlé	Coca-Cola / Nestlé	Coca-Cola
	Nome da marca	Coca-Cola / Nestlé	Coca-Cola / Nestlé	Coca-Cola / Nestlé	Coca-Cola / Nestlé	Coca-Cola
	Posicionamento do produto	Coca-Cola / Nestlé	Coca-Cola / Nestlé	Coca-Cola / Nestlé	Coca-Cola / Nestlé	Coca-Cola
	Embalagem	Coca-Cola / Nestlé	Coca-Cola / Nestlé	Coca-Cola / Nestlé	Coca-Cola	
	Tema publicitário	Coca-Cola / Nestlé	Coca-Cola / Nestlé	Coca-Cola / Nestlé	Coca-Cola / Nestlé	Coca-Cola
	Preço	Coca-Cola / Nestlé	Coca-Cola / Nestlé			
	Texto publicitário	Coca-Cola / Nestlé	Coca-Cola			
	Distribuição	Coca-Cola / Nestlé				
	Promoção de vendas	Coca-Cola / Nestlé	Coca-Cola			
	Serviço ao consumidor	Coca-Cola / Nestlé				

Legenda: Nestlé (cinza escuro) / Coca-Cola (cinza claro)

Fonte: Quelch, J. & Holf, E. "Customizing Global Marketing", p. 64.

A ideia de considerar o *marketing* global uma questão de graus de estandardização já havia sido apresentada por Levitt (1983), mas, na verdade, é específica do contexto mercadológico e organizacional da corporação, em que se destacam como objetivos primordiais as possibilidades reais de retorno financeiro e vantagem competitiva.

Essa vantagem competitiva repousa nas definições de *marketing* que, na verdade, estão centradas nos consumidores. Ela se baseia na premissa de que existem similaridades em desejos e necessidades entre consumidores, e, nas questões globais, entre os consumidores dos diversos países. A proposta então é detectar os denominadores comuns entre esses consumidores. Nesse caso, enfatiza-se então o geral antes do particular.

Aqui retomamos o perfil corporativo EPRG com o conceito de *marketing*. Presume-se que uma empresa com orientação geocêntrica (global) possua um baixo grau de orientação mercadológica.

> *A ausência relativa de informação disponível com relação às características do consumidor internacional e às suas respostas às variáveis de* marketing *sugere, ao menos atualmente, que a posição geocêntrica pode implicar um baixo grau de orientação mercadológica [...].* (Wind, 1973)

Isso ocorre porque no *marketing* está o centro das decisões mercadológicas:

> *Quando Drucker (1954) articulou o conceito de* marketing, *notou que este não era realmente uma função gerencial isolada, mas sim o negócio completo visto pelo ponto de vista do consumidor. Em outras palavras, o conceito de* marketing *define uma cultura organizacional diferente, um grupo de crenças e valores compartilhados que colocam o consumidor no centro do pensamento estratégico e operacional da empresa.* (Deshapande & Webster, 1989)

Segundo Levitt (1983), quando as companhias globais praticam o conceito de *marketing*, exige-se que as gerências das subsidiárias façam ajustes do programa de acordo com exigências do mercado. Essa flexibilidade exige um fluxo de informações que compartilhe as diversas experiências locais e decisões com base em seu conjunto. Num sistema de informações entre mercados, os executivos locais podem aceitar sem receio o programa de *marketing* global proposto.

> *[...] quando um programa é limitado com muitos padrões, elimina-se a experiência e criatividade nos mercados locais. A inovação local é exatamente o que um programa global precisa para se manter em dia com as condições de mercado.* (Kashami, 1989)

Todos esses levantamentos podem nos ajudar a observar que o desenvolvimento de decisões de *marketing* em níveis globais dificilmente deixa de sofrer adaptações locais. Isso ocorre porque as empresas consideradas globais, apesar de buscarem desenvolver produtos iguais para as mesmas necessidades dos consumidores de um grande número de países, apresentam uma grande diversidade que acaba por direcionar grande parte das decisões mercadológicas das empresas globais nas decisões dos negócios internacionais. As especificidades observadas de cada mercado podem, ao mesmo tempo que se adaptam aos mercados locais, ser observadas como influenciadoras da mudança ou de novas possibilidades de alteração ou de condensação da propaganda global. É a fluência constante de informações e observações dos comportamentos de consumo de mercados locais, regionais e nacionais que devem nortear e influenciar constantemente o direcionamento do mercado e as decisões globais de negócios. Toda essa rede de informações de mercado é imprescindível para detectar o caminho e as tendências de produtos e mercados globais.

Propaganda global

Podemos definir propaganda global, com base em seu objetivo inicial, como ação de comunicação mercadológica que busca desenvolver formas eficientes de comunicar a mesma mensagem para um público homogeneizado em todo o mundo. Devemos lembrar que a comunicação é desenvolvida após o conhecimento das análises de público consumidor e suas primordiais necessidades (*marketing*) e que a grande dificuldade da empresa global é realizar negócios que sejam compreendidos de forma idêntica pelos consumidores do mundo. A seguir, apresentamos mais algumas definições de propaganda global:

- "[...] o emprego dos mesmos ou muito similares temas, campanhas ou avisos individuais em múltiplos mercados [...]" (Ryans Junior & Donelly, 1969);
- "[...] a transferência de apelos, mensagens, artes, texto, fotografias, histórias e *spots* de vídeo e cinema de um país a outro" (Keegan, 1984).

Essas definições não são suficientes para definir a propaganda global, pois, como já abordado anteriormente a respeito do *marketing* global, a propaganda também passa por processos e níveis diferentes de "estandardização". Na realidade, ela busca obter uma padronização prévia considerando as particularidades de cada mercado. Sua concepção apresenta características globais e sua implementação pode ter, quando necessário, uma readaptação ou flexibilidade nos limites da concepção. Nesse aspecto, as análises mercadológicas recomendam algumas padronizações ou individualizações, quando necessárias: "[...] a campanha, incluindo seu tema geral e seus componentes individuais, é planejada originalmente para ser usada em múltiplos mercados e desenvolvida para fornecer uniformidade em direção, mas não necessariamente em detalhe" (Peebles et al., 1977).

Tradicionalmente, a propaganda global era percebida como a transferência de campanhas criadas originalmente para um mercado e que só necessitariam de tradução para outros idiomas. Essa problemática data dos anos 1960, e, atualmente, a discussão ainda polariza opiniões.

Keegan (1989) aponta que quem inicialmente apresentou a possibilidade e conveniência de estandardizar a propaganda em diversos mercados foi o publicitário sueco Erik Elinder (1961). A postura contrária é a dos que defendem a "localização", em que as diferenças culturais entre países persistem e não devem ser menosprezadas, e os programas mercadológicos necessitam enfatizar as particularidades dos mercados locais. As posições intermediárias também são encontradas, parte da propaganda é padronizada e parte alterada para atender aos aspectos individualizadores.

Segundo Keegan (1989), nos anos 1950, as agências locais desenvolviam as campanhas de propaganda. Nos anos 1960, profissionais de diversos países se uniram para desenvolver campanhas internacionais partindo das similaridades dos mercados. Na década de 1980, as empresas buscavam a padronização global de suas propagandas em nível mundial. Nos anos 1990 e até a atualidade, foram desenvolvidas campanhas padronizadas, permitindo modificações para atender aos mercados locais, o que as empresas chamam de "pensar globalmente e agir localmente" (Cateora & Graham, 1999). São as chamadas campanhas glocais.

> *Podemos citar o exemplo das campanhas de protetores solares. Estes produtos oferecem basicamente o diferencial global de proteger a pele. Nos Estados Unidos trabalha-se mais o conceito de "evitar doenças da pele" num tom mais ameaçador, dizendo que caso o consumidor não o utilize, está correndo o risco de câncer de pele. A propaganda mostra pessoas com a doença. Na Europa já não é tão forte porque o europeu gosta mais de se bronzear, então a abordagem é mais para o "cuidado da pele". No Brasil, país que tem muito sol, a estratégia está voltada à "proteção duradoura".* (Corrêa, 2006, p. 136)

Nesses casos, o conceito global é mantido, mas ele se modifica para atender às abordagens mais adequadas à persuasão local.

Wells (2000) aponta, em seu livro *Advertising: principles and pratice*, três aspectos considerados para o desenvolvimento da propaganda global: globalização, localização e contingência.

Na globalização, buscam-se os pontos comuns entre os consumidores mundiais. Na localização, são consideradas as diferenças entre os países (cultura, restrições legais, mercado, economia etc.), e, na contingência, passa-se a combinar as duas abordagens anteriores.

As vantagens primordiais da utilização da propaganda global são: custos otimizados, escassez de ideias criativas, maior controle da mensagem e simplificação das operações de comunicação e controle (estabelecimento de objetivos, estratégia criativa e de mídia).

> [...] as economias da Pepsico derivadas da não produção de filmes separados para vários mercados são de aproximadamente 10 milhões de dólares anuais. A poupança é realmente muito maior se são considerados os custos indiretos. Esses custos indiretos incluem a rapidez de implementação de uma campanha, a possibilidade de se ter um staff de pessoal de marketing menos elaborado, e o montante de tempo que a gerência pode dedicar a outras atividades de marketing. (Onkivisit & Shaw, 1987)

Outro fator importante a ser considerado é o anunciante ter encontrado êxito em campanhas já adotadas em alguns países. O raciocínio indica a possibilidade de respostas similares dos consumidores perante o mesmo conceito ou forma da campanha já apresentada. O sucesso de uma campanha adotada em determinado mercado pode, em alguns casos, gerar a mesma resposta positiva.

Como pontos de dificuldade de uma campanha global, podemos citar o ruído na comunicação causada por barreiras de linguagem, por falta de conhecimento da cultura do país, legislação publicitária, momentos diferenciados no ciclo de vida do produto, a geração de resultados de comunicação apenas informativos e não persuasivos, entre outros aspectos.

Algumas pesquisas realizadas demonstram a flexibilização da prática da propaganda global. A utilização da estandardização comprovadamente cede lugar às práticas das campanhas localizadas ou de contingência.

Algumas empresas operam de forma mais rígida a transferência das campanhas globais e outras parecem ser mais flexíveis:

> A Coca-Cola envia a todos seus gerentes locais uma caixa com materiais que incluem um manual com todos os anúncios a serem publicados coloridos, os que devem aparecer em preto e branco, o número de vezes que podem ocupar uma página, meia página, e assim por diante. Há ainda especificações de cada foto, linha de texto a ser usado, fitas de música para serem colocadas na rádio. Os gerentes locais nada podem fazer por si mesmos sem antes discutir cada procedimento com a direção em Atlanta. (Keegan, 1973, p. 198)

Figura 2 – Decisões de propaganda internacional

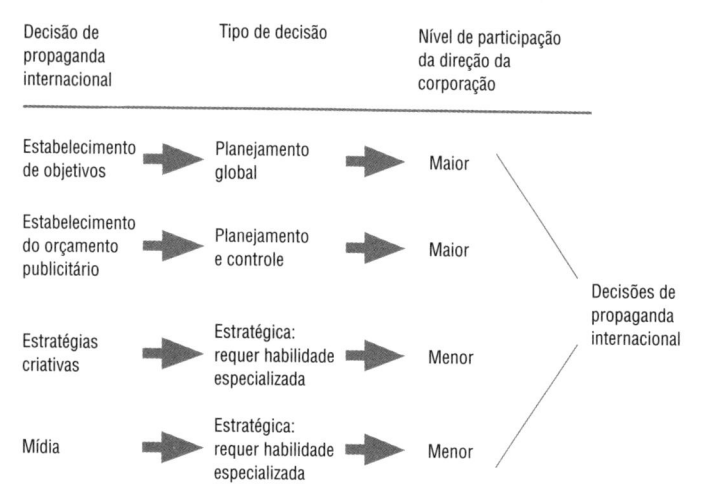

Decisão de propaganda internacional	Tipo de decisão	Nível de participação da direção da corporação
Estabelecimento de objetivos	➤ Planejamento global ➤	Maior
Estabelecimento do orçamento publicitário	➤ Planejamento e controle ➤	Maior
Estratégias criativas	➤ Estratégica: requer habilidade especializada ➤	Menor
Mídia	➤ Estratégica: requer habilidade especializada ➤	Menor

Decisões de propaganda internacional

Fonte: Peebles, D.; Ryans, J; Vemon, L. "An analysis of headquarters involvement in international advertising", p. 579.

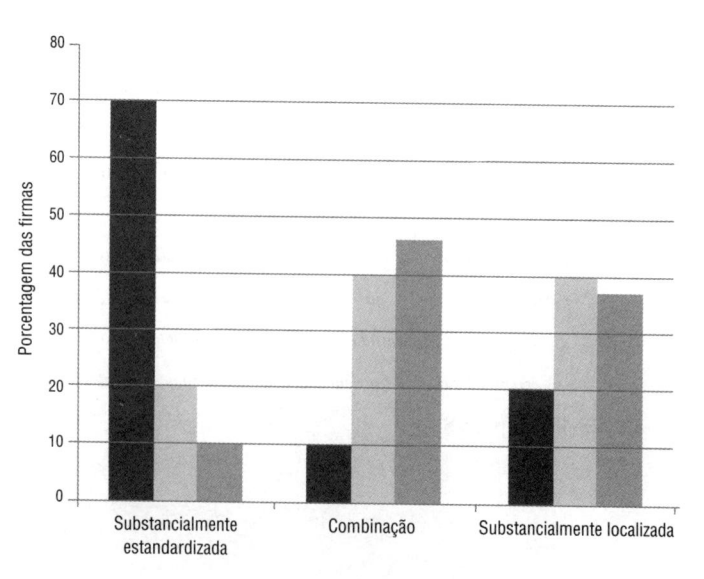

A caneta Montblanc publica no Brasil anúncios absolutamente iguais aos do mundo inteiro, inclusive em inglês (Corrêa, 2006, p. 135).

Já a Goodyear International, citada por Peebles et al. (1977), na Europa ocidental segue o padrão de estandardização. Brasil, México, Japão e Austrália recebem cópias das campanhas padrão que podem ser adotadas parcial ou completamente. Esse grau de decisão é delegado aos mercados locais.

Com relação aos desodorantes Axe, da Unilever, no Brasil, percebe-se a permissão de tradução local para um conceito universal:

> [...] *a propaganda universal já chega ao Brasil, criada pela Lintas. Em todos os países, a agência tem que seguir uma ideia única: um homem encontra uma mulher em um ambiente "estranho" – um porto, ou um deserto. Ele deixa cair algo que ela apanha. Ela é "seduzida" pelo perfume de seu desodorante.* ("Mesmo comercial será visto em toda a Europa", 1989, p. 1)

Outro exemplo é a campanha do Mastercard: "Isto vale X, mas tem coisas que você não consegue comprar". A essência da marca permanece global, mas a produção das peças utiliza aspectos locais (Corrêa, 2006, p. 137).

A propaganda global, observa-se, pode acontecer quando os consumidores, independentemente de seu país, apresentam necessidades iguais e alguns parâmetros culturais que não interferem no consumo, não exigindo especificidades locais que modifiquem o tema criativo global da comunicação. Conceitos considerados "transculturais" abrangem os aspectos comuns da cultura de diversos povos: "Experiências e estudos de mercado têm demonstrado ser possível encontrar pontos comuns no comportamento de compra entre os consumidores de diversos países, independentemente de sua cultura diversa e características locais de mercado" (Ibidem, p. 116).

É importante ressaltar também que algumas das comunicações estabelecidas a partir de significações arquetípicas têm se destacado significativamente, uma vez que se comunicam intensamente com a diversidade de países graças a aplicações de conceitos mais universais da cultura, como a Nike, que trabalha a integração global do esporte, utilizando a comunicação aliada ao conceito do que transculturalmente é utilizado na abordagem do significado das olimpíadas para todas as culturas no mundo.

Cabe concluir que o processo de adoção de campanhas globais, locais ou nacionais é extremamente variado e depende da postura do cliente em sua análise de mercado e crescimento global, sem separarmos que, por ser a propaganda uma ferramenta do *marketing*, também nesse caso ela é norteada para atender às necessidades de crescimento empresarial, buscando o mercado global, que direciona os graus de estandardização ou não da mensagem publicitária, não perdendo o foco nem a necessidade de otimizar o investimento de globalizar o consumo do produto e liderar o controle mundial da qualidade da ação da comunicação.

A propaganda global: estratégia criativa e peça produzida

Nas agências de propaganda, apesar das áreas diversificadas de criação — atendimento, planejamento, produção e mídia —, a função criativa parece ser a área funcional chave de qualquer agência. As campanhas publicitárias são o resultado do trabalho conjunto que envolve o objetivo da propaganda, o orçamento publicitário, a estratégia criativa e a mídia. Interessa-nos para este estudo as decisões relacionadas com a determinação da estratégia criativa, que é "o processo de determinação de mensagens e apelos básicos, textos, temas, ilustrações" (Wills & Ryans, 1977, p. 580).

A determinação das mensagens e dos apelos básicos que podem direcionar uma campanha de propaganda pode ser chamada de foco de *briefing* ou conceito criativo, como já abordado em estudos anteriores.

> *Os profissionais estão sempre discutindo ou trabalhando o melhor caminho ou foco para o desenvolvimento da criação da propaganda, aprimorando a objetividade e o detalhamento da informação. O documento busca a principal mensagem, ou melhor, procura prioritariamente definir qual é a mensagem mais importante.* (Bertomeu, 2002)

Essa etapa está normalmente associada aos departamentos de criação de uma agência, mas é resultado de um trabalho que envolve a transdisciplinaridade da construção da comunicação pela equipe de planejadores, mídias, atendimento, pesquisa e criação.

A esse respeito, Marcello Serpa (1997) afirma que toda a equipe trabalha focando o documento de criação para depois iniciar o processo criativo da campanha. Ele se reúne com o planejamento, a mídia, pesquisa e criação para definir como a equipe irá focar a campanha (Bertomeu, 2002, p. 43).

Essa busca conceitual, também chamada de foco de *briefing*, pode ser explicada da seguinte forma:

> *[...] o conceito é o resultado do foco do* briefing *de criação ou a principal mensagem que a criação deve dizer. Podemos dizer que o conceito é a chave para a solução proposta, o que deve ser dito que gera a persuasão junto ao público consumidor.* (Bertomeu, 2006, p. 55)

Algumas etapas que fazem parte da estratégia criativa de uma agência são: desenvolvimento do *briefing*, reunião de foco do *briefing*/conceito, desenvolvimento de ideias criativas — esboço de roteiros, apresentação de roteiros e aprovação do cliente.

Essa divisão das funções criativas vai ao encontro das discussões da literatura a respeito de propaganda global. Isso porque a adequação de transferência total de campanhas passa a ser vista com a possibilidade de estandardização total ou parcial dos elementos que fazem parte do desenvolvimento delas:

> *[...] estritamente falando, um anúncio estandardizado é um anúncio que é usado internacionalmente sem mudança em seu tema, texto ou ilustração, exceto em traduções, quando necessárias. Mais recentemente, uma nova visão da estandardização afirma que, mesmo que o tema seja mantido, um anúncio ainda é considerado global apesar de existirem mudanças em seu texto ou ilustração.* (Onkivisit & Shaw 1987, p. 49)

A respeito do conceito criativo, podemos ainda defini-lo assim:

> *[...] representa os pontos da venda, ou aqueles elementos do produto ou serviço do anunciante julgados, por ele, como sendo os mais relevantes para o consumidor potencial. No conteúdo de um anúncio, a proposição de vendas é o que se diz. É o conteúdo e não a forma.* (Killough, 1972, p. 108)

Podemos considerar muito importante o aspecto conceitual de uma campanha de propaganda, já que faz parte de uma definição estratégica da equipe de publicitários, mas também entender que a forma da mensagem é parte do aspecto criativo, pois tem como objetivo primordial a expressão da mensagem utilizando textos, imagens, som e movimento. A produção e finalização das peças estão associadas à forma da mensagem, como escolha de cenários, imagens, textos, sons, atores, modelos fotográficos, ambientações, tipologias, entre outros.

O conceito criativo pode ser definido e sofrer alterações em sua expressão de forma e produção, o que tem levado a algumas discussões no que se refere ao desenvolvimento de campanhas globais. James Killough (1972) publicou um estudo realizado com executivos vinculados a 120 campanhas publicitárias mundiais, no qual aborda essas transferências de elementos da estratégia criativa. No que se refere à adaptação da propaganda global, ele reafirma esta necessidade, porque, mesmo por meio de conceitos e atributos universais e similares entre nações, as percepções dos atributos em cada sociedade podem diferir consideravelmente.

> *[...] os executivos entrevistados acreditavam que proposições de vendas fortes podiam ser transferidas sem mudanças significativas em mais de 50% das vezes. Segundo eles, a similaridade das motivações dos consumidores é a mais importante razão para isso.* (Ibidem)

Nesse estudo, foram citadas como exemplo as propagandas da Levi's Jeans, Coca-Cola e Lufthansa com os respectivos conceitos: roupa esporte no estilo americano, juventude e pontualidade.

> A mensagem publicitária é formada quando essa proposição de vendas é transformada em uma apresentação criativa. Isso se inicia com a ideia principal e com todos os elementos verbais e visuais que rodeiam essa afirmação central. (Peebles et al., 1977, p. 570).

A forma da mensagem é o "como será dito", o modo de tratamento da mensagem, a abordagem. A forma como a mensagem é comunicada pode torná-la mais atrativa e interessante. Esse aspecto da construção da mensagem é desenvolvido pelo departamento de criação e o conceito criativo por toda a equipe de publicitários. (Bertomeu, 2006, p. 53)

Daí a importância da busca conceitual da criação, pois é o elemento primordial que direciona toda a continuidade da criação ou expressão da forma da campanha publicitária.

Quando o conceito de uma criação atender mais plenamente aos atributos universais e similares do público consumidor, mais a utilização desse conceito para a propaganda global será utilizada.

Quando falamos em similaridade das motivações dos consumidores, cabe-nos apresentar os arquétipos de Jung (2001) utilizados quando a comunicação busca conceituar uma campanha global com poucas adequações ou apresentar alto grau de estandardização. Marcas que identificam o conceito criativo na identificação arquetípica e, por isso, a motivação similar, encontram um alto grau de receptividade e comunicação persuasiva junto ao público consumidor mundial.

É o caso também das propagandas da Nike, McDonald's, Chanel, entre outras:

A ideia das imagens arquetípicas de Jung está ligada à descoberta freudiana dos "restos arcaicos" nos sonhos dos seus pacientes. Jung descreveu os restos arcaicos encontrados nos sonhos como formas mentais cuja presença não pode ser explicada pela vida individual, e que parecem ser formas inatas, congênitas e herdadas da mente humana. (Randazzo, 1990, p. 67)

Ampliar e ultrapassar os limites geográficos com uma campanha de propaganda é encontrar esse argumento igualmente importante nos diversos mercados:

> *A aplicação do mesmo conceito em todos os países tende a ser mais exceção do que regra, restando ainda a saber a categoria do produto, pois alguns podem ser globais e outras precisam ser locais em razão de suas características. Com alguns produtos podemos partir de uma análise de valor comum que permita definir os consumidores, independentemente de onde eles estiverem no mundo. Admitindo-se o princípio pelo qual os consumidores são iguais na aldeia global e que têm as mesmas necessidades, pode ser estabelecido um posicionamento exportável para todo o mundo.* (Corrêa, 2006, p. 132)

O processo de criação da propaganda global

Com a agência de propaganda, a corporação global coordena esforços com o objetivo de encontrar conceitos criativos que sejam compatíveis com as características de todos os mercados em que opera. A J. W. Thomspson, por exemplo, agência multinacional, costuma desenvolver "encontros" de criação nos quais comparecem os "criativos" dos diversos países e regiões onde o cliente opera:

> *Há dois anos fizemos uma campanha aqui para a Kodak e foi utilizada em 22, 23 países. A campanha foi criada principalmente para a América Latina. Naquela época foi um conceito ou ideia que a Kodak queria desenvolver e, para isso, nós enviamos pessoas de criação do Brasil, de Santiago, da Espanha, da Itália, da Inglaterra, dos Estados Unidos. Eles trabalharam juntos para criar o conceito, uma vez criado, a Europa desenvolveu uma campanha, os Estados Unidos outra, o Brasil outra para a América Latina.* (Pavão, 1988, p. 9)

> *[...] esta abordagem, ao cuidar de profissionais de diversas regiões na elaboração de campanhas mundiais, corresponde ao espírito da globalização em propaganda. O padrão das campanhas assim geradas teria uma origem participativa e consensual com vistas à obtenção de conceitos mundiais. O conceito escolhido pode ser o proposto por qualquer uma das subsidiárias. Sem dúvida, é importante que uma equipe criativa mundial participe na elaboração das estratégias criativas e não apenas um elemento dessa equipe. O fato de a agência possuir uma rede mundial facilita a intenção da criação global.* (Killough, 1972, p. 93)

Isso ocorre porque a equipe criativa de cada mercado local, além de conhecer profundamente os aspectos de produto e mercado, conhece também o mercado consumidor. Em uma reunião de criação global, pode-se apresentar uma visão mais específica do mercado onde se atua e, assim, direcionar parte da visão estratégica do conceito mais criativo que atenda ao mercado global.

A participação da agência de propaganda em uma campanha global pode variar, dependendo da classificação definida pela estratégia criativa:

- *Campanhas totalmente padronizadas em seus elementos criativos*: a participação da agência aqui é apenas de reprodução da campanha;
- *Campanhas em que unicamente o conceito é totalmente estandardizado*: a participação da agência é adaptar o conceito oferecendo "forma" à mensagem de maneira ousada e criativa. Trata-se de uma opção de livre criação, mas direcionada, como acontece em qualquer *briefing* para campanhas em geral;
- *Campanhas que padronizam o conceito e a forma da mensagem (e a padronização da forma pode ser parcial)*: preestabelecem-se uma estrutura para as peças da campanha e elementos presentes nas peças – diretrizes para a produção das peças. Nesses casos, a atividade da agência de propaganda é desenvolver a reprodução e adaptação da parte estrutural da peça e ajustes ao mercado local.

Como o anunciante acompanha muito de perto as decisões estratégicas de consumo e comunicação, a criação e aprovação do conceito de uma campanha lhe são muito próximas. Isso explica sua tendência a ser mais facilmente estandardizada, isso porque, com a decisão verticalizada, o anunciante passa a ter maior poder de decisão e controle sobre esse item da estratégia criativa.

Os anunciantes globais e as agências de propaganda

As empresas globais organizam e planejam suas diversificadas ações estratégicas para atender ao mercado mundial. Suas ações, incluindo a comunicação e a propaganda, partem da premissa de que existe uma similaridade entre os mercados de consumidores, mesmo afastados por distâncias geográficas, culturais, políticas, econômicas e sociais. Como anunciantes, essas empresas desenvolvem o que chamamos de propaganda global – quando padronizam sua propaganda em forma e conteúdo de uma maneira total ou parcial.

A relação entre empresa anunciante e agência de propaganda é horizontalizada. Estabelecem entre si uma bipolaridade. A agência, conhecendo a situação e os objetivos de mercado do cliente, busca desenvolver uma campanha publicitária que tem como objetivo primordial a integração de aspectos criativos e eficientes, já apresentados neste trabalho. É importante observar que as atividades de produzir campanhas de propaganda estão estabelecidas numa construção empresarial horizontalizada. Quando se desenvolve uma estratégia de comunicação publicitária, temos os profissionais diversificados discutindo o processo de construção da comunicação mais eficiente. Quando se desenvolvem discussões entre *staffs* de áreas diferentes em agências de propaganda, temos a construção transdisciplinar da construção de comunicação. Desenvolver estratégias de comunicação exige construção e discussão conjuntas. Podemos observar o que acontece numa reunião de *briefing* quando se reúnem planejadores, profissionais de atendimento, mídias, pesquisa e criação, que discutem coletivamente a abordagem e construção da comunicação publicitária mais eficiente (Bertomeu, 2001). Já a relação verticalizada é mais observada em corporações que operam mundialmente. Planejam-se mundialmente a comunicação e o mercado, e, portanto, supõe-se uma atividade de direção e controle altamente centralizada, delegando pouca autonomia aos mercados e às filiais de negócios.

Considerar a horizontalidade e verticalidade entre agência de propaganda e empresa anunciante é a necessidade de se considerar a existência de informações que intervêm no processo de tomada de decisões na propaganda. Essas decisões envolvem os objetivos mercadológicos, o orçamento da campanha, as estratégias de mídia, as estratégias criativas, a produção das peças que fazem parte da campanha, entre outros aspectos.

Quando a relação agência-cliente é horizontalizada, ela é normalmente para uma campanha local, pois os elementos de decisão estratégicos, citados anteriormente, fazem parte de um trabalho que envolve parceria e análise conjuntas entre objetivos de mercado e comunicação. Isso ocorre porque a relação é própria do mercado local, interferências externas a ele não são necessárias ou pouco prováveis, daí a horizontalização.

Em uma verticalização, por exemplo, as agências desenvolveriam as campanhas de propaganda sob parâmetros e definições de caminhos criativos já estabelecidos por uma outra agência que visa a um mercado global. Em muitos casos, agências locais sob um trabalho horizontalizado passam por verticalizações quando as estratégias estão previamente definidas por campanhas globais.

As agências consideram esse tipo de verticalização organizacional dificultosa para a aprovação de propostas criativas, e veremos adiante como o processo de criação global soluciona parcialmente essas questões com as reuniões globais (horizontalização) com as equipes criativas.

As agências de propaganda participam de formas variadas no processo de criação de campanhas: da criação completa, de sua adaptação ou apenas reproduzindo o que já está definido.

A agência "cria" quando não há imposições prévias no desenvolvimento e na conceituação da comunicação estratégica, "adapta" quando existem elementos da mensagem que não podem ser alterados e "reproduz" quando nenhum elemento da mensagem da campanha deve ser alterado.

Nossos estudos mostram que os clientes globais, para o desenvolvimento de propagandas mundiais, procuram contratar agências multinacionais. O surgimento de agências estrangeiras em diversos países é associado ao crescimento das corporações multinacionais e globais em todo o mundo.

O crescimento e expansão das agências de propaganda multinacionais foi um fenômeno dos anos 1960 e início da década de 1970. E apenas a J. W. Thompson e McCann-Erickson tinham estabelecido redes mundiais de propaganda antes da Segunda Guerra Mundial. (Fedjes, 1980)

Para acompanharem seus clientes na expansão de mercados mundiais, as agências multinacionais também se expandiram, adquirindo contas globais e locais.

Em se tratando de anunciantes globais, a tendência é contratar os serviços de agências mundiais. Hite & Fraser (1988) realizaram uma pesquisa em empresas multinacionais e detectaram que metade das empresas que estandardizavam sua propaganda internacional utilizava agências multinacionais. As razões que justificam essa tendência são: realização mais eficaz de campanhas globais, familiarização com os objetivos globais da matriz, centralização de todo o processo de criação da campanha e maior facilidade de intercâmbio de ideias e de fluxo geral de informação.

Para comprovarmos essas informações, a Tabela 3 apresenta as agências e seus clientes no mundo todo (Américas, Europa, Pacífico e Oriente Médio)

As duas tabelas a seguir foram retiradas do *site* www.adage.com e apresentam as contas globais identificadas por clientes e também por agências e suas respectivas distribuições nos países.

É importante observar, na Tabela 3, as contas globais do grupo de comunicação BBDO Worldwide. Com relação ao cliente Procter&Gamble Co., há três subdivisões – Braun, Gillette e Oral-B – que não são identificadas como contas brasileiras.

Na Tabela 4, podemos identificar o cliente Procter&Gamble com diversas agências atuando em suas subdivisões. Temos como contas institucionais as agências Burnett, Publicis, Saatchi, Grey, United, BBDO e O&M. Cabe ressaltar que, no Brasil, incluindo a maioria dos países da América Latina, como exemplo, a conta Gillette é administrada pela O&M. Na maioria dos países europeus, a conta é administrada pela BBDO, e nos países da África, Ásia, Austrália e Ilhas Pacíficas a conta é administrada pela O&M.

Podemos observar também, ainda na Tabela 3, que a conta da Nike é administrada quase que completamente pela W&K (55 países) e em apenas seis países pela O&M.

Tabela 3 – *Marketing* global: contas globais por anunciante

		AMÉRICA DO NORTE		AMÉRICA LATINA										EUROPA																							ORIENTE MÉDIO		ÁFRICA		ÁSIA, AUSTRÁLIA E ILHAS DO PACÍFICO											
Cliente	Agência	EUA	Canadá	Argentina	Bolívia	Brasil	Chile	Colômbia	Equador	México	Paraguai	Peru	Uruguai	Venezuela	América Central* Caribe*	Áustria	Balkans*	Baltics*	Bélgica	República Tcheca	Dinamarca	Finlândia	França	Alemanha	Grécia	Hungria	Irlanda	Itália	Holanda	Noruega	Polônia	Portugal	Romênia	Rússia/CIS*	Eslováquia	Espanha	Suécia	Suíça	Turquia	Ucrânia	Israel	Oriente Médio*	Arábia Saudita	África do Sul	África	Austrália	China	Hong Kong	Índia	Indochina*	Indonésia	Japão	Malásia	Nova Zelândia	Paquistão	Filipinas	Singapura	Coreia do Sul	Sri Lanka	Taiwan	Tailândia

(Dados da tabela omitidos devido à complexidade visual e risco de erro de alinhamento.)

Fonte: www.adage.com

Tabela 4 – *Marketing* global: contas globais por agência

BBDO Worldwide

Fonte: www.adage.com

Semiosfera, cultura,
memória e criação

Morin & Le Moigne (1998) atentam para observarmos o criador inserido na efervescência da cultura, na intensidade e multiplicidade de trocas, confrontos de opiniões, ideias e concepções. Os autores afirmam que só pode haver evolução inovadora quando o calor cultural (a pluralidade de pontos de vista e o intercâmbio de ideias) enfraquece dogmas e normalizações, possibilitando o surgimento de desvios, evolução inovadora, reconhecidos como originalidade. Apontamos esses aspectos quando discutimos a busca criativa dos publicitários mergulhados nesse intenso calor cultural, em que a própria equipe, o local de trabalho e o acervo de acesso fácil propiciam diária e intensamente a pluralidade de trocas.

Essa observação está alinhada à nossa abordagem sobre empresas e profissionais de propaganda que criam e desenvolvem comerciais que apresentam aspectos de comunicação globais com especificidades locais. Esse ponto é fundamental, pois é parte do processo criativo da comunicação eficiente utilizarmos elementos do universo perceptivo individual do público receptor para que a comunicação alcance maiores índices persuasivos. Nessa construção global/local, o extrassemiótico ou geral/fora funda-se no universo da semiosfera ou específico/territorial, parecendo simular esse sistema. Temos, então, o criador publicitário nesse universo como uma tendência no processo de criação de filmes publicitários globais. Ele sabe que, mesmo ao criar comerciais que abordem o processo universal das marcas, precisa chegar muito próximo do universo específico do receptor, daí o fato de as empresas realizarem os encontros globais entre os criativos de todos os países para compartilhar, criar e evidenciar a troca de informações, quando podem surgir inovações e ideias ousadas que comuniquem os objetivos das mensagens na busca do geral/específico.

Cabe também afirmar aqui que um dos objetivos deste trabalho é apontar o melhor preparo do criativo da América Latina para a criação publicitária global/local, visto que está inserido numa construção cultural híbrida desde seu processo de colonização. A mistura, a hibridização, nesses países faz parte das construções culturais. No processo de civilização da América Latina, a mistura étnica, religiosa e linguística cria uma proliferação de heterogeneidades e uma amplificação numa dinâmica que dá a existência da convivência das polaridades:

> [...] *pátria do pastiche e da bricolagem, onde se encontram todas as épocas e todas as estéticas. Pois somos sociedades formadas em histórias híbridas, nas quais necessitam entender como se constituíram as diferenciações sociais, os dispositivos de inclusão e exclusão, que distinguem o culto do popular e ambos do massificado. Porém também como e por que essas categorias fracassam repetidamente*

ou se realizam atipicamente na apropriação atropelada de culturas diversas ou na combinação paródica dos plágios, nos sincretismos do tango, do samba e do sainete. (Canclini apud Martín-Barbero & Rey, 2004, p. 30)

Os escritores, os compositores, os artistas visuais e também os publicitários têm à disposição um farto e diversificado material, recebido de diversas culturas. Eles equacionam, com maior desenvoltura que os europeus, elementos heterogêneos e alógenos, enfim, o dialogismo, a carnavalização, a mestiçagem, o hibridismo, que é característica cultural dos países da América Latina. Nela, elementos das culturas europeias, negras e indígenas imiscuíram-se numa dinâmica crescente e contínua de criação de produtos e semioses (Martín-Barbero, 2004). Existe uma série de campanhas de propaganda globais que foram criadas por publicitários brasileiros. Em alguns periódicos do setor, comprova-se uma expressiva aprovação de comerciais que abordam criativamente os conceitos globais e locais desenvolvidos por profissionais da América Latina. Na participação de equipes criativas globais ou mesmo em concorrências internacionais, destaca-se a criatividade dos brasileiros e dos argentinos, podendo ser uma comprovação da diversidade criativa apresentada pelos publicitários da América Latina:

O escritório da McCann-Erickson no Rio de Janeiro também idealizou quatro novos comerciais, que já estão sendo requisitados para veiculação em outros países. Não utilizam efeitos especiais, nem grandes recursos em suas produções, mas apenas narram histórias cotidianas que tocam as pessoas porque são reais e verossímeis. (Bortoloti, 2001, p. 21)

As agências argentinas criaram nos últimos anos campanhas que fizeram sucesso nos quatro cantos do mundo. A Santo foi a responsável, por exemplo, pelos comerciais da Coca-Cola em que inimigos se abraçam ao ver pela televisão um gol da seleção nacional — veiculados durante a Copa do Mundo — e dos sabonetes Lux, em que um balão sobrevoa os céus de Moscou. Para Reyes (publicitário argentino que desenvolveu a campanha da Telefónica) o fato dos argentinos estarem conseguindo se adaptar à era multimídia, que exige muito mais dos profissionais. [...] Os argentinos vêm conseguindo destaque especialmente nos filmes para a televisão (comerciais de TV). (O Estado de S. Paulo, 2006)

A AlmapBBDO e várias outras agências brasileiras que fazem parte de redes internacionais já exportaram campanhas para a Audi, Visa e outros, inclusive o conceito. Tem havido exportação de comerciais da marca IBM, Lux, Adams, Warner Lambert e Ford. Em Londres, a campanha de Frisks é considerada a melhor campanha para gatos. Outra agência teve vários comerciais internacionais feitos para a Electrolux, LG e Toyota. A Ogilvy desenvolveu ideias e campanhas para os cigarros Free, exportando o conceito e a campanha para vários países da América do Sul e da África, bem como para a Tramontina e Ambev. (Corrêa, 2006, p. 161)

> Filmes, com veiculação mundial, são criados e produzidos aos montes na Argentina, como acostumava acontecer no Brasil, mas hoje nem tanto. (Jahara, 2007, p. 32)

(Em relação aos argentinos) O mundo inteiro está falando, porque os caras conseguem fazer uma propaganda superlocal, mas ao mesmo tempo global, porque é um trabalho bom. A Argentina se abriu. Eles recebem diretores do mundo todo, mandam diretores e criativos para o mundo todo, e têm um processo de produção, hoje, muito mais próximo do processo "gringo" do que o brasileiro. (Ramos, 2007, p. 33)

Eu era o diretor regional dessa conta [sabão em pó Omo] para a América Latina, a gente passava, apesar de ser uma coordenação regional, exportando muitos filmes para vários países, mesmo para a Europa e Ásia, filmes mais criativos em termos de inovação e comunicação. (Rodrigo Toledo)

Em relação ao criativo da América Latina, duas declarações que apontam para a diversidade nas observações para a criação:

O brasileiro é um povo que se prepara, que conhece, que olha muito pra fora, diferentemente de outras culturas, principalmente a americana, as pessoas sabem muito dos EUA mas pouco de outros países, acho que o brasileiro tem uma visão mais holística, por isso vejo muitas campanhas daqui sendo exportadas. (Ibidem).

Nós, latino-americanos, somos camaleões e nos adaptamos. Somos sobreviventes. Não pertencemos a apenas um lugar, o que nos dá grande flexibilidade. Podemos ser qualquer coisa que nos é solicitada. Mas o que fazemos não se parece com nada, pois somos todas aquelas coisas juntas. O que não quer dizer que não temos identidade. Ao contrário. Nossa identidade é nova no mundo, é global, porque viemos de todos os lugares e nos movemos para todos os lugares. Não estamos tão ligados às nacionalidades. Em minha carreira, meu estilo vem de uma série de fatores de minha ascendência, como origens argentinas, judias, italianas, etc. É muito livre ser latino-americano. (Zanetti, 2004, p. 35)

Além dessas observações dos criativos da publicidade latino-americanos, aponta-se também para a significativa produção e exportação de telenovelas da América Latina cuja criação e produção ganham o mercado internacional com dramas considerados universais:

> No momento de sua maior criatividade, a telenovela latino-americana testemunha as dinâmicas internas de uma identidade cultural plural. Mas seria justamente essa heterogeneidade de narrativas que tornaria visível a diversidade cultural do latino-americano. (Martín-Barbero, 2004, p. 374).

O conceito de identidade das culturas latino-americanas é um permanente processo amalgamando uma confluência de diferenças em que a telenovela melhor representa essa contínua interação que busca novas soluções sintáticas, utilizando elementos díspares da cultura para criar. É possível também comparar a criação publicitária que se utiliza da associação de ideias inovadoras como aspecto primordial de uma criação publicitária ousada.

É tendência do processo de criação publicitária a busca pela considerada propaganda impactante como criativa, o impacto sugerido se consegue na abdução (abordagem semiótica), em que ideias díspares são colocadas juntas para gerar um novo significado, que promove impacto na percepção do público, criando, assim, o comercial de TV inovador, ousado, impactante. Da mesma forma, cabe ressaltar que o processo de criação da telenovela e da publicidade bebem da mesma fonte da oralidade, da cultura erudita, dos relatos populares, do sério e do cômico, criando um dialogismo entre códigos e textos.

Como os criadores publicitários estão naturalmente também inseridos nessas relações culturais, é importante resgatar Lotman (1998, p. 157), que aborda a cultura como memória, um mecanismo acima do individual de conservação e transmissão de certos comunicados (textos) e na elaboração de outros novos. Assim, a cultura pode ser definida como um espaço de certa memória comum, isto é, um espaço em cujos limites alguns textos podem se conservar e se atualizar.

O processo de criação nas empresas e agências que buscam os filmes globais

Nesta seção, abordaremos o processo de criação de filmes globais e seus respectivos processos. Iremos nos deter na busca processual entre as agências de propaganda e clientes que apresentam essa necessidade. Isso porque, como já foi apresentado, a complexidade da criação de comerciais, em níveis locais e nacionais, utiliza uma grande quantidade e diversidade de profissionais envolvidos em etapas diferentes. A justificativa de apresentar apenas o cliente e a agência no desenvolvimento e na aprovação de roteiros de filmes tem como objetivo demonstrar a complexa busca ainda das etapas iniciais do processo, visto que seria impraticável para um estudo deste porte apontar todas as etapas de produção do filme como já foi tratado em níveis locais – do *briefing* à edição final. Sendo assim, basearemos nossas abordagens em algumas entrevistas de profissionais envolvidos nesses processos e também em declarações publicadas em periódicos do setor.

Pudemos observar, quando investigamos os processos de criação globais, que as mesmas tendências de processo estão presentes da mesma forma na criação dos filmes nacionais ou locais: buscam-se filmes ousados, inusitados, que possam apresentar o humor, mas que tenham abordagens mais universais como tendência do processo de buscar apelos de mensagens mais universais, globais. Como já discutimos, temos também a tendência de procurar criações globais com especificidades locais, o que propicia ainda mais uma grande equipe, diversa, mergulhada em um grande desafio.

A produção cinematográfica nos filmes globais possibilita produções e investimentos mais caros, visto que o interesse do cliente é uma única produção, na qual a verba estimada passa a ser infinitamente maior. A rentabilidade para a produção de um único filme otimiza a estratégia e, consequentemente, a verba torna-se bem maior que a convencional para a produção de filmes diversos que poderiam ser produzidos para atender ao mercado global e às suas especificidades.

Nos entrevistados e na pesquisa bibliográfica, foi observado que não existe um procedimento único de etapas na execução da criação global. De modo geral, esses processos entre os clientes e as agências costumam ser extremamente variados e dependem muito da postura do cliente e de como ele desenvolve seus negócios e procedimentos organizacionais. Procuraremos apresentar, assim, as características de alguns deles.

A rede dos profissionais envolvidos dos mais variados países é acionada, e o processo criativo ganha ainda maior complexidade na criação coletiva. É a sequência já observada entre os profissionais (clientes e agências) ganhando ainda mais diversidade e maior número de envolvidos.

Como já foi apresentado neste estudo, os clientes procuram agências que estão distribuídas globalmente e que possam atender de forma integrada às suas necessidades empresariais. As agências Lowe e JWT respondem a essa necessidade de estrutura, e apresentamos seus processos para atentarmos às especificidades dos negócios.

Rodrigo Toledo (2004) apresenta a estrutura da Lowe, que desenvolve sua própria adaptabilidade organizacional. O autor aponta a criação de uma unidade independente de operação para atender o cliente Nissan e aborda também uma estrutura desenvolvida para um cliente global, como a Unilever, contando com estruturas globais, regionais (Regional Advertising Center – RAC) e locais, alinhadas à estrutura de operação da Unilever (Regional Innovation Center – RIC). Apresentamos, a seguir, um esquema que ilustra o funcionamento dessas estruturas e o complexo fluxo composto por diversas etapas descritas por Toledo (2004, p. 48):

a — Agência e cliente global trabalham nas estratégias de comunicação das marcas;

b — Essas estratégias são validadas em cada região com intensas pesquisas qualitativas, realizadas com consumidores, supervisionadas e controladas pelos RAC´s e RIC´s;

c — Depois de aprovada a estratégia, tanto os filmes globais quanto os regionais trabalham no desenvolvimento da mesma estratégia e a transformam em peças de comunicação;

d — A cada dois meses acontece o GBT (Global Brand Team) em Londres, quando as peças de comunicação são validadas tanto por agências quanto por cliente;

e — As peças voltam para pesquisa qualitativa nas regiões e as aprovadas são produzidas; e

f — Após a produção, as peças são distribuídas às agências locais, responsáveis pela implementação, veiculação, produção de materiais de ponto de venda e merchandising, *ou seja, tudo dentro do* mix *de comunicação global que esteja alinhado com a estratégia global pré-aprovada.*

Figura 3 – Estrutura Lowe e Unilever

Lowe Worldwide (Londres) ↔ Geração de estratégias globais ↔ Unilever Worldwide (Londres)

?

- RAC América Latina ↕ RIC América Latina
- RAC América do Norte ↕ RIC América do Norte
- RAC África ↕ RIC África
- RAC Ásia ↕ RIC Ásia
- RAC Europa ↕ RIC Europa

?

Adaptação das estratégias globais
Execução e distribuição de conceitos locais para ativação

Lowe local   Unilever local

Fonte: Toledo (2004, p. 47).

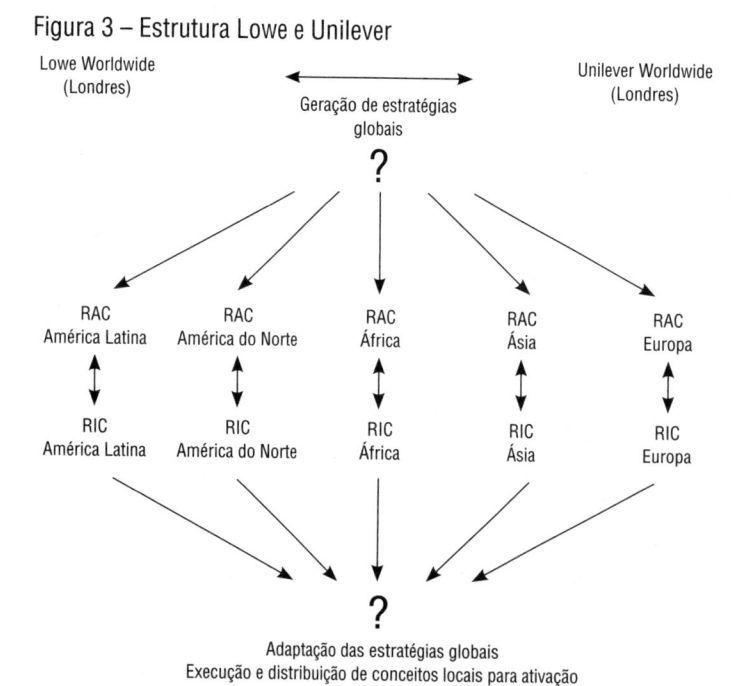

Percebe-se que o processo de criação e relação com a agência segue a estrutura e o organograma do cliente. Ela é solicitada pelo cliente, ou observada pela agência, que incorpora os procedimentos do cliente aos seus. É um limitador do processo, daí a necessidade da agência adequar sua estrutura empresarial dentro do processo do cliente na condução de suas estratégias de comunicação. Além de limitador, parece ser uma tendência do processo quando observamos que o cliente, ao definir pela contratação de uma agência de propaganda, observa se ela se apresenta com características globais parecidas, daí a tendência de empresas globais aprovarem as agências também globais:

> *Eu era responsável pela coordenação regional de América Latina, era o diretor de conta para a América Latina, respondendo para um cliente regional baseado obviamente no Brasil (isso porque a campanha publicitária do sabão Omo (conta a qual ele atendia) apresentava um pioneirismo de comunicação na América Latina e no Brasil) e com vários* hubs *(pontos de contato) na agência que me exportavam: Chile, Argentina, América Central e aí por diante.* (Rodrigo Toledo, 2006)

Segundo Toledo, o início do processo era o *briefing*, mas não um *briefing* recebido do cliente apenas. O autor afirma auxiliar o cliente na construção desse documento, visto que desenvolver a campanha de um produto global exige análise da complexidade já alcançada em nível de comunicação pelo produto. O desenvolvimento do *briefing* passa pelos moldes da criação de comerciais já abordados. O que envolve a diversidade agora é a compreensão mundial dos objetivos corporativos globais. A amplitude desse detectar é que irá mover a criação e definir os objetivos da comunicação. A definição de uma estratégia de comunicação global é muito abrangente. Mostramos, a seguir, parte de uma apresentação estratégia de buscas internacionais da marca Jeep, desenvolvida por John Griffiths, um planejador de comunicação inglês que hoje atua como *freelancer* e consultor. Esse arquivo refere-se a uma palestra que ele proferiu denominada "Writing screenplays for brands", de 22 de fevereiro de 2005 (www.planningaboveandbeyond.com). Nela são apresentadas as particularidades do produto, das sensações e dos aspectos emocionais e valores analisados e identificados por diversas características de consumos e mercados divididos nas possíveis aplicações para mercados globais, Nafta *market*, mercados japonês, australiano, latino-americano, europeu. Essa planilha apresenta a diversidade de buscas de significados de comunicação regionais e as possibilidades de significações que devem ser alcançadas pela comunicação da marca em nível mercadológico global. Por meio desse escopo, conhecem-se a ampla análise e variedade de informações de mercado e a necessidade de apresentar um direcionamento claro e específico para o início da busca da comunicação estratégica mundial, identificando-se os objetivos comuns.

228 *Criação em filmes publicitários*

Figura 4 – Jeep: *brand identity*

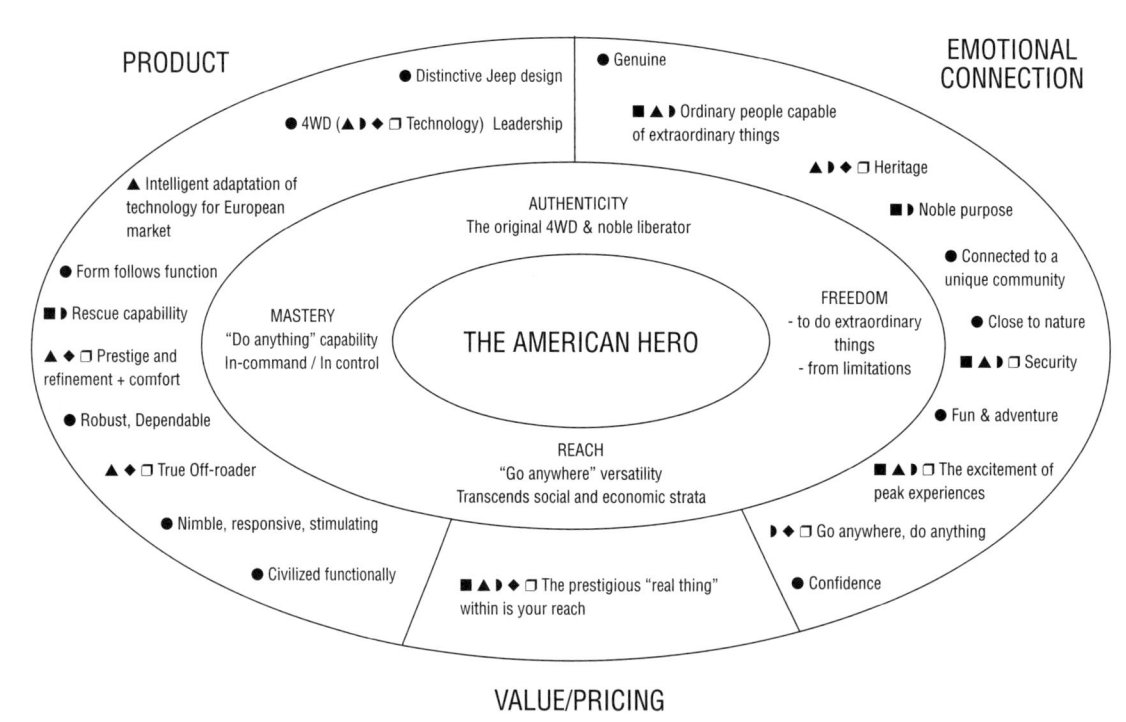

```
                              PRODUCT                                          EMOTIONAL
                                        ● Distinctive Jeep design              CONNECTION
                                                      ● Genuine
                              ● 4WD (▲ ▶ ◆ ❑ Technology) Leadership
                                           ■ ▲ ▶ Ordinary people capable
                                                 of extraordinary things
        ▲ Intelligent adaptation of                          ▲ ▶ ◆ ❑ Heritage
          technology for European
          market                      AUTHENTICITY           ■ ▶ Noble purpose
                                  The original 4WD & noble liberator
        ● Form follows function                                      ● Connected to a
                                                                       unique community
        ■ ▶ Rescue capabillity  MASTERY           FREEDOM             ● Close to nature
                               "Do anything" capability  - to do extraordinary
        ▲ ◆ ❑ Prestige and    In-command / In control        things
              refinement + comfort    THE AMERICAN HERO   - from limitations  ■ ▲ ▶ ❑ Security

        ● Robust, Dependable                                          ● Fun & adventure
                                      REACH
        ▲ ◆ ❑ True Off-roader    "Go anywhere" versatility    ■ ▲ ▶ ❑ The excitement of
                            Transcends social and economic strata     peak experiences
        ● Nimble, responsive, stimulating
                                                           ▶ ◆ ❑ Go anywhere, do anything
                ● Civilized functionally
                                  ■ ▲ ▶ ◆ ❑ The prestigious "real thing"  ● Confidence
                                         within is your reach

                                       VALUE/PRICING
```

● Applicable for global market
■ Applicable for Nafta market
▲ Applicable for European market
▶ Applicable for Japanese market
◆ Applicable for Australian market
❑ Applicable for Latin American market

Fonte: www.planningaboveandbeyond.com.

Podemos observar que a construção do *briefing* já apresenta uma autoria coletiva na definição dos objetivos das campanhas como negócio global, vale pensar no que já foi abordado no capítulo anterior quando a empresa procura estandardizar produtos e mercados. É a busca da visão macro da empresa e da comunicação. Griffiths também, como profissional de atendimento, solicita a participação dos profissionais da criação de diversos mercados que farão parte dos objetivos empresariais de comunicação.

Ele aponta que, no *briefing*, dependendo do mercado geográfico a ser explorado pela comunicação, são acionadas equipes criativas que podem auxiliar no desenvolvimento do trabalho. Convocam, por exemplo, a equipe criativa de Londres, da América Central, da Ásia. Essas convocações dependiam do escopo geográfico para o trabalho. A busca da soma dos esforços criativos objetivava encontrar o foco na busca conceitual e auxílio para dividir os olhares das diversidades culturais dos países que receberiam a campanha.

Ricardo Chester, diretor de criação da JWT, declara que os *briefings* se parecem e o que primordialmente muda é a quantidade de pesquisa e planejamento que acompanham o processo, porque, na maioria das vezes, as pesquisas são realizadas em diversos países. Ao ser entrevistado fala também do processo global:

> *Normalmente o processo é assim, existe um diretor de criação mundial, o CCO [chief creative officer], ele determina quais escritórios irão participar do trabalho, pode até ser um escritório só. Então, se houver um diretor de criação para aquele job global, todas as duplas envolvidas, de todas as partes do mundo, trabalham enviando seus rascunhos e ideias para este diretor de criação.*

Chester acredita que o processo de criação funciona, do ponto de vista da operação, como uma campanha qualquer, a sua dimensão que é bem maior e mais complexa. Para a criação, segundo o entrevistado, entender mercados em que nunca se colocaram os pés e pensar numa ideia que possa ser entendida de Nova York a Nova Delhi também é um imenso desafio.

É a distribuição dos mesmos *briefings* apresentando seus objetivos globais de comunicação, que serão interpretados pela criação. A busca global é então criada pelas equipes locais de criação. De acordo com Salles (2006, p. 39), ao citar Colapietro (1989), sob o ponto de vista semiótico, o criador culturalmente sobredeterminado é inserido em uma rede de relações, em nosso estudo, como exemplo, criando roteiros que refletirão suas diversidades e especificidades culturais. Esses roteiros e essas ideias dos mais diversos países serão analisados posteriormente por profissionais preparados para uma análise e seleção mais criteriosa que possa alcançar os objetivos globais propostos. É um momento de fragmentação e totalidade. Os roteiros e as ideias recebidos apresentam as propostas diversificadas de todos os profissionais de criação do globo, todas as possibilidades e interpretações de ideias na mesma busca global, e a equipe analisa uma visão fragmentada do que poderia ser construído e transformado numa única abordagem. Processualmente, temos ideias que atendem aos objetivos da comunicação, e todas essas sugestões poderiam ser incorporadas num único filme, pois apresentam todas as possibilidades de especificidades apontadas. Busca-se no fragmento o todo; nas especificidades, o geral, que possa ser utilizado como ideia central.

> *Na próxima semana, a F/Nazca recebe a visita dos integrantes do* board *mundial de criação da rede mundial Saatchi & Saatchi. O objetivo do grupo, formado por 13 diretores de criação, será discutir as tendências da criatividade publicitária mundial e avaliar o trabalho desenvolvido pelos 138 escritórios da rede global. Participam do evento representantes de Los Angeles, Londres, Nova York, Nova Zelândia e Porto Rico, além dos diretores da unidade brasileira. Bob Isherwood, diretor mundial de criação da rede, é um dos nomes confirmados.* (Meio & Mensagem, 2003).

David Foulds (2003, p. 35), vice-presidente mundial de criação da Pepsi, declara:

> *Sou responsável por toda a publicidade mundial da Pepsi, isto é, fora dos Estados Unidos e do Canadá. Minha dedicação à propaganda é exclusiva e total, mas trabalho muito próximo ao nosso* CMO [chief marketing officer] *e aos vice-presidentes que cuidam das demais marcas da PepsiCo, como a 7up. Trabalho junto às agências acompanhando o processo criativo e escolhendo os produtores e os diretores escalados para realizar nossos filmes. E é justamente na produção que me envolvo de coração, pois é nos* sets *de filmagem que se dá vida às nossas peças, acompanhando as produções.*

E também fala sobre o processo de criação de roteiros: "Sempre discutimos o processo de criação de nossas campanhas internacionais [referindo-se a Marcelo Serpa] nas reuniões em Nova York com todos os criativos da BBDO que fazem parte deste conselho".

E apresenta a especificidade na busca de seus comerciais de TV, limitações claras para os criadores das agências como tendência do processo de filmes esperados pela Pepsi:

> *O grande desafio dos criativos é justamente fazer com que Pepsi não seja inadequado (na comunicação persuasiva junto ao público jovem). Nossos comerciais sempre têm o humor como característica fundamental. Um filme da Pepsi tem de ter o* "unexpected twist at the end" [*a inesperada virada no fim*] *e a gargalhada.*

Uma etapa diferenciada e complexa do processo de criação foi detalhada por Rodrigo Toledo – atualmente diretor global da conta de Lux:

> *Os países que lideram a comunicação de Lux no mundo são Índia e China. Temos um* briefing *para 2008 que é um grande lançamento mundial. Decidimos então fazer um* workshop *na Tailândia. Ficamos uma semana lá e convidamos duplas criativas de todos os nossos* hubs *mais importantes, foi uma dupla de Dubai, uma do Brasil, uma da China, duas duplas da Tailândia, uma da Malásia, a gente tentou fazer um evento onde num intercâmbio de ideias pudesse chegar num resultado final. O intuito deste processo era já fazer um* double check, *quando se cria globalmente há a necessidade de se mostrar os limites de cada cultura.*

Temos assim a equipe de trabalho apresentando as ideias criativas, as obrigatoriedades e limitações no mesmo momento. Temos as diversidades de interpretação, as reconstruções criativas, a interferência do outro, a semiose de novas possibilidades, um profissional ativando o outro nessa construção – direta e indiretamente –, gerando novas possibilidades e associações, e todos comprometidos com o mesmo desafio e foco, refazendo e comentando tudo, em uma busca de tentativa de erro e acerto coletiva. Trata-se dos pensamentos individuais e coletivos reunidos num espaço físico e num tempo real, trabalhando num conceito que também apresenta complexidade, e os profissionais e o pensamento em rede gerando interconectividade de relações, contrariamente ao que é segmentado, separado. É a criação sendo realizada por meio de laços, interações, tecido em conjunto. Esse momento pode expressar fisicamente o pensamento em rede colocado junto. Temos a rede da criação em seu próprio processo em expansão: as relações vão sendo estabelecidas durante o processo, são as apropriações, as transformações e os ajustes que ganham complexidade à medida que as relações vão sendo estabelecidas, compreendendo as características mais frequentes no processo.

Como explicou Toledo, depois de criarem, eles apresentavam suas ideias, e as análises e apresentações das limitações eram já comentadas por duplas específicas desse mercado, limitando e colocando já os pontos da não aceitação da ideia. No caso de Lux, por exemplo, Toledo aponta a problemática de apresentações de filmes que mostram corpos femininos e sensualidade para países onde não há a possibilidade de mostrarem os corpos por questões culturais, como no caso dos países muçulmanos.

Nesse processo, passavam-se os *jobs* em um dia e as duplas apresentavam suas ideias no dia seguinte, em um fórum onde se escolhiam as melhores ideias, checava-se se todos concordavam com as escolhas e as duplas voltavam a trabalhar nas mesmas ideias. Eles colocaram, na medida do andamento do processo, as duplas criando juntas, resumindo a dupla brasileira com a dupla de Cingapura, que apresentavam perfis parecidos. A aglutinação dos grupos era identificada e misturada por um diretor de criação da China, um profissional muito preparado para criações globais, com criações inovadoras, inclusive para Nike, em seu portfólio.

Reuniram-se nesse evento, além das duplas criativas, o diretor de marca global, a planejadora global e o atendimento global. A decisão das ideias que iriam ser escolhidas ficou na mão de uma equipe mais coesa, que misturava profissionais planejadores, atendimentos e criativos:

> *Era eu [diretor global da conta], o Mark que é meu chefe [diretor da marca global], o Maian [diretor de criação da China], a Brid [diretora de conta da Ásia] e o Roberto Fernandes [diretor de criação do Brasil]. Foram seis pessoas baseadas num critério de avaliação que a gente desenvolveu internamente para a Lux e identificamos quais eram as ideias das campanhas com mais potencial ou menos.*
> (Rodrigo Toledo)

Os profissionais saíram desse fórum com a ideia aprovada pela agência para a posterior apresentação ao cliente. A aprovação passa ainda por níveis diferentes de aprovação, neste caso, Unilever global, depois Unilever regional. Por exemplo, ao aprovarem a criação com a Unilever global, esta deve cuidar da aprovação nas regionais da América Latina, América do Norte, África, Ásia e Europa. Ela irá sendo aprovada em níveis diferentes. Para auxiliar o processo de aprovação, existem muitas pesquisas de recepção, pesquisas qualitativas e quantitativas e diversas outras ferramentas, e, num consenso final, a campanha é aprovada.

Foi apontada uma parceria entre agência e cliente nesse processo: "Nós tentamos brigar junto para chegar nas instâncias regionais e aprovar as campanhas, auxiliando nas justificativas" (Rodrigo Toledo).

Sobre o processo de criação da PepsiCo, Foulds (2003) fala da participação da maioria das equipes das agências que faz parte do grupo, e a escolha dos melhores roteiros (para apresentação ao cliente) é definida por um número mais reduzido de profissionais e uma determinação de maior quantidade de filmes que possa atender de forma mais versátil às possibilidades dos mercados locais. O fato de produzirem um número maior de filmes para uma mesma abordagem não limita intensificadamente a opção da propaganda por poucos comerciais, ampliando, assim, possibilidades de mais acertos junto à recepção da comunicação, já que a análise dos comerciais a serem utilizados passa por seleções e escolhas de profissionais mais próximos dos mercados a serem trabalhados pela comunicação:

> *[...] todos os anos fazemos seis ou sete filmes temáticos para serem veiculados em cerca de 125 dos quase 200 países onde estamos presentes. Em nossa última apresentação dos roteiros, selecionamos cerca de 20 entre os 120 que todas as agências da BBDO nos apresentaram. Essa lista final foi decidida pelas sete principais agências da BBDO, que têm membros da direção, como Ted Sann (BBDO Nova York), Christoph Lambert (Paris) e Marcelo Serpa (Brasil).* (Foulds, 2003, p. 10)

Foulds (2003, p. 15-6) também fala sobre a decisão do cliente:

> *A decisão final sobre quais filmes vamos produzir dentre aqueles 20 roteiros finalistas é tomada em conjunto com o CMO e algum outro executivo — felizmente é um grupo restrito. Mas, basicamente, eu e o CMO é que vetamos ou resolvemos apostar nos roteiros que*

vão representar nossa marca pelo mundo. Agora, os cerca de dez vice-presidentes da Pepsi para a região têm autonomia para escolher, entre essa meia dúzia de filmes, quais vão ser os mais apropriados de acordo com suas características de mercado. Eles podem, em tese, veicular todos, como ocorre nos principais mercados, mas podem também exibir apenas de dois a três filmes, conforme o perfil do consumidor num determinado mercado. Algumas dessas sete peças podem cair nas graças de todos e serem exibidas nos 125 países onde usamos TV. [...] Sempre procuramos ter os mais altos padrões de criatividade em nossa publicidade. [...] Sempre estou avaliando roteiros de filmes a fim de me certificar de que todos aqueles que venham a ser produzidos estejam à altura da reputação da Pepsi.

O ponto de maior complexidade no processo refere-se à busca por unanimidade na aprovação das campanhas e à cobrança diária dos resultados de profissionais que estão mais próximos dos mercados regionais. O profissional responsável pelo regional (do cliente) contribui muito pouco para a aprovação da criação, seu papel nessa fase passa a ser um consenso e não o atendimento específico solicitado por uma determinada necessidade de mercado, mas sim a construção de um significado da marca global a médio e longo prazos, normalmente associados aos objetivos internacionais da empresa. Cabe lembrar que o resultado de mercado, como o seu crescimento, está mais associado aos níveis regionais, que decidem os demais detalhamentos estratégicos da comunicação, como a colocação da campanha no ar (quando, onde e por que) que são os aspectos relacionados mais à exposição da campanha: mídia e planejamento.

Foi apontado também que, mesmo após a campanha ser produzida globalmente, com especificidades locais, permitem-se ainda, na identificação de novas características locais importantes, as alterações para aprimoramento da campanha nesses níveis mais específicos:

As especificidades culturais na produção dos filmes podem ser detectadas antes das filmagens, mas podemos também posteriormente alterar: recebemos os inputs dos hubs e também dos clientes, e todos que se utilizam da campanha para gerar negócios com a comunicação e vamos afinando o filme da campanha para cada região. [...] para a Arábia Saudita eu tive que fazer pós-produção no filme inteiro para aumentar o nível de espuma e cobrir o corpo da mulher. [...] para a Índia e Emirados Árabes eu já sabia que tinha que usar uma atriz local (que já oferece suporte para a marca há anos) e seria arriscado retirá-la da comunicação neste momento. O filme já foi criado, prevendo essa atriz sendo substituída em determinada parte da história do filme, podendo ser filmada à parte, posteriormente. Estou neste momento filmando na Arábia Saudita a estrela local, e depois junto com a produtora em Londres, organizando para que este material vá para o profissional da pós-produção para ser inserida no filme. (Rodrigo Toledo)

As campanhas com abordagens globais se utilizam de filmes que buscam conceitos mais relacionados às necessidades humanas emocionais, e as abordagens locais apresentam a vantagem de apelar diretamente para atributos mais importantes do produto em determinadas culturas, especificando as formas de expressão da comunicação. No entanto, essas abordagens apresentam buscas internas dos públicos como uma grande tendência do processo.

Segundo Shivkumar (2005), uma das grandes problemáticas nesse processo é que as criações globais com abordagens locais se baseiam, muitas vezes, nas formas das mensagens e linguagens, e não no universo interno do receptor. Shivkumar acredita que, quando os criadores buscam criar campanhas locais mais persuasivas, devem focar sempre o universo perceptivo emocional interno do receptor, o que permite uma comunicação mais efetiva com esse mercado. Esse tipo de criação pode fazer parte de campanhas globais, pois, nos universos perceptivos internos, independentemente da diversidade cultural, trata-se das campanhas que mais se identificam com as globais.

O antropólogo cultural Rapaille (2007) desenvolveu assessorias a empresas internacionais, nas quais estudou as possibilidades de abordagens persuasivas com a linguagem da mente primitiva das pessoas, a chamada mente reptiliana. Com base em pesquisas realizadas com diversos grupos focais, identificou quais as necessidades humanas emocionais mais internas dos públicos-alvo, para direcionar as mensagens das campanhas e gerar campanhas mais persuasivas.

Cabe ressaltar que fica bastante clara a mesclagem entre as buscas emocionais e racionais dos produtos e públicos que recebem a comunicação. No processo, as buscas globais persuasivas apresentam como tendência o foco de abordagem considerada mais emocional, e as abordagens locais apresentam a tendência para a abordagem mais racionalizada ou próxima de um diferencial competitivo e mais palpável para o público que recebe a mensagem.

> Quanto mais diversificado for o público a ser alcançado, mais a abordagem criativa das mensagens se baseará no universo emocional desse receptor; a busca persuasiva parece encontrar mais facilmente um respaldo perceptivo para um maior número de públicos.

Quando falamos em comunicação emocional, podemos abordar as questões que envolvem a busca arquetípica na criação de mensagens. De acordo com Randazzo (1990), a publicidade se utiliza dos arquétipos e da mitologia para criar comunicações mais aprofundadas na mente das pessoas, a fim de criar níveis persuasivos profundos na mente dos receptores. É importante destacar a necessidade de uma discussão mais aprofundada dessas questões, já apresentadas por Jung (2001) na identificação dos arquétipos e estudas por Campbell (1990), apontando para as construções e narrativas que se utilizam dos mitos para uma comunicação eficaz, aplicando essas formas de abordagens em construções de entretenimento por meio de histórias que despertem a atenção do público de todos os países do mundo. Apesar de nosso estudo apontar para as discussões que envolvem o processo criativo dos filmes publicitários, caberia a continuidade dos estudos que envolvem a busca universal da persuasão num público diverso por meio da utilização desses arquétipos.

Para o nosso objeto, cabe ressaltar que é uma tendência para o processo criativo a utilização de elementos emocionais para facilitar a comunicação global, visto que, pelo que foi apontado em nossas pesquisas, as agências e os clientes reconhecem a necessidade de utilizar a busca emocional como elemento de construção mais apropriado para a criação de comerciais globais.

CONSIDERAÇÕES FINAIS

Diante do que foi apresentado neste trabalho, cabe afirmarmos a quebra com a aura dos criativos publicitários como únicos responsáveis da criação de um comercial. Há uma ruptura radical dessa forma de se discutir a criação publicitária de comerciais. Por mais que os criativos sejam responsáveis pelo roteiro, ficam claras a necessidade e a interdependência de todos os profissionais envolvidos no processo. O diretor do filme e os profissionais da produtora, por exemplo, mais que contribuir, são os responsáveis pela transformação da construção textual do roteiro numa peça audiovisual. É visível, em todo o processo, a construção do filme por esses profissionais. Não se trata apenas de uma colaboração, é, na verdade, evidenciada e comprovada a coautoria num processo de muito envolvimento e em áreas diversas de saberes não dominadas por profissionais da agência. Num filme publicitário, a criação é comprovadamente coletiva, diluída e complexa, como pudemos comprovar neste trabalho.

A autoria coletiva é uma necessidade do processo. É um grupo grande de cliente, criativos e técnicos. A interdependência e o alto nível de contribuição de cada profissional envolvido nos leva ma concluir que todos estão imersos num projeto único que necessita ser materializado de forma a alcançar seu objetivo de existir: persuadir o consumidor de forma a atender a uma necessidade mercadológica previamente identificada pelo cliente.

A própria busca dos profissionais da agência e do cliente, durante o processo, foca que o primordial objetivo da mensagem é que ela deve ser mais que compreendida pelo público, deve gerar nele persuasão. Nas análises dos documentos, constatamos que essa busca da criação está espalhada em todo o processo, percebemos as marcas do diálogo entre receptor e criação num *briefing*, num roteiro, no esboço de *frames* etc. É clara a extrema preocupação com a recepção da mensagem no processo criativo como um todo.

É observado que nenhum dos profissionais soluciona de forma independente do outro a construção do comercial. Trata-se de um saber fazer de muitas mãos, conhecimentos, contribuições, acasos, limites diversos, mas também com muito espaço para criações individuais e coletivas durante o processo: uma busca e uma reflexão conjuntas que geram uma potencialização de possibilidades, mas que geram também dificuldades no entrelaçamento de individualidades e que necessitam de uma grande interação para se realizar.

Observamos o conceito de redes em processo (Salles, 2006) que se refere ao princípio de conexão, quando as interações se dão por contato, contágio mútuo, aliança, crescendo para todos os lados e direções, como expansão do pensamento em criação, nas inter-relações como um sistema complexo em que não se avança até se avaliar o que foi produzido, bastante presente na criação de comerciais. Um intenso estabelecimento de nexos e simultaneidade de ações aprovadas parcialmente pela agência e também pelo cliente, e a equipe é tomada pelo desafio de solucionar o proposto pelo trabalho: criar um comercial.

Fica evidente que a criação de filmes publicitários se dá no seu próprio processo de expansão. Mesmo com os limites impostos pelas necessidades de mercado e pelos inúmeros documentos limitadores (*briefings*, roteiros, *storyboards*, *shooting boards*, prazos, verbas, entre outros), a contribuição e a criação se fazem presentes ora individualmente, ora coletivamente. Quando observamos o diretor cinematográfico buscando de sua equipe de trabalho, no momento da filmagem, uma transdisciplinar contribuição, percebemos a riqueza da diversidade de saberes e atuações de todos os envolvidos. Observamos também que, mesmo na diversidade de profissionais, todos procuram contribuir exaustivamente em seus domínios específicos de atuação e somar nas diferentes áreas em que atuam, sem perder o seu foco criativo. Somente dessa forma podem contribuir e ser responsáveis por uma pequena parte do trabalho que reflete no resultado satisfatório da criação do comercial como um todo.

A numerosa e diversa quantidade de profissionais na criação de comerciais (do cliente, da agência e da produtora) desenvolve um processo que apresenta uma grande quantidade de documentos variados, complexos e organizados que objetivam direcionar e nortear uma ampla equipe de trabalho.

Graças à utilização da crítica genética, foram identificados e classificados inúmeros documentos até então pouco abordados em pesquisas e publicações dessa área. Destacam-se o *clipping*, o "monstro", o *shooting board*, o *blocking diagram*, a apresentação de uma reunião de pré-produção, um plano de filmagem, entre outros, nunca apresentados e analisados em estudos acadêmicos. A apresentação dos objetivos e das funções desses documentos procurou esclarecer, de maneira bastante clara, a real necessidade de cada um deles, com o propósito de abordar sua função dentro do processo criativo.

Todos esses levantamentos permitiram também perceber que existem etapas claramente identificadas a serem cumpridas no processo, e muitas outras existem nas entrelinhas da criação e que nos direcionaram a compreender grande parte das buscas e necessidades de cada profissional envolvido, do pedido de criação do comercial até a sua veiculação.

> Já havíamos observado que um briefing é um documento fechado para a criação, um documento objetivo, claro, sintetizador que necessita encontrar seu foco depois de redigido (BERTOMEU, 2001).

Esse foco é discutido por diversos profissionais da agência (planejamento, mídia, pesquisa, atendimento e criação).

Neste estudo, acrescentamos que o *briefing* é responsável por sintetizações das buscas mercadológicas, aspectos persuasivos do público e levantamento da concorrência.

Observamos também a construção do roteiro publicitário, que busca comunicar a ideia do filme sem fechar as possibilidades de novas visualizações, quando analisado por outros profissionais. Um roteiro publicitário não pode ser confundido com um roteiro marcado por indicações de cenas, câmeras e enquadramentos, como muitas vezes é abordado na graduação. Procuramos deixar claro neste trabalho a realidade profissional da construção de um roteiro para propaganda e sua forma mais adequada para a criação. É um documento que claramente permite a contribuição do diretor cinematográfico.

Além do *briefing*, do roteiro, vimos também o *storyboard* e o *shooting board* como mais documentos que fecham a criação, procurando prever a construção visual da cena, propiciando uma aprovação coletiva e um acerto de expectativas entre cliente, agência e produtora, para, a partir daí, dar continuidade ao processo. Verificamos objetivos diferentes nesses dois últimos documentos. O *storyboard* está mais próximo de uma abordagem visual junto ao cliente com o objetivo de facilitar o processo de aprovação, como também oferecer ao diretor cinematográfico uma abordagem visual inicial pela ótica dos criativos. Já o *shooting board* é a visualização criadora do diretor, cena a cena, o detalhamento completo do filme, que posteriormente direcionará todas as decisões que envolvem as atividades da produtora.

> **Parte da criação publicitária parece evidenciada por duas características bastante claras: uma criação com limites bem demarcados e um trabalho coletivo com autorias diluídas, diversas.**

As agências de propaganda como espaço de trabalho propiciam aos profissionais um megulhar num ambiente cultural abastecido de referências mundiais das campanhas mais criativas já produzidas nesse mercado. O próprio local de trabalho é um ambiente a ser explorado e pesquisado, fazendo o papel de oferecer um armazenamento intenso, como extensões de um diálogo cultural incessante. São espaços e *layouts* internos que permitem o acesso e o diálogo fácil entre as pessoas por meio de cores de paredes, disposição de mesas, mobiliário interno e equipamentos, gerando proximidade entre os profissionais. O espaço interno reflete e reforça a criação e o fazer coletivo. O escritório passa a cumprir o papel de memória, uma memória física.

Levantamos também uma informação bastante importante que é chamada de "valor de produção de um comercial", um conceito de difícil descrição. Trata-se da busca de clientes e agências por um diretor cinematográfico que saiba somar todos os esforços durante o processo de criação, filmagem e edição de um comercial, um profissional que torne o filme, além de memorável, algo muito agradável aos olhos do público. O diretor contribui positivamente para a transformação da ideia textual em visual com alto nível de produção da composição, iluminação, enquadramentos e todas as áreas que compõem um comercial.

O processo de criação de um filme mostra-se muito ampla e diversificada, exige muitos saberes e construções específicas, é uma construção transdisciplinar que dificilmente um único profissional poderia produzi-lo individualmente. A criação é um diálogo em que, em alguns momentos, parece ser distinguível, mas não separável do diálogo do outro – uma autoria de relações. Acontece na colaboratividade dos envolvidos. Um processo inferencial (Salles, 2006) no qual vemos uma ligação entre um processo e outro, um elemento observado está atado a outro.

Mesmo apontando o trabalho bastante planejado do diretor cinematográfico, cabe ressaltar que, em seu processo criativo, ele procurar, assim, antecipar e eliminar todos os possíveis problemas para poder "experimentar" novas possibilidades durante as filmagens. Uma criação que aparentemente parece bastante fechada conta com a possibilidade da abertura criativa do diretor e de toda a equipe para criarem, assim, individualmente, no processo, e o filme crescerá na diversidade de saberes e profissionais para o desenvolvimento de novos caminhos, apesar do caminho já previsto pelos documentos da filmagem.

O momento da pré-produção é a etapa que melhor reflete a execução de um bom comercial. Nela, todas as áreas envolvidas apresentam suas atividades ao cliente e aos profissionais da agência, e alinham as expectativas e assim geram a continuidade do processo. Um momento intensamente coletivo no qual todos apresentam suas visões e atividades para que cada envolvido compreenda, colabore, faça apontamentos, antecipe dificuldades e questione possibilidades, para que todos saiam dessa reunião com todas as alterações e aprovações para, assim, darem continuidade às suas respectivas atividades.

Dos documentos apresentados aqui, gostaríamos de evidenciar a riqueza da "apresentação da pré-produção" e do "plano de filmagem". Documentos que apresentaram de forma bastante detalhada todos os elementos que envolvem a filmagem e a produção do filme. A qualidade de acabamento e o planejamento desses documentos são ímpares. Horários de chegada, transportes, locações, duração da filmagem, profissionais envolvidos, elenco, figurinos, câmeras, luz, maquiagem, direção de arte, objetos, são todos reunidos num único documento cujo propósito foi abordar todos os pontos de contato entre áreas e departamentos, colocando a equipe num trabalho horizontalizado e mais viável de ser executado. O que reforça a possibilidade de gerenciamento com maiores possibilidades de tentativas inovadoras do que já estabelecido, facilitando, assim, a criação de cada profissional da equipe.

Pontos observados como a produção, a trilha sonora e a pós-produção foram apresentados como elementos que estão mais facilitados pelas novas tecnologias digitais e se mostram como técnicas a serem ainda mais bem conhecidas por todos os profissionais relatados neste estudo. Eles as apontam como grandes ferramentas de novas possibilidades, tão amplas que exigem ainda mais conhecimento dos envolvidos.

Na busca da criação de filmes para o mercado global, percebemos que as empresas decidem por agências globais para facilitar a relação horizontalizada necessária entre a atividade transdisciplinar que abrange a comunicação, mais especificamente a propaganda. As relações possíveis de propaganda alinham-se mercadologicamente aos produtos e tipos adotados de gerenciamento empresarial. A contratação da comunicação publicitária segue o tipo de negócio global já estabelecido pelo cliente, ao ponto que as agências realizam as mesmas formatações gerenciais internas para atender e se alinhar aos clientes nessas buscas. A definição do tipo de *marketing* (global ou multinacional) direciona também a comunicação, o que abordamos em nível mais superficial na primeira parte deste estudo. Campanhas estandardizadas ou adaptadas fazem parte dessas definições mercadológicas – o que coloca a propaganda, mais comprovadamente, como uma ferramenta de *marketing*.

A necessidade de desenvolver um discurso global precisa basear-se também na especificidade local para surtir efeitos perceptivos mais densos nos públicos mundiais. As empresas e agências ainda discutem a melhor forma de encontrar essas respostas, e apontamos aqui algumas sugestões que possibilitam estudos mais aprofundados nos aspectos que envolvem os arquétipos e as criações emocionais observados em campanhas de sucesso global.

Uma criação coletiva ganha patamares mundiais e ainda mais diversos quando se propõe, como desafio primordial, a encontrar possibilidades de atender a mercados e percepções diferentes por todo o mundo. Profissionais de países diferentes buscando solucionar uma busca criativa global, juntos. Uma criação mundial solicitada por *briefings* e pesquisas muito diferenciadas e em grande volume que se apresenta como um desafio para as equipes: selecionar as ideias, aprová-las junto a clientes com equipes numerosas e diversidade de mercados, produções que exigem diferenciações específicas, entre outros.

Procuramos não fechar a discussão, mas apontar que existem ainda muitas possibilidades para pesquisa e reflexões. Cabe reforçar que o desafio da relação global e local necessita ainda de maiores análises. Apontamos parte desse amplo processo.

Com relação a este trabalho, podemos concluir que os estudos e as pesquisas relacionados ao processo de criação de filmes publicitários apresentaram resultados bastante significativos. Muito do que foi abordado aqui é inédito nas publicações relacionadas ao ensino da criação publicitária, com essa riqueza de detalhes e apresentação de inúmeros documentos de processo. Abordamos as buscas mais aprofundadas de cada profissional no processo e reconhecemos quais as reais considerações para a construção de um comercial criativo: a responsabilidade de um *briefing*, a clareza e as características de um roteiro, a ideia conceitual, os documentos da produtora, as relações e dinâmicas profissionais, entre outros.

Diante das análises apontadas, acreditamos ser fundamental a continuidade desses estudos de criação na propaganda em outros meios e áreas (planejamento, mídia, rádio, *outdoor*, mídia alternativa etc.).

Acreditamos que esta pesquisa tenha contribuído de forma pioneira ao utilizar a crítica genética e os conceitos de rede em processo aplicados na propaganda, e buscando impulsionar novos estudos para realizar novas aplicações, ainda necessárias, na atividade publicitária.

REFERÊNCIAS BIBLIOGRÁFICAS

ABOUT. São Paulo, n. 860, p. 18-21, ago. 2006.

ALBIOL, P. *Special Report produtoras*. São Paulo: Meio e Mensagem, 2000.

ALENCAR, E. M. L. S. de. *Psicologia da criatividade*. Porto Alegre: Artes Médicas, 1986.

_____. *Como desenvolver o potencial criador*: um guia para a libertação da criatividade em sala de aula. Petrópolis: Vozes, 1990.

_____. *A gerência da criatividade*. São Paulo: Makron Books, 1996.

_____. *Criatividade*. Brasília: Editora UnB, 1995.

AMON, S. Feras do claquete. *About*, n. 860, ago. 2006.

ARNHEIM, R. *Arte e percepção visual*. São Paulo: Pioneira, 1989.

BAKTHIN, M. *Marxismo e filosofia da linguagem*. São Paulo: Hucitec, 1999.

_____. *Problemas da poética de Dostoievski*. Rio de Janeiro: Forense Universitária, 1997.

BARRETO, R. M. *Criatividade em propaganda*. São Paulo: Summus, 1982.

_____. *Criatividade no trabalho e na vida*. São Paulo: Summus, 1997.

BARRETO, T. *Vende-se em 30 segundos*. São Paulo: Senac, 2004.

BAUDRILLARD, J. *À sombra das maiorias silenciosas*: o fim do social e o surgimento das massas. São Paulo: Brasiliense, 1985.

_____. *O sistema dos objetos*. 2. ed. São Paulo: Perspectiva, 1989.

_____. Significação na publicidade. In: ADORNO, T. et al. *Teoria da cultura de massa*. 4. ed. Rio de Janeiro: Paz e Terra, 1990. p. 273-80.

_____. *Simulacros e simulação*. Lisboa: Relógio D'Água, 1991.

BERGER, J. *Ways of seeing*. Harmondsworth: Penguin Books, BBC, 1972.

BERTOMEU, J. *Criação na propaganda impressa*. São Paulo: Futura, 2001.

_____. *Criação na redação publicitária*. São Paulo: Autor, 2006.

BIGAL, S. *Afinal, o que é criação publicitária?* São Paulo: Razão Social, 1993.

BOGDANOVICH, P. *Afinal quem faz os filmes*. São Paulo: Companhia das Letras, 2000.

BONÁSIO, V. *Televisão*: manual de produção e direção. Belo Horizonte: Leitura, 2002.

BORELLI, C. Feras do claquete. *About*, ago. 2006.

BORTOLOTI, M. Gostinho brasileiro tonifica a comunicação da Coca-Cola. *About*, 14 maio 2001.

BRANCO, R. C. et al. *História da propaganda no Brasil*. São Paulo: T. A. Queiroz, 1990.

BRANT, B. Feras do claquete. *About*, n. 860, ago. 2006.

CAMPBELL, J. *As transformações do mito através do tempo*. São Paulo: Cultrix 1990.

CANCLINI, N. G. *Consumidores e cidadãos*. Conflitos multiculturais da globalização. Rio de Janeiro: Editora UFRJ, 1995.

_____. *Culturas híbridas*. São Paulo: Edusp, 2003.

CANOVA, J. *Special Report produtoras*. São Paulo: Meio & Mensagem, 2000.

CARRIÉRE, J. C.; BONITZER, P. *Prática do roteiro cinematográfico*. São Paulo: JSN, 1996.

CARVALHO, N. de. *Publicidade a linguagem da sedução*. São Paulo: Ática, 1998.

CARVALHO, R. Feras do claquete. *About*, n. 860, ago. 2006.

CASTELLANO, J. Gostinho brasileiro tonifica a comunicação da Coca-Cola. *About*, 14 maio 2001.

CATEORA P.; GRAHAM J. *International marketing*. USA: Irwin, McGraw-Hill, 1999.

CHALRAVARTHY, B; PERLMUTTER, H. Strategic planning for a global business. *Columbia Journal of World Business*, v. 20, n. 2, p. 3-9, 1985.

CITELLI, A. *Linguagem e persuasão*. São Paulo: Ática, 1985.

COLAPIETRO. V. Routes of signitificance. *Cognitio*, v. 5, n. 1, p. 11-27, Jan./June 2004.

COLLEY, R. H. *A propaganda se define e se avalia*. EUA: PUF, 1979

CÓLLON, E. *Publicidade, modernidade, hegemonia*. Porto Rico: Universidade de Porto Rico, 1996.

COLOMBO, F. *Os arquivos imperfeitos*: memória social e cultura eletrônica. São Paulo: Perspectiva, 1991.

CONDE, E. *Special report produção*. São Paulo: Meio e Mensagem, CORRÊA, R. *Comunicação integrada de* marketing: uma visão global. São Paulo: Saraiva, 2006.

CORRÊA, R. *Planejamento de propaganda*. São Paulo: Globo, 2000.

CORRÊA, T. G. *Comunicação para o mercado*. São Paulo: Edicon, 1995.

CORTÁZAR, J. *O fascínio das palavras* – entrevistas com Julio Cortázar – Omar Prego. Rio de Janeiro: José Olympio, 1991.

DALTO, D. *O processo de criação*. São Paulo: Marco Zero, 1993.

DE BONO, E. *Criatividade levada a sério*: como gerar ideias produtivas através do pensamento lateral. São Paulo: Pioneira, 1994.

DÈBORD, G. *A sociedade do espetáculo*. Lisboa: Edições Mobilis in Móbile, 1991.

DESHPANDE, R.; WEBSTER, F. Organizational culture and marketing: defining the research agenda. *Journal of Marketing*, v. 53, n. 1, p. 3-15, Jan, 1989.

DÓRIA, I. Entrevista. *Pasta*, n. 10, set./out. 2007.

DUAILIBI, R.; SIMONSEN. *Criatividade e* marketing. São Paulo: McGraw Hill, 1993.

EINSENSTEIN, S. *Réflexions d'un cineaste*. Moscou: Editions Enlagues Estrangere, 1958.

ELIN, L.; LAPIDES, A. *O comercial de televisão*: planejamento e produção. São Paulo: Bossa Nova, 2006.

FALCÃO, A. *Publicidade ao vivo*. Rio de Janeiro: Francisco Alves, 1991.

FEDJES, F. The growth of multinacional adverstising agencies in Latin America. *Journal of Communications*, v. 30, n. 4, p. 36-49, 1980.

FERREIRA, J. *Armadilhas da memória*. São Paulo: Ateliê, 2003.

FIELD, S. *Manual do roteiro*: os fundamentos do texto cinematográfico. Rio de Janeiro: Objetiva, 2001.

FINAZZI-AGRÒ, E. *Um lugar do tamanho do mundo*. Belo Horizonte: Editora UFMG, 2001.

FOULDS, D. Entrevista. *Meio&Mensagem*, n. 1048, 10 mar. 2003.

FROST, E.; HOEBEL, E. *Antropologia cultural e social*. 14. ed. São Paulo: Cultrix, 1976.

FURTADO, R. Televisão: 40 anos. In: BRANCO, C. (Org.) *História da propaganda no Brasil*. São Paulo: T. A. Queiroz, 1990.

GAGE; MEYER. *O filme publicitário*. São Paulo: Atlas, 1985.

GALVÃO, M. M. *Criativa mente*. Rio de Janeiro: Quality Mark, 1992.

GALVÃO, O. A praia da criação. *Revista da Criação (São Paulo)*, dez. 1997.

GIACOMINI, G. *Consumidor* versus *propaganda*. São Paulo: Summus, 1991.

GOLEMAN, D. *O espírito criativo*. 8. ed. São Paulo: Cultrix, 2000.

GRACIOSO, F. *Planejamento estratégico*. São Paulo: Atlas, 1990.

HALL, S. *A identidade cultural da pós-modernidade*. 3. ed. Rio de Janeiro: DP&A, 1999.

HARVEY, D. *The condition of posmodernity*. London: Basil Blackwell, 1989.

HAUG, W. F. *Crítica da estética da mercadoria*. São Paulo: Editora Unesp, 1996.

HELLER, A. *O cotidiano e a história*. 4. ed. Rio de Janeiro: Paz e Terra, 1995.

HITE, R.; FRASER, C. Internacional advertising strategies of multinacional corporations. *Journal Adverstising Research*, v. 28, n. 4, p. 9-17, Aug./Sept. 1988.

HOWARD, D.; MABLEY, E. *Teoria e prática do roteiro*. Rio de Janeiro: Globo, 1996.

HUSZAGH, S. Global marketing: a empirical investigation. *Journal of World Business*, v. 20, n. 4, p. 31-43, 1986.

IANNI, O. *Teorias da globalização*. 8. ed. Rio de Janeiro: Civilização Brasiliense, 2000.

JAHARA, G. Entrevista. *Revista Pasta*, n. 10, out. 2007.

JAIN, S. C. Standardization of internacional marketing strategy: some research hypoteses. *Journal of Marketing*, v. 53, n. 1, p. 70-9, Jan. 1989.

JOANNIS, H. *O processo de criação publicitária*. Paris: Bordas, 1988.

JUNG, C. G. O *Homem e seus símbolos*. Rio de Janeiro: Nova Fronteira, 2001.

KASHAMI, K. Beware the pitfalls of global marketing. *Harvard Business Review*, v. 67, n. 5, p.91-8, Sept./Oct. 1989.

KASTRUP, V. A rede: uma figura empírica da antologia do presente. In: PARENTE, A. (Org.) *Tramas da rede*. Porto Alegre: Sulina, 2004.

KEEGAN, W. J. Five strategies for multinacional marketing. In: THORELLI, H. B. (ed.) *Internacional marketing strategy*: selected readings. Great Britain: Penguin Books, 1973.

_____. *Multinational marketing management*. 3. ed. New Jersey: Prentice-Hall, 1984.

_____. *Global marketing management*. London: Prentice Hall, 1989.

KENELLER, G. F. *Arte e ciência da criatividade*. São Paulo: Ibrasa, 1972.

KILLOUGH, J. Improved payoffs from transnational advertising.*Harvard Business Review*, v. 56, n. 4, p. 102-10, July/Aug. 1972.

KIM, W. C.; MAUBORENE, R. A. Cross cultural strategies. *Journal of Business Strategy*, v. 7, n. 4, p. 28-35, Spring 1987.

KODATO, L. *Special Report produtoras*. São Paulo: Meio & Mensagem, 2000.

KOESTLER, A. *The act of creation*. Middlesex: Penguim Books, 1989.

KOTLER, P. *Marketing*. São Paulo: Atlas, 1980.

_____.; ARMSTRONG, G. *Princípios de* marketing. Rio de Janeiro: Prentice-Hall, 1993.

KROEBER, A. L; KLUCKHOHN. *Culture*: a critical review of concepts and definitions. Harvard: Harvard University, 1952. v. 47.

LADEIRA, J. G. *Criação de propaganda*. São Paulo: Global, 1996.

LAZARUS, S. Construir marcas é o grande desafio. *Jornal Meio e Mensagem*, 17 nov. 1997.

LEDUC, R. *Propaganda no lançamento de novos produtos*. São Paulo: Atlas, 1980a.

_____. *Propaganda uma força a serviço da empresa*. São Paulo: Atlas, 1980b.

LEVITT, T. The globalization of markets. *Harvard Business Review*, v. 61, n. 3, p. 92-102, May/June 1983.

LOPES, J. *Comunicação da imagem de uma empresa Embratel*. São Paulo, 2002. Dissertação (Mestrado em Comunicação e Semiótica) – Pontifícia Universidade Católica.

LOTMAN, Y. *Cultura y explosión*: lo previsible en los procesos de cambio social. Barcelona: Gedisa, 1999.

_____. et al. *Ensaios de semiótica soviética*. Lisboa: Horizonte Universitário, 1981.

LUCAS, A. Criação: uma auto-avaliação. *Revista Pasta*, n. 10, set./out. 2007.

LYOTARD, J. F. *La condición postmoderna*. Trad. Antolin Rato. Madrid: Cátedra, 1984.

MACHMANORITCH, S. *Ser criativo* – o poder da improvisação na vida e na arte. São Paulo: Summus, 1993.

MANGA JUNIOR, C. Feras do claquete. *About*, n. 860, ago. 2006.

MANGAI, C. Entrevista. *Revista da Criação*, ago. 1998.

MARANHÃO, J. *A arte da publicidade*: estética, crítica e *kitsch*. São Paulo: Papirus, 1988.

MARCONDES, P.; GALVÃO, G. A nossa criação está cortando do lado errado. *Revista da Criação*, jun. 1999.

MARTÍN-BARBERO, J *Ofício de cartógrafo*. Travessias latino-americanas da comunicação na cultura. São Paulo: Loyola, 2004.

_____.; REY, G. *Os exercícios do ver*. Hegemonia audiovisual e ficção televisiva. 2. ed.São Paulo: Senac, 2004.

MARTINS, J. S. *Redação publicitária*: teoria e prática. São Paulo: Atlas, 2001.

MATOS, M. Criatividade e paixão. In: FALCÃO, A. (Org.) *Publicidade ao vivo*. Rio de Janeiro: Francisco Alves, 1991.

MATTELART, A. *La internacional publicitaria*. Madrid: Fundesco, 1989.

_____. *Comunicação-mundo*. História das ideias e estratégias. 2. ed. São Paulo: Vozes, 1996.

_____. *A globalização da comunicação*. 2. ed. Bauru: Edusc, 2002.

MAY, P. *A coragem de criar*. Rio de Janeiro: Nova Fronteira, 1975.

MEIO & MENSAGEM. Editorial Agência & Criação. São Paulo, n. 1055, 28 abr. 2003a.

_____. Produção publicitária. São Paulo, ago. 2003b.

MEIRELLES, F. Entrevista. *Revista da Criação*, ano 7, n. 79, p. 20-6, out. 2001.

_____. Um *break* para os nossos longas-metragens. *Revista da Criação*, p. 12-6, nov. 2002.

MELLO, C. Feras do claquete. *About*, n. 860, ago. 2008.

MELLO, R. *As novas tecnologias de informação no processo de criação publicitária*. São Paulo, 2007. Dissertação (Mestrado em Comunicação e Semiótica) – Pontifícia Universidade Católica.

MELLO, T. *Special Report produtoras*. São Paulo: Meio & Mensagem, 2000.

MESMO COMERCIAL será visto em toda a Europa. *Folha de S.Paulo*, São Paulo, 15 mar. 1989. Negócios, p. F.1.

MICK, D. G. *Semiotics in marketing and consumer research*. London: Rontledge, 1997.

MORAES, D. *O planeta mídia*: tendências da comunicação da era global. Campo grande: Letra Livre, 1998.

MORAES, F. Termômetro. *Revista da Criação*, ano 6, n. 65, p. 20, ago. 2000.

MORAES, R. *O processo de criação de* slogans. São Paulo, 2003. Dissertação (Mestrado em Comunicação e Semiótica) – Pontifícia Universidade Católica.

MORIN, E. *O método 4*: as ideias. Habitat, vida, costumes, organização. Porto Alegre: Sulinas, 2002.

MORIN, E; LE MOIGNE, J.-L. *A inteligência da complexidade*. São Paulo: Peirópolis, 1998.

MULLER, R. E. *O poder da criação*. Rio de Janeiro: Lidados, 1987.

MUSATTI, A. Produção de *casting*. *Meio & Mensagem*, 2000.

MUSSO, P. A filosofia da rede. In: PARENTE, A. (Org.) *Tramas da rede*. Porto Alegre: Sulina, 2004.

O ESTADO DE S. PAULO. Caderno Negócios, editoria Mídia e Publicidade, 2 out. 2006.

OLIVETTO, W. Somos tão bons quanto nosso último trabalho. In: FALCÃO, A. (Org.) *Publicidade ao vivo*. Rio de Janeiro: Francisco Alves, 1991.

ONKIVISIT, S. S.; SHAW, J. J. Standardized internacional advertising: a review and critical evaluation of the theorical and empirical evidence. *European Jornal of Marketing*, v. 12, 1987.

ORTIZ, R. *Mundialização e cultura*. São Paulo: Brasiliense, 1996.

OSTROWER, F. *Criatividade e processo de criação*. 7. ed. Petrópolis: Vozes, 1989.

_____. *Acasos e criação artística*. 3. ed. Rio de Janeiro: Campus, 1995.

_____. *A sensibilidade do intelecto*. Rio de Janeiro: Campus, 1998.

PASTINA, A. Recepção de telenovelas e o cisma entre produção nacional, distribuição global e consumo local. In: LOPES, M. *Telenovela*. Internacionalização e interculturalidade. São Paulo: Loyola, 2004.

PAVÃO, L Presidente da JWT do Brasil e América Latina. *Meio & Mensagem*, 13 jun. 1988.

PEEBLES, D. M. et al. A new perspective on advertising standardization. *European Jornal of Marketing*, v. 11, 1987.

PEIRCE, C. S. *Collected papers*. USA: Harvard Press, 1970. 8 v.

_____. *Semiótica*. São Paulo: Perspectiva, 1977.

PETIT, F. *Propaganda ilimitada*. São Paulo: Siciliano, 1991.

PINHEIRO, A. *Aquém da identidade e da oposição*: formas na cultura mestiça. Piracicaba: Unimep, 1995.

_____. Jornal: cidade e cultura. *Manuscrítica: Revista de Crítica Genética*, n. 12, 2004.

PIRATININGA, L. *Publicidade*: arte ou artifício. São Paulo: T. A. Queiróz, 1994.

PIZZOTTI, R. *Enciclopédia básica da mídia eletrônica*. São Paulo: Senac, 2003.

PRADO, L. *Revista da Criação*, n. 38, maio 1998.

PREDEBON, J. *Criatividade*: abrindo o lado inovador da mente. São Paulo: Atlas, 1997.

QUELCH; HOFF. Customizing global marketing. *Harvard Business Review*, v. 64, n. 3, p. 59-69, May/June 1986.

RAMOS, A. Entrevista. *Revista Pasta*, n. 10, set./out. 2007.

RAMOS, R. *Do reclame à comunicação*. São Paulo: Atual, 1985.

RANDAZZO, S. *Criação de mitos na publicidade*: como os publicitários usam o poder do mito e do simbolismo para criar marcas de sucesso. Rio de Janeiro: Rocco, 1990.

RAPAILLE, C. *O código cultural*: por que somos tão diferentes na forma de conviver, comprar e amar? Rio de Janeiro: Elsevier, 2007.

REY, M. *O roteirista profissional de TV e cinema*. São Paulo: Ática, 2001.

RIBEIRO, J. *Tudo o que você queria saber sobre propaganda e ninguém teve paciência para explicar*. 3. ed. São Paulo: Atlas, 1995.

RICAGNI, L. Entrevista. *Revista da Criação*, mar. 1998.

RIES, A.; TROUT, J. *Posicionamento*: como a mídia faz sua cabeça. São Paulo: Pioneira, 1991.

RYANS JUNIOR, J. K.; DONELLY, J. Standardized global advertising, a call as yet unanswered. *Journal of Marketing*, v. 33, n. 2, p. 57-60, Apr. 1969.

SALLES, C. A. *Uma criação em processo*: Ignácio de Loyola Brandão em *Não verás país nenhum*. São Paulo, 1990. Tese (Doutorado) – Pontifícia Universidade Católica.

_____. *Crítica genética*: uma introdução. São Paulo: Educ, 1992.

_____. *Gesto inacabado* – Processo de criação artística. São Paulo: Annablume, 1998.

_____. *Redes da criação*. São Paulo: Horizonte, 2006.

SAMPAIO, R. *Propaganda de A a Z*. Rio de Janeiro: Campus, 1996.

SANT'ANNA, A. *Propaganda*: teoria, técnica e prática. São Paulo: Pioneira, 1998.

SANTAELLA, L. *O que é semiótica*. São Paulo: Brasiliense, 1983.

_____. *Semiótica aplicada*. São Paulo: Thomson, 2002.

SANTOS, M. *A natureza do espaço*: técnica e tempo. Razão e emoção. São Paulo: Hucitec, 1996.

SÉGUELA, J. Entrevista. *Jornal Meio & Mensagem*, n. 1131, 25 out. 2004.

SERPA, M. Entrevista. *Revista da Criação*, jul. 1997.

SHIVKUMAR, H. How to developed global ad campaigns. *Admap Magazine*, July/Aug. 2005.

SHUMAN, S. G. *A fonte da imaginação*. São Paulo: Siciliano, 1994.

SILVA, E. *Entrevista*. Entrevista concedida ao autor, 2006.

SIMÕES, E. *Contatos imediatos com atendimento em propaganda*: agência e anunciantes. Rio de Janeiro: Global, 1995.

SODRÉ, M. *Televisão e psicanálise*. 3. ed. São Paulo: Ática, 2002.

SOUTIER, V.. Design *gráfico e criatividade*. Porto Alegre: Mercado Aberto, 1993.

SPECIAL REPORT Produtoras. São Paulo: Meio e Mensagem, 2000.

TADIÈ, J.; TADIÈ, M. *Le sens da la mémoire*. Paris: Gallimard, 1999.

TANUGI, I. *Special Report produtoras*. São Paulo: Meio & Mensagem, 2000.

TATERKA, D. Feras do claquete. *About*, n. 860, ago. 2006.

TIERNAN, D. Entrevista. *Revista Pasta*, n. 10, set./out. 2007.

TIKHOMIROFF, J. D. Feras da claquete. *About*, n. 860, ago. 2006.

TOLEDO, R. *OMO global*: uma proposta de comunicação para atração em mercados regionais. São Paulo, 2004. (Monografia apresentada ao Programa de Pós-Graduação em Gestão de Processos Comunicacionais, Universidade de São Paulo).

_____. *Entrevista*. Entrevista concedida ao autor, 2006.

TORO, A. *Special Report produtoras*. São Paulo: Meio & Mensagem, 2000.

TROUT, J.; RIVKIN, S. *O novo posicionamento*. São Paulo: Makron Books, 1996.

VANNI, R. Fera do claquete. *About*, n. 860, ago. 2006.

VAZ, G. N. Marketing *institucional*: o mercado de ideias e imagens. São Paulo: Pioneira, 1996.

VESTERGAARD, T.; SCHRODER, K. *A linguagem da propaganda*. São Paulo: Martins Fontes, 1996.

VIEIRA, S. *Raciocínio criativo na publicidade*. São Paulo: Loyola, 1999.

WADDINGTON, A. Entrevista. *Revista da Criação*, ano 6, n. 65, p. 19-20, ago. 2000.

WESHSLER, S. M. *Criatividade*: descobrindo e encorajando. São Paulo: Editorial Psy, 1993.

WILLS, J.; RYANS, J. An analysis of headquarters of headquarters executives involvement in internacional advertising. *Journal of Marketing*, v. 38, n. 2, May 1969.

WIND, Y. Guidelines for developing internacional marketing strategies. *Journal of marketing*, v. 37, p. 14-23, April 1973.

ZANETTI, E. Entrevista. *Jornal Meio & Mensagem*, n. 1102, 5 abr. 2004.

RR Donnelley

IMPRESSÃO E ACABAMENTO
Av Tucunaré 299 - Tamboré
Cep. 06460.020 - Barueri - SP - Brasil
Tel.: (55-11) 2148 3500 (55-21) 3906 2300
Fax: (55-11) 2148 3701 (55-21) 3906 2324

IMPRESSO EM SISTEMA CTP